ANITA MOORJANI

Finde deinen Himmel auf Erden

arkana

ANITA MOORJANI

Finde deinen Himmel auf Erden

Warum wir nicht sterben müssen,
um Liebe und Einheit zu erfahren

Das Selbsthilfeprogramm zu
»Heilung im Licht«

Aus dem Englischen
von Elisabeth Liebl

arkana

Die amerikanische Originalausgabe erschien 2016 unter dem Titel »What If This Is Heaven?« bei Hay House Inc. USA.

Sollte diese Publikation Links auf Webseiten Dritter enthalten, so übernehmen wir für deren Inhalte keine Haftung, da wir uns diese nicht zu eigen machen, sondern lediglich auf deren Stand zum Zeitpunkt der Erstveröffentlichung verweisen.

Dieses Buch ist auch als E-Book erhältlich.

MIX
Papier aus verantwortungsvollen Quellen
FSC® C014496

Penguin Random House Verlagsgruppe FSC® N001967

3. Auflage
Deutsche Erstausgabe

in der Penguin Random House Verlagsgruppe GmbH,
Neumarkter Straße 28, 81673 München

Lektorat: Antje Korsmeier
Umschlaggestaltung: Uno Werbeagentur, München
Umschlagmotiv: Getty Images / Holger Thalmann
Satz: Buch-Werkstatt GmbH, Bad Aibling
Druck und Bindung: GGP Media GmbH, Pößneck
Printed in Germany
ISBN 978-3-442-34212-9

www.arkana-verlag.de

Zum Gedenken an Wayne Dyer
Danke, Wayne, dass du nichts von deiner Musik mit in den Tod genommen hast. In der Stille unserer Herzen hören wir weiter dein Lied. Dein Leben wird für immer das anderer Menschen berühren. Du, mein Freund, wirst in alle Ewigkeit leben.

Inhalt

Als ich auf diese Welt kam,
war alles, was ich tat, zu lieben, zu lachen und mein Licht hell leuchten zu lassen.
Aber als ich heranwuchs, sagte man mir, ich solle nicht lachen.
»Du musst die Dinge ernst nehmen«, sagten sie,
»wenn du im Leben vorankommen willst.«
Also hörte ich auf zu lachen.
Sie sagten: »Pass gut auf, wen du liebst, sonst bricht dir jemand das Herz.«
Also hörte ich auf zu lieben.
Sie sagten: »Lass dein Licht nicht so hell strahlen, du ziehst viel zu viel Aufmerksamkeit auf dich.«
Also hörte ich auf zu strahlen.
Und wurde klein.
Und verkümmerte.
Und starb.
Nur um im Tod zu lernen,
dass alles, was im Leben zählt,
das Lieben, das Lachen und das Strahlen sind.

Anita Moorjani

Einführung

Was wäre, wenn Sie plötzlich wie aus heiterem Himmel die Erkenntnis träfe, dass *dies hier* der Himmel ist (oder das Nirwana) – unser ganz normales irdisches Leben, so wie wir es jetzt gerade führen? Ich weiß, das hört sich verrückt an. Sicher denken einige von Ihnen: *Und wieso komme ich mir dann vor wie in der Hölle, wenn das hier angeblich der Himmel ist?* Ich kann das gut nachvollziehen. Denn genau dieses Gefühl hatte ich auch, als ich als Kind schikaniert wurde, als man mich aufgrund meiner Hautfarbe und meiner Herkunft verspottete und diskriminierte – alles Dinge, auf die ich keinen Einfluss hatte. Und dieses Gefühl meldete sich wieder, als ich an Krebs erkrankte und jahrelang unter starken Schmerzen und Ängsten litt.

Aber spielen wir doch noch ein bisschen mit diesem Gedanken.

Was wäre, wenn der Grund, weshalb ich mein Leben so lange Zeit als Hölle empfand, einfach der war, dass ich nicht begriff, wie ungeheuer stark ich bin und welche Fähigkeiten in mir stecken? Schließlich hatte mir niemand je beigebracht, wie das Leben funktioniert. Wir bekommen bei der Geburt keine Gebrauchsanweisung mit. Das Leben war für mich tatsächlich ein ständiger Kampf. Bis ins Erwachsenenalter hinein war es von Angst geprägt. Ich glaubte, dass das Leben etwas sei, was uns widerfährt, und dass ich darin nur eine Opferrolle spielen konnte. Daher glaubte ich auch, ich könnte auf meine Lebensumstände bloß reagieren und sie nicht beeinflussen. Denn wer würde schon eine von gnadenlosem Mobbing bestimmte Kindheit für sich erfinden, die eine so erschreckend geringe Selbstachtung zur Folge hatte? Wer würde als Frau in eine Kultur hineingeboren werden wollen, die Frauen nach wie vor als mindere Wesen betrachtet? Wer würde in seinem Körper Krebs entstehen lassen, Tumoren, die ihn beinahe das Leben gekostet hätten? *Natürlich* war ich ein Opfer der Umstände und würde es bleiben, bis ich starb ... dachte ich zumindest.

Den Großteil meiner Lebensgeschichte schildere ich in meinem ersten Buch *Heilung im Licht*. Es war der Bestsellerautor und Redner Dr. Wayne Dyer, der meine Geschichte an die Öffentlichkeit trug und mich ermutigte, das Buch überhaupt zu schreiben. Bis zu seinem Tod vor wenigen Monaten riet er seinen Zuhörern immer wieder, mein Buch zu lesen. Ich weiß, dass die maßgebliche Rolle, die er spielte, damit ich meine Lebensaufgabe erfüllen konnte, Teil einer göttlichen Regieanweisung war, aufgrund derer sich ein komplexeres Geschehen entfalten konnte. Ich bin voller Dankbarkeit und Demut für alles, was dank dieses Mannes in meinem Leben geschehen ist.

Als ich mein erstes Buch schrieb, hätte ich nie gedacht, dass ihm ein zweites folgen würde. *Ich habe meine Geschichte aufgeschrieben,* so dachte ich, *mein Leben und insbesondere meine Erfahrungen mit meiner Krebserkrankung, die in einer Nahtoderfahrung gipfelte. Ich habe auch berichtet, welche Einsichten ich durch diese Erfahrung gewonnen habe. Was sollte es darüber hinaus noch zu sagen geben?* Ich hatte tatsächlich geglaubt, alle interessanten Begebenheiten meines Lebens bereits erzählt zu haben.

Doch eine der verblüffendsten Einsichten, die ich meiner Nahtoderfahrung verdanke, ist, dass dieses Leben – das Leben, das wir jetzt hier auf diesem Planeten führen – der Himmel auf Erden für uns sein könnte, wenn wir nur wüssten, wie das geht und was wir tun müssen, um diesen Himmel für uns Wirklichkeit werden zu lassen. Einer der Hauptgründe, warum ich aus meiner Nahtoderfahrung in dieses Leben hier zurückgekehrt bin, war, dass ich begriffen hatte, dass der Himmel ein *Zustand* ist und kein *Ort*. Und dass ich den Himmel, der dieses Leben sein könnte, aus erster Hand erfahren wollte. Ich wollte diese erstaunliche Wahrheit leben und das Dasein voller Angst, Schmerz und Leid, das ich zuvor geführt hatte, verwandeln. Ich wollte im Himmel leben – *hier* und *jetzt*.

Rückweg mit Stolpersteinen

Während meiner Nahtoderfahrung erschien mir all das ungeheuer klar und einfach. Doch als ich versuchte, meine neugewonnenen Einsichten auf mein Leben nach der Nahtoderfahrung anzuwenden, stieß ich überall auf Hindernisse, besonders dann, wenn ich versuchte, mit anderen Menschen über diese Dinge zu sprechen. Meine Sicht der Wirklichkeit hatte sich komplett verändert. Sie vertrug sich einfach nicht mehr mit dem, was die meisten Leute für normal hielten.

Da ich wie früher dazugehören wollte, versuchte ich, die Leute, die meine Ansichten missbilligten, zufriedenzustellen. Ich musste also gut aufpassen, denn sonst hätte ich aus dem Bedürfnis nach sozialer Anerkennung erneut Stück um Stück mein wahres Selbst verleugnet und das herabgewürdigt, was ich durch mein Verweilen in der anderen Welt gelernt hatte. Jedes Mal wenn ich das zuließ, fühlte ich mich wieder kraftlos. Das herrliche Gefühl, unbesiegbar und Schöpferin meines eigenen Lebens zu sein, begann zu zerbröckeln, alte Denkmuster und Verhaltensweisen schlichen sich ein und trübten meine Wahrnehmung. Meine alten Ängste, »nicht das Richtige zu tun« oder andere zu enttäuschen, waren sofort wieder da, wenn ich den kritischen Stimmen in meinem Kopf nach dem Mund redete und nach ihrer Pfeife tanzte, statt auf mein Herz zu hören. (Sicher kennen auch Sie solche Gefühle!) Erneut ergriff die Angst von mir Besitz, und bald fing ich an, mich einsam und verlassen zu fühlen. Es schien, als sei ich ständig zwischen der Anpassung und dem Projekt »Himmel auf Erden« hin- und hergerissen.

Zur selben Zeit – durch *Heilung im Licht* hatte ich es zu einer gewissen Bekanntheit gebracht – erreichten mich immer mehr Briefe und E-Mails von Leuten, die meine Geschichte berührt hatte. Viele dieser Zuschriften rührten mich zu Tränen, so froh und dankbar war ich. Und zahllose Menschen schrieben, ich hätte ihnen aus der Seele gesprochen. Als hätte ich in ihren Herzen, in ihrem Geist gelesen.

Dieses überwältigende Echo kam für mich völlig unerwartet. Ich hatte nicht im Mindesten geglaubt, dass meine Geschichte so viele Menschen so tief berühren könnte. Darüber hinaus erhielt ich viele Einladungen zu Vorträgen und Interviews, sei es live in der Öffentlichkeit oder zu Radio- und Fernsehauftritten. Und nach jedem dieser Auftritte wollten die Leute noch mehr wissen! Sie stellten unzählige Fragen und wollten mehr über meine – und ihre – Geschichte erfahren. Viele waren entweder selbst krank oder hatten Freunde und Angehörige, die krank waren bzw. im Sterben lagen, andere hatten Beziehungs- oder Geldprobleme. Angesichts all dieser Schwierigkeiten wollten sie erfahren, wie sie jenes Stück Himmel, das ich kennengelernt hatte, in ihr irdisches Leben bringen konnten.

Trotz dieser ausgesprochen positiven Reaktion der Öffentlichkeit auf mein Buch spürte ich, dass ich für meine eigene Entwicklung zu einem tieferen Grad an Gewahrsein finden musste. Gerade angesichts der vielen Auftritte in der Öffentlichkeit wurde es für mich immer wichtiger, Zeit alleine zu verbringen. Sobald ich allein war, ließ ich meine Gedanken zur Ruhe kommen und versetzte mich in den Zustand, den ich während meiner Nahtoderfahrung erlebt hatte, den Zustand reiner Bewusstheit, in dem wir erkennen können, dass wir alle eins sind. In jenem Zustand konnte ich *fühlen,* was andere fühlten – sogar den Schmerz und den Kummer meiner Familie angesichts meines drohenden Todes –, als wäre ich selbst es, die diese Emotionen hatte. Doch jetzt empfand ich nicht mehr nur den Schmerz meiner Familie, ich fühlte den Schmerz der ganzen Welt in meinem Herzen, wenn ich die Geschichten las, von denen die Menschen mir schrieben und erzählten.

Sie wollten, dass ich in ihre Stadt, ihre Kirche, ihren Aschram oder zu ihnen nach Hause käme. Sie wollten mit mir reden. Ich wollte ihnen allen helfen, und es schmerzte mich, dass ich dazu nicht in der Lage war. Egal, mit wie vielen Leuten ich redete und wie viele Briefe ich beantwortete, es war nie genug. Es waren immer mehr Anfragen da, als ich beantworten konnte. Ich fühlte das Leid der Menschen und zugleich meinen Schmerz, dass ich nicht allen helfen konnte. An manchen Tagen war mir alles einfach zu viel. Allmählich erstarb die Freude in mir, und mir wurde bewusst, dass es so nicht weitergehen konnte. Mit meinem Buch hatte ich den Leuten zeigen wollen, wie sie ihr Leben mit Freude erfüllen können, aber wie sollte ich Freude in die Welt bringen, wenn ich die meiste Zeit am Schmerz der anderen litt?

Eine neuer Weg zur Heilung

Eines Tages ging ich wieder einmal an meinem Lieblingsort spazieren – dem Strand in der Nähe meiner Wohnung. Ich setzte mich in den Sand und schaute auf den Meeresstreifen hinaus, der die Insel, auf der ich in Hongkong lebte, vom Festland trennt. Die Sonne hatte sich an jenem Tag hinter Wolken versteckt. Ich war hergekommen, um mich in den Anblick der Natur zu versenken, wie ich es immer tat, wenn mich etwas bedrückte. In der Natur und besonders am Meer kann ich die unglaubliche Verbindung, die zwischen uns und dem Universum besteht, körperlich *spüren,* als würde alles harmonisch ineinandergreifen, um dieses gewaltige Mosaik zu formen, das wir Leben nennen. Ganz egal, was mich beschäftigte, ich hatte immer schon das Gefühl, draußen in der Natur eine Antwort zu finden, sei es im Wispern des Windes, im Rauschen der Wellen oder im Rascheln von Zweigen und Blättern. Und so saß ich also wieder am Strand und ließ meinen Blick über das Meer und den Himmel schweifen, während ich leise mit dem Universum Zwiesprache hielt.

»Ich bin vom Tod zurückgekommen«, sagte ich. »Und was jetzt? Es bricht mir schier das Herz. Wie soll ich mit meiner mickrigen physischen Existenz all diesen Menschen und mir selbst helfen? Wäre ich in jener Welt geblieben, die sich mir während meiner Nahtoderfahrung eröffnet hat, könnte ich vielleicht mehr tun. Aber jetzt spüre ich einfach nur für jeden Menschen, dem ich nicht helfen kann, einen Stich im Herzen.«

Tränen rannen mir über das Gesicht, während ich mich in meinem Schmerz ganz dem Universum überließ und mir die Frage stellte, welchen Sinn meine Rückkehr in dieses Leben hatte. Warum nur musste ich diesen Schmerz erfahren? Und warum gab es überhaupt so viel Leid in unserer Welt?

Da vernahm ich wie aus dem Nichts ein Wispern, keine reale Stimme, eher ein Raunen, das aus dem Rauschen der Wellen zu kommen schien und in meinem Herzen widerhallte. »Erinnerst du dich an die wichtigste Botschaft, die du während deiner Nahtoderfahrung bekommen hast«, fragte die wispernde Stimme, »die Botschaft, von der du in deinem ersten Buch geschrieben hast?«

»Dass ich mich bedingungslos lieben soll«, erwiderte ich. »Dass ich, so gut ich kann, ich selbst sein soll. Dass ich mein Licht so hell wie möglich scheinen lassen soll.«

»Und das ist alles, was du tun oder sein musst. Nicht mehr. Liebe dich selbst bedingungslos, immer, und sei, wer du bist.«

»Aber wir leben doch in einer Welt, die diese Art zu denken oder zu fühlen gar nicht zulässt. So wie es aussieht, ähnelt diese Welt doch mehr der Hölle als dem Himmel«, schleuderte ich der unsichtbaren Stimme provozierend entgegen. Mein Blick ruhte auf den Wellen, die sich am anderen Ende des Strandes an den Felsen brachen. »Die Menschen in meinem Umfeld schlagen sich Tag für Tag mit einem Haufen Probleme herum. Ich begreife wirklich nicht, wie es ihnen helfen soll, wenn ich mich selbst liebe!«

»Wenn du dich selbst liebst und deinen wahren Wert kennst, dann gibt es nichts, was du nicht tun oder heilen kannst. Du hast das an dir selbst erkannt, als du entgegen allen medizinischen Vorhersagen von Krebs im Endstadium geheilt wurdest. Der Krebs verschwand, als du dir deines Wertes gewahr wurdest.«

So war es in der Tat gewesen. Bis zu dem Zeitpunkt, an dem man bei mir Lymphdrüsenkrebs diagnostiziert hatte, war mein Leben ständig von Angst erfüllt gewesen, aber ich lernte, mich selbst zu lieben, und das hat mir das Leben gerettet. Es klang so simpel, doch warum war es so schwer, diese Botschaft anderen Menschen zu vermitteln, die sich mit dem Leben plagten? Und warum hatte ich meine Erkenntnis so schnell wieder aus den Augen verloren?

»Wir verlieren das Wissen um unsere innere Macht schnell, wenn wir von Menschen umgeben sind, die entweder nicht daran glauben oder sie nie kennengelernt haben – was mitunter auf die meisten Menschen zuzutreffen scheint«, hörte ich die Stimme sagen, als hätte sie meine Gedanken gelesen. »Und wenn du weiter deine Aufmerksamkeit auf die Gefühle und Wünsche anderer konzentrierst, wirst du dich wieder in der Welt der Angst verlieren, obwohl du das ja eigentlich nicht willst.

Vergiss nie: Deine einzige Aufgabe ist es, dich selbst zu lieben und wertzuschätzen sowie Selbstliebe und eigene Wertschätzung zu verkörpern, sodass du tätige Liebe sein kannst. Das ist wahrer Dienst an dir selbst und an den Menschen um dich herum. Weil du erkannt hast, wie sehr du geliebt und geschätzt wirst, bist du von deiner Krebserkrankung genesen. Das Wissen um diese Wahrheit wird dir helfen, hier auf Erden ein Stück Himmel zu schaffen. Es hilft niemandem, wenn du dich in den Problemen anderer Menschen verlierst. Die einzige Frage, die du dir stellen musst, wenn du glaubst, nicht mehr weiterzuwissen, ist: *In welcher Hinsicht liebe ich mich nicht? Wie kann ich mich selbst noch mehr schätzen und würdigen?*«

Das waren genau die Dinge, die ich während meiner Nahtoderfahrung gelernt hatte und die mich genesen ließen, doch es schien ganz so, als hätte ich sie wieder vergessen, weil ich mich so sehr in den Schmerz und Kummer anderer Menschen versenkt hatte. Nun saß ich da wie vom Donner gerührt, so intensiv war die augenblickliche Erfahrung gewesen. In jenem Moment hatte ich das Gefühl, den Schlüssel zu allen Fragen, die mich beschäftigten, in der Hand zu halten. Was die Wellen mir zugeraunt hatten, war so einfach und doch so tiefgründig!

Diese Erfahrung zeigte mir aber auch in aller Deutlichkeit, wie leicht es für uns ist, unsere wahre Bestimmung aus den Augen zu verlieren und uns in dem Netz an Geschichten und Widrigkeiten zu verfangen, das wir weben, um unsere Existenz zu rechtfertigen. Genau das aber geschieht mit uns, wenn wir uns auf die Glaubenssätze der Gesellschaft, in der wir leben, einlassen.

Wie elektrisiert saß ich da im Sand, während ich im Geist die Worte wiederholte, die ich eben gehört hatte: *Deine einzige Aufgabe ist es, dich selbst zu lieben und wertzuschätzen sowie Selbstliebe und eigene Wertschätzung zu verkörpern, sodass du tätige Liebe sein kannst. Das ist wahrer Dienst an dir selbst und an den Menschen um dich herum.*

Ich blickte wieder aufs Meer hinaus, dann schloss ich die Augen. Voller Dankbarkeit faltete ich vor dem Herzen die Hände: »Danke. Ich habe verstanden.« Dann erhob ich mich und machte mich auf den Heimweg.

Mein Leben hatte wieder einen Sinn und eine Richtung. Ich spürte ein tiefes Vertrauen in mir, dass mein Leben sich genau so entfalten würde, wie es gedacht war. Ich fühlte mich verjüngt und erneut eins mit dem Universum, und ich wusste: Solange ich mir selbst treu blieb und meine Kraftreserven wieder auflud, indem ich mir meine unverbrüchliche Verbundenheit mit dem Universum bewusst machte, solange würden sich die Dinge in der rechten Weise und zur rechten Zeit entfalten.

Worum es in diesem Buch geht

Dieses Buch entspringt dem innigen Wunsch, Freude in das Leben jener Menschen überall auf der Welt zu bringen, deren Leid ich so deutlich spüre. *Finde deinen Himmel auf Erden* ist mein Versuch, einige Mythen zu widerlegen, denen wir gemeinhin aufsitzen. Diese hindern uns oft daran, unser Leben in seiner ganzen Fülle zu leben, aus dem einfachen Grund, dass sie Denkmuster sind, die unsere gesamte Kultur prägen. Und so wie mein Herz wieder frei wurde, als ich am Strand im Gespräch mit dem Universum an die ungeheuer einfache Wahrheit erinnert wurde, so hoffe ich, dass auch Sie, während Sie diese Worte lesen, in Ihrem Herzen den

Widerhall jener Wahrheit vernehmen, die Sie tief in Ihrem Innern schon immer gekannt haben, und dass Sie dabei dieselbe Freiheit, dieselbe Freude empfinden wie ich.

Ich glaube, dass wir zur Welt kommen mit dem Wissen, wer wir in Wahrheit sind. Doch während wir heranwachsen, lernen wir, dieses Wissen mehr und mehr zu verleugnen, weil wir versuchen, uns den Normen der Gesellschaft anzupassen. Wir suchen in der Außenwelt nach Orientierung und machen dabei die Erwartungen anderer zu unserem Maßstab. Und wenn wir diesen Erwartungen dann nicht gerecht werden, fühlen wir uns minderwertig.

Das bedeutet aber, dass die Glaubenssätze, mit denen wir durchs Leben gehen und die unser persönliches Wertesystem darstellen, samt und sonders falsch sind! Egal wie viele Workshops zur Persönlichkeitsentfaltung wir besuchen und wie viele Selbsthilfebücher wir lesen – wir suchen dabei immer nach Antworten außerhalb unser selbst. Doch das hilft uns nicht nur kein bisschen weiter, es behindert uns sogar! An den zerstörerischen Mustern ändert sich nichts, wenn wir nicht die grundlegenden Mythen zerschlagen und die Lügen entlarven, welche unsere Gedanken vergiften.

Jedes Kapitel nimmt einen Mythos, den die meisten von uns unhinterfragt hinnehmen, unter die Lupe und zeigt, wie der jeweilige Glaubenssatz in jede Ritze unseres Daseins vordringt, ohne dass uns dies bewusst ist. Zu diesem Zweck werde ich Geschichten und Beispiele aus meinem Leben erzählen und erklären, wie ich herausfand, was an diesen Mythen falsch ist und was für mich stimmt. Am Kapitelende finden Sie jeweils einen Abschnitt mit der Überschrift »Lebe deinen Himmel *hier und jetzt*«. Dort versuche ich Denkanstöße zu geben, durch die Sie den Bann des Mythos brechen können, damit Sie endlich aus Ihrer eigenen Wahrheit heraus leben können.

Wären die vergangenen Jahre für mich reinstes Honigschlecken gewesen, dann würde es dieses zweite Buch wahrscheinlich gar nicht geben – zumindest noch nicht jetzt. Daher möchte ich allen danken, die mich an ihrem Leben haben teilnehmen lassen und mir ihr Herz und ihre Seele geöffnet haben. Sie haben mich inspiriert, dieses Buch zu schreiben. Wir sind alle miteinander verbunden, und ich fühle, was Sie fühlen. Dieses Buch ist mein Geschenk an Sie, von Herz zu Herz.

Kapitel 1

Mythos: Du bekommst, was du verdienst

»Sambo, Sambo, kleiner schwarzer Sambo« – mit diesen Worten umtanzten mich die Kinder auf dem Schulhof. Sie machten sich über meine dunklere Hautfarbe und meinen Wuschelkopf lustig. Der »kleine schwarze Sambo«, ein dunkelhäutiger Junge aus Südindien, war die Hauptfigur eines Kinderbuchs, das wir gerade in der Schule lasen. Der gnadenlose Spott meiner Mitschüler war der Preis, den ich dafür bezahlte, eine britische Privatschule besuchen zu dürfen.

Mein Gesicht brannte vor Scham, während mein achtjähriges Selbst immer ratloser wurde. Der Reigen schloss sich um mich, und ich wusste nicht, was ich tun sollte. *Warum tun die das?*, fragte ich mich und fühlte mich unendlich hilflos. *Ich kann doch nichts dafür, wie ich aussehe! Was soll ich bloß tun? Zurückschreien? Versuchen, sie zu treten? Der Lehrerin Bescheid sagen?*

Ich hatte das Gefühl, in der Falle zu sitzen. Es gab kein Entkommen. Mein Blick irrte umher und suchte die Lehrerin, die Pausenaufsicht hatte. Da war sie. Sie stand lachend auf der anderen Seite des Schulhofes bei ein paar Kindern, die gerade Fingertwist spielten und wollten, dass sie mitmachte. Sie würde mich nicht bemerken. Sie hätte mich auch gar nicht hören können bei all dem Lärm, den mehrere Hundert Kinder hier auf dem Pausenhof machten. Meine Peinigerinnen hatten wohlweislich darauf geachtet, dass die Lehrerin weit genug weg war, bevor sie anfingen, ihre Schmähungen auf mich niedergehen zu lassen.

Ich kämpfte die Tränen nieder und versuchte, den Kreis zu durchbrechen, der sich enger um mich zusammenzog. Ich versuchte, zwischen ihnen hindurchzuschlüpfen, doch sie hielten mich eingekreist und rissen an meinem Rucksack, damit ich ihnen nicht entkam: Langsam kam die steinerne Mauer des Schulgebäudes, das neben dem Pausenhof lag, immer näher.

Sechs kleine Quälgeister

Wie sehr wünschte ich mir, der Himmel möge sich mit einem Donnerkrachen auftun und einer der Superhelden aus den Fernsehserien, die ich so gerne guckte, käme angeflogen, würde die sechs Quälgeister niederstrecken und sich mit mir auf dem Arm wieder in die Lüfte erheben, während ich die Mädchen verlachte! Ehrlich gesagt hätte ich mich in dem Moment auch mit einer weniger dramatischen Rettungsaktion zufriedengegeben – zum Beispiel, dass sich eines der anderen Mädchen gegen ihre Mitschülerinnen stellte und für mich Partei ergriff. Meine Fantasie gab mir im Sekundentakt neue Wunschbilder ein, doch keines davon wurde wahr.

Und so stand ich da mit dem Rücken zur Wand, während die sechs Biester sich vor mir aufbauten. Außer diesen sechs Mädchen konnte mich niemand sehen, da sie viel größer waren als ich. Ich überlegte kurz, ob ich sie vielleicht gegen das Schienbein treten sollte, um mich zu befreien. Aber alles, was ich konnte, war, mich immer fester gegen die Mauer zu drücken, die Augen zusammenzupressen und abzuwarten, was nun Schlimmes mit mir passieren würde. Plötzlich packte das größte der sechs Mädchen, sie hieß Lynette, die Riemen meines Rucksacks und hob mich daran fast in die Luft. Ich konnte gerade noch auf meinen Zehenspitzen balancieren, während sie an den Riemen riss, mir direkt in die Augen sah und fauchte: »Gib uns dein Pausengeld, Sambo!«

Ich schluchzte nur und konnte meine Tränen nicht mehr zurückhalten. Meine Beine zitterten, als sie mich wieder losließ, damit ich das Geld hervorholte, das mir mein Vater am Morgen für Saft und etwas zu essen gegeben hatte. Gerade als ich Lynette das Geld hinhielt, läutete die Schulglocke. Lynette riss mir die Münzen aus der Hand, dann liefen sie und die anderen Mädchen in Richtung Schule, wo sie so tun würden, als wäre nichts passiert. Während sie davonrannten, gaben meine Beine nach, und ich sank zu Boden. Von Weinkrämpfen geschüttelt blieb ich dort liegen.

Schwarzer Fleck auf weißem Grund ...

Als indisches Kind an einer britischen Schule zu einer Zeit, als Hongkong noch britische Kronkolonie war, war ich eher die Ausnahme. Ich kann mich noch gut an den Tag etwas früher im Jahr erinnern, als meine Mutter mit mir zum Aufnahmegespräch mit der Schuldirektorin ging – einer streng dreinblickenden Dame mit Pagenkopf. Ihr ganzes Gebaren gab mir zu verstehen, dass ich mich glücklich schätzen durfte ob der einmaligen Chance, an einem derart noblen Institut zugelassen zu werden, und dass ich für dieses Privileg dankbar zu sein hatte.

Vom ersten Tag an verspotteten mich die anderen Kinder nicht nur als »kleiner schwarzer Sambo«, sondern riefen mich auch – nach dem Protagonisten einer berühmten Kinderbuchreihe – »Golliwog«, eine Figur mit schwarzer Haut, wulstigen roten Lippen, riesigen Knopfaugen und Wuschelkopf. Da ich auch ohne viel zu lernen gute Noten schrieb, beschimpften sie mich als Streberin. Sie brachen sogar meinen Spind auf und stahlen meine Sachen – zum Beispiel meine neuen Buntstifte –, nur um mir zu zeigen, dass ich nichts dagegen machen konnte. Ich war so schüchtern, dass ich alles ohne Gegenwehr über mich ergehen ließ, was mich erst recht zur leichten Beute machte.

Manchmal setzten sie mir mit ihren Schikanen so zu, dass ich mich im Mädchenklo einschloss und bitterlich weinte. Ich erinnere mich an unzählige Nächte, in denen ich mich in den Schlaf weinte. Mir kam es vor, als wäre ich in ein tiefes schwarzes Loch gefallen, aus dem es kein Entkommen gab. Obwohl ich gute Noten hatte, hasste ich die Schule von ganzem Herzen.

Das ewige Verspottetwerden setzte mir auch deswegen so zu, weil es mir das Gefühl gab, ich hätte mich für meine dunklere Hautfarbe zu schämen. Ich war mir sicher, dass etwas an dem, was ich sagte oder tat, falsch sein musste, sonst würden sich die anderen Kinder doch nicht so benehmen. Aber ich kam einfach nicht drauf, was ich hätte anders machen können, damit mich die anderen Kinder mochten. Bald war ich zutiefst davon überzeugt, eine echte Niete zu sein.

Da ich mir so sicher war, dass all das irgendwie meine eigene Schuld war, redete ich mit niemandem darüber, weder mit meinen Lehrerinnen noch mit meinen Eltern. Vor allem wollte ich meinen Vater und meine Mutter nicht enttäuschen, die dachten, ich mache mich prächtig in der Schule. Vielleicht dachte ich auch, dass die Mädchen, die mich schikanierten, es mir erst recht heimzahlen würden, wenn ich ihr Verhalten meldete.

Dass ich obendrein aus einer Kultur kam, in der weitgehend Ungleichheit zwischen den Geschlechtern herrscht und Frauen als Bürger zweiter Klasse betrachtet werden, machte es nicht besser. Schon als junges Mädchen war ich mir dieser Ungleichheit deutlich bewusst. Dies stand zwar in keinem direkten Zusammenhang mit den Schikanen in der Schule, denn die, die mich verspotteten, waren schließlich auch Mädchen, aber es schwächte meine ohnehin geringe Selbstachtung in Situationen, in denen ich schlecht behandelt wurde, noch mehr.

Riyanas Verrat

Irgendwann im Laufe jenes Schuljahrs freundete ich mich mit einem anderen indischen Mädchen an. Sie hieß Riyana und ging in die Klasse über mir. Auch sie wurde von ihren Mitschülerinnen schikaniert, und das machte uns zu Verbündeten. Es fühlte sich toll an, endlich eine beste Freundin zu haben. Zum ersten Mal konnte ich jemand anderem alles erzählen, was mir zustieß. Wir steckten dauernd zusammen und dachten, so könnten wir uns die Bullys vom Hals halten. Die eine würde die andere verteidigen und auf sie aufpassen.

In dem weitläufigen Labyrinth der Schule mit seinen zahllosen Gängen und Nischen fanden wir geheime Verstecke, Orte, an denen wir uns sicher fühlten. Dort aßen wir unsere Pausenbrote und unser Mittagessen, weil wir wussten, dass uns dort niemand entdecken und uns etwas wegnehmen würde. Nach der Schule gingen wir zu Riyana oder zu mir und übernachteten an den Wochenenden abwechselnd bei ihr oder bei mir zu Hause. Wir waren zwei richtige Wildfänge, fuhren gern Rad, liefen Rollschuh und spielten Kricket und Fußball miteinander.

Doch eines Tages änderte sich alles schlagartig. Offensichtlich hatten sich Lynette und ihre Bande Riyana während der Pause geschnappt und ihr gedroht, sie zu verprügeln. Riyana bekam Angst und sagte, sie würde ihnen verraten, wo sie mich finden könnten, wenn sie sie dafür in Ruhe ließen. Sie benutzte mich als Faustpfand – ja, sie opferte mich gewissermaßen –, um sich selbst zu retten, und Lynette und ihre Freundinnen waren einverstanden.

Sie können sich vorstellen, wie entsetzt ich war, als Lynette und ihre Bande mich in einem unserer Lieblingsverstecke aufstöberten und ihre üblichen »Sambo, Sambo!«-Spottgesänge losließen. Doch dieser Schock war *nichts* im Vergleich zu dem Schreck, der mich packte, als ich sah, dass Riyana mitsang! Statt mir zu helfen und sich auf meine Seite zu stellen, hatte meine beste Freundin meine Peinigerinnen direkt zu mir geführt. Ihr Verrat war für mich tausendmal schlimmer als alles Schikaniertwerden. Diese Begebenheit gab mir mehr als alles andere das Gefühl, völlig wertlos zu sein.

Aus der Rückschau erkenne ich heute, wie sehr mich die Schikanen meiner Mitschülerinnen seelisch verwundet und im Innersten verändert haben. Am liebsten wäre ich unsichtbar geworden, um unbemerkt von anderen vor mich hin zu leben. Andere Menschen machten mir Angst, und ich achtete peinlich darauf, nicht aufzufallen. Ich hielt mich von allen schulischen Aktivitäten wie der Theatergruppe oder der Schülervertretung fern, um keinerlei Aufmerksamkeit auf mich zu ziehen. Ich kleidete mich wie die sprichwörtliche graue Maus und machte keinen der Trends mit wie die anderen Mädchen. Ich hasste jede Form von Mannschaftssport, weil ich mich darauf verlassen konnte, dass keiner mich im Team haben wollte. Aus dem gleichen Grund hasste ich Gruppenarbeit.

Obwohl meine Mutter unermüdlich versuchte, mich aus dem Schneckenhaus zu locken, blieb ich für den Großteil meiner Kinder- und Jugendjahre eine extrem schüchterne und verschlossene Einzelgängerin, weil ich das Gefühl hatte, nicht liebenswert, minderwertig, hässlich, abstoßend und wertlos zu sein. Mehr als einmal spielte ich mit dem Gedanken an Selbstmord als einzigen Ausweg. *Dann werden sie schon sehen!*, dachte ich damals häufig, vor allem als ich so um die dreizehn war. Die Vorstellung hatte fast schon etwas Heroisches, als würde ich mein Leben opfern für jedes einzelne Kind, das je schikaniert worden war. Meine Tat würde mit Sicherheit die Behörden auf den Plan rufen – besonders wenn ich einen Abschiedsbrief hinterließe, in dem ich die Gründe für meinen schrecklichen Entschluss erklärte. Sogar die Quälgeister würden entsetzt sein, vielleicht so entsetzt, dass sie beschlössen, sich zu bessern.

Aber schon im nächsten Moment musste ich an meine Mutter denken, die mich, wie ich wusste, über alles liebte und am Boden zerstört wäre, wenn ich mich umbrächte. Das genügte, um alle Selbstmordgedanken zu vertreiben. Stellte ich mir nur eine Sekunde lang vor, wie sie über meinen Tod trauerte, vergoss ich noch mehr Tränen. Und in all dem Wasser lösten sich auch meine Selbstmordpläne auf, noch ehe ich sie ernsthaft in Erwägung gezogen hatte.

Zudem hatte ich es bereits miterlebt, dass meine Mutter ein Kind verloren hatte. Als ich acht war, starb mein kleiner Bruder im Alter von zwei Jahren. Er litt am Down-Syndrom und war mit einem Loch in der Herzwand geboren worden. Ich werde nie vergessen, wie sehr sein Tod meinen Eltern zu schaffen machte und wie lange meine Mutter gebraucht hat, um über den Verlust hinwegzukommen. Der bloße Gedanke daran ist vermutlich der Hauptgrund, warum ich heute noch hier bin.

Teenagerängste

Als ich ins Teenageralter kam, versteckte ich meinen sich verändernden Körper unter weiten Schlabbergewändern, um nur ja keine Aufmerksamkeit auf mich zu ziehen. Ich ließ mir die Haare wachsen, denn hinter meiner dichten Mähne verschwinden zu können gab mir Sicherheit. Ich schlich durch die Schule in der Hoffnung, dass mich niemand bemerken würde, denn dann könnte mich auch niemand piesacken.

Während die anderen Jugendlichen miteinander herumhingen und an allen möglichen außerschulischen Aktivitäten (zum Beispiel im Sportverein) und Wochenendvergnügungen (wie Schulbällen) teilnahmen, hielt ich mich von all dem fern. Ich hatte keine Lust hinzugehen, nur um mich dann ausgeschlossen zu fühlen. Lieber ging ich nach der Schule sofort nach Hause und verbrachte meine Zeit entweder mit meiner Familie oder allein mit Lesen und Musikhören. Manchmal machten wir auch zusammen mit anderen Familien einen Ausflug, was ich immer sehr genoss. Doch nie erwähnte ich auch nur mit einem Wort, was ich in der Schule durchmachte. Das blieb mein beschämendes kleines Geheimnis.

Natürlich war nicht alles in meiner Kindheit schlimm, sondern ich erlebte viele magische und wunderbare Momente. In einer Stadt wie Hongkong mit ihren vielen unterschiedlichen Kulturen und Sprachen aufzuwachsen ist eine Erfahrung, die ich um nichts in der Welt missen möchte. Doch meine Seele hatte schon Schaden genommen, und die Zeitbombe, die später einmal in meinem Leben explodieren sollte, tickte bereits.

Gewalt in der Schule hinterlässt wie jede Missbrauchserfahrung, die wir als Kinder machen, tiefe Spuren in uns. Sind wir ihr schon früh und über einen längeren Zeitraum ausgesetzt, kann diese Erfahrung dauerhaft unseren Blick aufs Leben prägen. Das Gleiche gilt für die Art und Weise, wie wir uns selbst in Bezug auf andere wahrnehmen – auch wenn die Rowdys unserer Schultage uns schon lange nicht mehr tyrannisieren. Wird ein Kind schon früh Opfer derartiger Schikanen, beeinflusst das seine Vorstellung von seinem späteren Leben. Und so ist es nicht verwunderlich, dass auch ich als junges Mädchen regelrecht *erwartete,* abgelehnt zu werden. Der Umstand, dass ich das immer wieder zuließ, spiegelt nur meine Gefühle mir selbst gegenüber wider – Gefühle, die ich noch viele, viele Jahre mit mir herumschleppen sollte.

Infolge dieser Erfahrungen wuchs ich mit dem Bewusstsein heran, dass ich mich stets besonders anstrengen musste, um mich zu beweisen – meinen Wert an sich und die Tatsache, dass ich das Gute, das meinen Weg kreuzte, tatsächlich verdiente. Diese Grundeinstellung machte mich extrem empfindlich gegenüber Kritik, die in meinem Kopf stets überdimensionale Ausmaße annahm. Die gravierendste Nebenwirkung dieser Schulhofschikanen war jedoch, dass ich immer glaubte, ich verdiente keine Anerkennung. Wenn mir also jemand seine Aufmerksamkeit schenkte, tat ich das Ganze entweder schulterzuckend ab oder überschlug mich vor Dankbarkeit. Natürlich gab ich mir dann besondere Mühe, um mich der Aufmerksamkeit als würdig zu erweisen – und machte mich damit nicht selten zum Fußabtreter anderer.

Kurz: Die Schikanen auf dem Schulhof raubten mir jedes Selbstwertgefühl.

Die Wahrheit über die Liebe erkennen

Sie können sich also mein grenzenloses Staunen vorstellen, als ich während meiner Nahtoderfahrung erkannte, dass ich nicht nur um meiner selbst willen bedingungslos geliebt wurde, sondern dass ich in Wahrheit ein schönes, herrliches und machtvolles Geschöpf des Universums war – einmalig, einzigartig und in jeder Hinsicht geschätzt. Ich musste nichts *tun,* um dieses Geschenkes würdig zu sein. Ich musste nicht erst säen, um die tiefe, unbegrenzte Liebe des Universums zu ernten. Ich musste nichts beweisen, nichts leisten, nichts werden. Das war ganz einfach Fakt, so wie die Sonne am Abend untergeht und am nächsten Morgen wieder am Himmel aufsteigt.

Im kristallklaren Licht der Nahtodwelt erkannte ich, dass nichts von dem, was ich in der Schule erdulden musste, etwas mit mir zu tun hatte. Diese Kinder hatten einfach ihre eigene Unsicherheit an mir ausgelassen, weil sie sich selbst ungeliebt und machtlos fühlten. Dabei liebte das Universum sie ebenso sehr wie mich. Auch sie waren schön und herrlich – doch genau wie ich wussten sie das nicht. Sie hatten ihr eigenes Gefühl der Wertlosigkeit auf mich projiziert, aber nicht weil ich das irgendwie verdient hätte, sondern nur weil sie die Möglichkeit dazu hatten.

Zu meinem Erstaunen erkannte ich auch, dass nichts von dem, was sie oder ich getan hatten, Vergebung forderte. Alle Beteiligten hatten bloß aus Unwissenheit gehandelt, nämlich so, wie es uns die Gesellschaft quasi mit der Muttermilch eingeflößt hatte – eine Gesellschaft, die ihr Wissen um das Göttliche verloren hat. Was wir als Kinder erfahren hatten, mit all seinen unschönen Seiten, war nötig, damit wir den Weg zurück zum Zustand bedingungsloser Liebe fanden.

Lebe deinen Himmel hier und jetzt

Wenn »Du bekommst, was du verdienst« ein *Mythos* ist, wie könnte dann die *Wahrheit* aussehen?

Heilsame neue Glaubenssätze

- Was die Menschen auch übereinander sagen oder denken mögen, jeder von uns ist es wert, bedingungslos um seiner selbst willen geliebt zu werden. Wir müssen uns die Liebe nicht verdienen, sondern sie steht uns von Geburt an zu.

- In jener anderen Welt wird jeder von uns als schöne, herrliche und machtvolle Schöpfung des Universums erkannt – einmalig, einzigartig und in jeder Hinsicht geschätzt.

- Egal, was wir sagen oder tun (und selbst wenn uns kein Mensch auf der Welt liebte), das Universum begegnet jedem mit tiefer, unbegrenzter Liebe – schließlich sind wir alle miteinander verbunden und unverzichtbarer Teil eines Ganzen.

Tipps und Übungen

- Wenn jemand anders Sie schlecht behandelt, machen Sie sich klar, dass seine Handlungen lediglich die unmittelbare Projektion seiner eigenen Verwirrung und seines eigenen Leids sind. Rufen Sie sich ins Gedächtnis, dass es sowohl Ihnen als auch dem anderen zugutekommt, wenn Sie Ihr Herz öffnen und Mitgefühl für seine leidvolle Situation haben – was keineswegs bedeutet, dass Sie sein Verhalten gutheißen.

- Wann immer Sie das Gefühl haben, dass andere Menschen Ihnen das Leben schwermachen, dann überlegen Sie, welches Wissen oder welche Fähigkeiten Sie brauchen, um mit dieser Situation optimal umzugehen. Machen Sie sich klar, dass dieses Wissen oder diese Fähigkeiten Ihnen bereits zur Verfügung stehen, sonst würde das Universum Sie nicht mit dieser Situation konfrontieren. Gelingt es Ihnen, die Situation nicht als drückende Bürde, sondern als Gelegenheit zu Wachstum zu begreifen, werden Sie die Mittel, die Sie zur Lösung dieses Problems brauchen, eher finden.

- Stellen Sie sich vor, Sie und Ihre Peiniger sind Schauspieler in einem Stück. Visualisieren Sie, dass Sie und das ganze Ensemble nach der Aufführung auf einer Party sind. Jeder tritt aus der Rolle heraus, die er auf der Bühne verkörpert hat. Stellen Sie sich Ihre Mitakteure als völlig andere, liebevolle Menschen vor, die Sie mit aufrichtiger Zuneigung begrüßen und Ihnen zu Ihrer Darbietung gratulieren. Wiederholen Sie diese Visualisierung möglichst oft, damit sich Ihre Perspektive allmählich verändert.

- Visualisieren Sie, wie Sie sich im Geist noch einmal mit einem hässlichen Vorfall aus der Vergangenheit befassen und dabei auf reifere, weisere Art und Weise mit der Situation umgehen. Darin fließt alles mit ein, was Sie seitdem gelernt haben und wissen. Gestalten Sie Ihre Visualisierung so lebendig wie möglich, und vertrauen Sie darauf, dass deren Resultat allen zugutekommt und nicht nur Ihnen selbst.

- Verwenden Sie Methoden wie Klopfakupressur (Tapping, Emotional Freedom Technique), Atemübungen oder Meditation, um Ängste und negative emotionale Reaktionen abzubauen, die Sie an die Vergangenheit binden und daran hindern, ganz im gegenwärtigen Augenblick zu sein.

Fragen zum Weiterdenken:

- Was sind die schlimmsten Traumata und Demütigungen, die ich in der Vergangenheit erlebt habe? Welche Elemente oder Themen sind ihnen gemeinsam?

- Ist es möglich, dass sich andere Menschen durch etwas, *das ich getan habe,* verletzt fühlen, und sei es noch so geringfügig gewesen oder vollkommen unabsichtlich passiert? Wenn ich mich vor diesem Hintergrund einer schmerzlichen Erfahrung aus meiner Vergangenheit zuwende, kann ich dann akzeptieren, dass mich der andere vielleicht nicht bewusst verletzen wollte oder ich seine Worte bzw. sein Verhalten missdeutet habe?

- Was ist nötig, damit ich akzeptieren kann, dass ich der bedingungslosen Liebe des Universums würdig bin? Welchen kleinen Schritt kann ich machen, der mich in dieser Erkenntnis ein Stück weiterbringt?

Ich weiß, dass ich, so wie ich bin, genüge und meinen Wert nicht unter Beweis stellen muss, wenn ...

- ich auch dann zentriert und präsent bleibe, wenn andere versuchen, bei mir bestimmte »Knöpfe zu drücken«, um eine bestimmte Reaktion auszulösen (bzw. wenn sie bestimmte Dinge tun, die früher bei mir eine starke emotionale Reaktion ausgelöst hätten).

- ich mein Selbstwertgefühl nicht über Äußerlichkeiten wie Erfolg oder Aussehen definiere.

- meine Gedanken sich weniger um das drehen, *was ich verdient habe,* sondern mehr um die Frage, *was ich bin,* nämlich reine Liebe und reine Bewusstheit.

Kapitel 2

Mythos: Sich selbst zu lieben ist egoistisch

Ich saß auf der Fähre, die mich von dem Städtchen Discovery Bay (wo ich bis vor Kurzem gewohnt habe) hinüber nach Hongkong brachte, und hing meinen Gedanken nach. Ich fuhr gern mit dieser Fähre, und die 23-minütige Überfahrt kam mir immer viel zu kurz vor. Wenn möglich suchte ich mir einen Fensterplatz und ließ meinen Blick über die anderen Schiffe schweifen oder über das Spiel der Wellen. Ich beobachtete die Möwen, wie sie ins Wasser eintauchten und einander laut kreischend jagten, wie sie Brotbrocken aus der Luft fingen, die ihnen die Fahrgäste zuwarfen. War es Nacht, bewunderte ich die Skyline, die wie jene Feuerwerke funkelte, die bei den zahlreichen Feierlichkeiten in Hongkong gang und gäbe sind. Ein herrlicher Anblick!

An jenem Tag musste ich, da ich einer der ersten Passagiere an Bord war, zehn Minuten warten, ehe die Fähre ablegte. Also hatte ich mich an meinen üblichen Fensterplatz gesetzt und blickte aufs Wasser. Mein Geist trieb sozusagen auf den Strömungen seiner eigenen Gedanken dahin. Aus der Tiefe stiegen Erinnerungen an die Hänseleien in meiner Kindheit auf oder an die Jahre später, als bei mir Krebs festgestellt worden war. Im Februar 2006 wäre ich beinah gestorben. Dann schoben sich Bilder aus meinem heutigen Leben vor mein geistiges Auge.

Ich dachte darüber nach, wie die Erfahrung, als Kind ausgegrenzt zu werden, mein ohnehin geringes Selbstwertgefühl zusätzlich unterminiert hatte. Ich lebte damals in der Überzeugung, dass meine Hautfarbe und meine ethnische Zugehörigkeit minderwertig seien, und versuchte daher ständig, mich zu beweisen, damit andere Menschen mich mochten. Dass ich aus einer Kultur stammte, in der Frauen als Menschen zweiter Klasse betrachtet wurden, machte die Sache nicht besser. Kein Wunder also, dass ich mit einem gelinde gesagt unterentwickelten Selbstbewusstsein heranwuchs.

Auch wenn meine Eltern mich zweifellos liebten, waren sie doch im Denken und in ihrer Lebensweise ganz durch die hinduistische Kultur geprägt. Diese Überzeugungen gaben sie an mich weiter. Aber im Gegensatz zu meinen Eltern, die in Indien und damit in einem Umfeld aufgewachsen waren, das diese Werte teilte, musste ich mich in einer vollkommen anderen Umgebung zurechtfinden, da meine Mitschüler zum größten Teil aus Großbritannien stammten und ihre Ansichten sich von denen meiner Familie beträchtlich unterschieden.

Diese Einflüsse prägten jahrelang mein Selbstbild und meine Identität. Was dabei herauskam, entsprach allerdings nicht der Person, die ich in Wirklichkeit war. Doch wie die meisten Menschen stellte ich meine Überzeugungen nicht infrage, sondern hielt sie einfach für wahr. Man könnte sagen, sie wurden Teil meines Betriebssystems.

Heute weiß ich, dass jeder Gedanke, den wir denken, Teil eines weitreichenden Netzwerks von Gedanken, Überzeugungen und Vorstellungen ist, das wir im Laufe unseres Lebens erschaffen. Anders ausgedrückt: Was aussieht wie ein einzelner, kurzer Gedanke – so wie er zum Beispiel auf einer Fähre in Hongkong im Kopf auftaucht –, ist in Wirklichkeit kein isoliertes Phänomen. Jeder Gedanke entsteht als Resultat aller Gedanken, die wir zuvor gedacht haben, wozu auch alle Geschichten zählen, die wir uns selbst erzählen, oder unsere Überzeugungen, Fähigkeiten, Stärken, Schwächen usw. Was wie ein flüchtiges Gebilde wirkt, das uns zufällig durch den Kopf geht, ist in Wirklichkeit mit allem, was wir bis dahin erfahren und erlebt haben, verwoben.

Heute weiß ich, dass die Ursache für meine Krebserkrankung, an der ich eigentlich hätte sterben müssen, jenes grundlegende Minderwertigkeitsgefühl war, das mein gesamtes Handeln prägte, jenes Gefühl, nichts wert zu sein und nichts Positives verdient zu haben. Die Ärzte waren sicher, dass ich es nicht schaffen würde, und ich glaubte ihnen. Ich spürte ihre Angst und machte sie zu der meinigen. Ich dachte zurück an jene Tage, als ich im Bett lag und mich vor der Bestie fürchtete, die meinen Körper zerstörte, als ich Angst hatte vor dem Einschlafen, weil ich vielleicht nicht mehr aufwachen würde, ... und an das Aufwachen am Morgen, wenn ich hoffte, alles sei nur ein böser Traum gewesen, und dann doch erkennen musste, dass dem nicht so war.

Mittlerweile ist mir auch klar, dass ich nie Krebs bekommen hätte, wenn ich damals gewusst hätte, was ich heute weiß. Wie ich da so auf der Fähre meinen Gedanken nachhing, stellte ich mir vor, ich könnte die Zeit zurückdrehen und mein damaliges Selbst, die neun Jahre alte Anita trösten. Aber was würde ich ihr sagen?

Ich würde ihr sagen, wie sehr sie geliebt wird, wie vollkommen und schön sie ist und wie sehr sie geschätzt wird. Ich würde ihr erklären, wie grausam Kinder sein können und dass die Schikanen überhaupt nichts mit ihr zu tun haben. Ich möchte, dass sie begreift, dass an ihr absolut nichts falsch ist, dass sie wunderbar ist, genau so, wie sie ist, und dass die Quälgeister sie schikanieren, weil sie selbst unsicher sind. Weil sie schwach sind, nicht stark. Ängstlich, nicht mutig. Dass diese Bullys sie nur aus diesen Gründen quälen und nicht weil sie eine bestimmte Haut- oder Haarfarbe oder sonst etwas hat.

Dann wanderten meine Gedanken zu dem Leben, das ich jetzt führe – ein Leben voller Spaß und Freude, in dem ich die ganze Welt bereise, um auf Konferenzen mit Menschen wie Wayne Dyer, Louise Hay und Deepak Chopra vor großem Publikum zu sprechen. Mein Leben ist mittlerweile ein Quell der Begeisterung, der mir das Gefühl gibt, etwas Positives zum Leben anderer Menschen beizutragen. Das hätte ich mir in den düsteren Tagen meiner Kindheit nie ausmalen können, als mir die ganze Welt wie ein schwarzer Höllenschlund vorkam, der nur darauf wartete, mich zu verschlingen.

Umgekehrt habe ich nicht die leiseste Idee, wie mein Leben verlaufen wäre, wenn ich von Anfang an gewusst hätte, wie sehr ich geliebt und geschätzt werde und wie wunderbar ich in Wirklichkeit bin. Vielleicht musste ich erst all die Gewalt und den Schmerz und die Angst erfahren, um mir der vielen positiven Dinge, die ich jetzt genieße, bewusst zu werden. Ich glaube, dass alles, was uns im Leben widerfährt, letztlich zu unserem höheren Wohl geschieht und dass wir die wahre Natur unseres Lebens nur im Kontrast dazu erkennen können. Vielleicht sind Schmerz, Angst und Leid notwendig, damit wir verstehen und schätzen lernen, wie sich Liebe, Angenommensein, Schönheit und Freude tatsächlich anfühlen.

Irene

Wie auch immer, jetzt lebe ich meine Leidenschaft. Es macht mir Freude, weltweit vor ganz unterschiedlichen Menschen zu sprechen, und noch immer genieße ich das Reisen mit jeder Faser. Abgesehen davon vielleicht, dass es mitunter körperlich ganz schön schlaucht, wenn man mehrere Zeitzonen durchquert. Tatsächlich spürte ich noch den Jetlag von meinem letzten Flug, als ich so vor mich hin träumend auf der Fähre saß. Ich unterdrückte gerade ein Gähnen, da hörte ich eine vertraute Stimme, die meinen Namen rief und mich aus meinen Gedanken riss.

»He, Anita! Schön, dich zu sehen! Stört es dich, wenn ich mich zu dir setze?«

Es war Irene, eine Freundin aus meiner Nachbarschaft. Als ich einen schnellen Blick aus dem Fenster warf, merkte ich, dass wir noch nicht einmal abgelegt hatten. Ich hatte geglaubt, es sei schon mehr Zeit verstrichen. Situationen wie diese erinnern mich immer daran, wie es 2006 gewesen war, wieder aus dem Koma zu erwachen. Jene 30 Stunden hatten sich für mich angefühlt wie Jahre.

»Hallo Irene!«, rief ich, ihren Gruß freudig erwidernd. »Bitte setz dich doch. Schön, dich zu sehen!«

Irenes glamouröses Äußeres – Designertop, hautenge Jeans, das dunkle Haar mit gewagtem Kurzhaarschnitt – wollte irgendwie nicht recht zu ihrer Haltung und Miene passen. Sie sah müde und abgespannt aus, älter als die 40 plus, die sie war. Als sie sich neben mich setzte, fragte sie mich, wie es mir denn ginge.

»Mir geht es super«, sagte ich. »Und wie steht's mit dir?«

»Ganz okay«, erwiderte sie. Doch im selben Augenblick besann sie sich eines anderen und sagte: »Ehrlich gesagt geht es mir nicht so toll. Ich habe nach wie vor Ärger in der Arbeit. Mein Chef hackt ständig auf mir herum, und ich muss immer ziemlich lang arbeiten. Zu Hause läuft es auch nicht viel besser. Meine Tochter beschwert sich dauernd, dass ich zu wenig Zeit für sie habe, und zwischen meinem Freund und mir kriselt es im Moment auch. Das alles macht mich echt fertig. Ich fühle mich total ausgelaugt.«

An Irenes Leben hatte sich in all den Jahren, die ich sie nun kannte, nichts geändert. Sie hatte immer irgendwelche Probleme mit dem Job, ihrer Tochter, den Finanzen, ihrem jeweiligen Partner. Früher hatten Irene und ich Stunden damit verbracht, einander zu erzählen, was an unserem Leben nicht stimmte. Wir klagten einander unser Leid, weil uns alles bis obenhin stand und das Leben so schwer war. Und wir bemitleideten uns gegenseitig, weil wir uns für andere aufopferten, nur damit *die* tun konnten, was *sie* wollten. Im Grunde hielten wir uns beide für Opfer unserer Lebensumstände. Alle anderen fanden wir selbstsüchtig, wir aber waren natürlich selbstlos und großzügig. Nie kam uns der Gedanke, dass wir selbst es waren, die diese Umstände schufen.

Und nun saßen wir Jahre später wieder beisammen, und an Irenes Story hatte sich immer noch nichts geändert. Die Akteure hatten gewechselt, doch die Handlung war dieselbe geblieben. Wohlgemerkt, ich verurteilte sie nicht. Mir war klar, dass ich durchaus noch in ihrer Haut stecken könnte. Irenes Leben wäre heute höchstwahrscheinlich eine Art Spiegelbild meines eigenen Lebens, hätte ich nicht erlebt, was ich erlebt hatte. Meine Krebserkrankung, die Schwelle des Todes zu überschreiten und wieder in dieses Leben zurückzukehren, war für mich wie ein Reset-Knopf gewesen, der mich und meine Sicht auf das Leben völlig verändert hat.

»Oh, das tut mir aber leid, Irene, dass es dir so schlecht geht«, erwiderte ich. »Was ist denn los?«

»Womit soll ich anfangen?«, fragte sie, als hätte sie darauf gewartet, sich ihre Last von der Seele zu reden.

»Wie wär's mit was Lustigem?«, schlug ich vor. »Was treibt denn Nathalie im Moment so?« Ich fragte sie nach ihrer Tochter, um die Unterhaltung in etwas unbeschwertere Bahnen zu lenken, weil ich dachte, was auch immer die süße kleine Nathalie anstellte, es konnte sicher nicht so schlimm sein.

»Hör mir bloß mit Nathalie auf!«, zischte sie. »Sie ist jetzt in einem Alter, in dem sie richtig aufsässig ist. Sie tut den ganzen Tag nichts anderes, als mit mir zu streiten. Immer will sie ihren Kopf durchsetzen. Außerdem achtet sie kein bisschen auf ihr Äußeres. Ich gebe haufenweise Geld für sie aus, aber Dankbarkeit – Fehlanzeige! Sie hat keinerlei Gespür für Geld und weiß es nicht zu würdigen, wie hart ich arbeiten muss, damit sie eine gute Schule besuchen kann, anständige Klamotten hat, einen Computer und was weiß ich noch ...« Irene zog sich gern gut und teuer an, und ich konnte spüren, wie sehr es ihr gegen den Strich ging, dass ihre Tochter auf diese Dinge so gar keinen Wert legte.

»Aber Irene, sie ist doch erst 13! Benehmen sich nicht alle Kinder in dem Alter so? Mir ist klar, dass ich da vielleicht nicht mitreden kann, weil ich selbst keine Kinder habe, aber mir scheint, Nathalie ist ein tolles Kind!«, entgegnete ich in der Hoffnung, ihre Stimmung ein wenig aufzuhellen.

»Kann sein, dass sie auf dich wirkt wie ein tolles Kind, aber das ist genau der Punkt. Sie benimmt sich wie ein Kind! In ihrem Alter war ich um einiges reifer«, widersprach Irene, bevor sie zu einer Tirade über all die anderen Probleme ansetzte, mit denen sie sich im Moment herumschlug.

Als ich neben meiner Freundin saß und ihr zuhörte, wie sie sich über ihre Tochter, ihren Partner, ihren Job und ihre finanzielle Lage beklagte, nahm ich an ihr eine Emotion wahr, die mir früher nur allzu vertraut gewesen war. Im Grunde fühlte sich Irene unzulänglich und ungeliebt. Und wie die meisten Menschen richtete sie ihre Enttäuschung gegen ihre Tochter, ihren Partner sowie alles und jeden in ihrer Umgebung. Denn es ist immer sehr viel leichter, andere für unsere Misserfolge, Frustrationen und unsere allgemeine Unzufriedenheit verantwortlich zu machen, als zu erkennen, dass da in uns selbst etwas ist, das nach Heilung verlangt.

Selbstliebe

Obwohl Irene sich gut anzog und auf ein gepflegtes Erscheinungsbild achtete, konnte ich sehen, dass sie sich nicht wirklich liebte. Ganz im Gegenteil, sie sprang hart mit sich um und nahm es sich übel, wenn sie ihren eigenen Ansprüchen nicht genügte. Ich spürte, dass ihr Bestreben, sich modisch zu kleiden und gut auszusehen, eher dem Bedürfnis nach Anerkennung bzw. einem Mangel an Selbstachtung entsprang als echter Selbstliebe.

Dass ich diese Problematik bei ihr erkannte, lag schlicht daran, dass Irene genau so war, wie ich *früher* gewesen war. Auch ich hatte mich bis zu meiner Nahtoderfahrung selbst nicht leiden können. Auch ich hatte nicht begriffen, dass das Beste, was wir für uns tun können, ist, uns selbst zu lieben; mir war damals nicht klar, dass dies der Schlüssel zu einem glücklichen Leben ist. Das änderte sich erst, als ich vom Reich des Todes aus auf mich selbst blickte. Von dort aus sah ich mich mit den Augen des Göttlichen. Ich konnte meine wahre Natur sehen, ich sah, wie einzigartig ich in den Augen des Universums war. Sterbend im Krankenhausbett erkannte ich, dass ich kurz davor stand, gänzlich ausgelöscht zu werden.

Stellen Sie sich vor, Sie würden schlagartig erkennen, dass all Ihre Überzeugungen, Wertvorstellungen, Urteile, Meinungen, Unsicherheiten, Zweifel und Ängste nicht das sind, was Sie *im Kern* ausmacht. Ja, dass all das weit entfernt ist von dem, was Sie in Wahrheit sind – dass all diese Dinge bloß Filter sind, die Sie im Laufe Ihres Lebens Schicht um Schicht über Ihre ursprüngliche Erfahrung gelegt haben. Und stellen Sie sich dann vor, wie diese Schichten weggesprengt werden und Ihr wahres Selbst in seiner ganzen Herrlichkeit offen vor Ihnen liegt.

Genau das ist mir widerfahren. Von der anderen Seite aus konnte ich sehen, dass das, was ich ohne diese Schichten und den Ballast, den ich mitschleppte, war, viel, viel größer war, als ich mir je vorzustellen gewagt hatte! Ich hatte mich stets selbst verleugnet und hintangestellt, mich immer unwürdig und nicht liebenswert gefühlt. Doch drüben im Reich des Todes sah ich mich durch die Augen Gottes und begriff, dass nichts falscher war als meine Überzeugung, nicht geliebt zu werden und nicht liebenswert zu sein. Ich erkannte, dass ich ein wunderbares Kind des Universums war, das bedingungslos geliebt wurde, *einfach weil es mich gab*. Ich sah, dass ich über die Maßen herrlich war, in jeder Hinsicht vollkommen – ein Kind der göttlichen Substanz, welche die Grundlage allen Seins ist. Ich begriff, dass ich in Wahrheit ein Lichtwesen war, so wie jeder Mensch und alles, was in der belebten Welt je existiert hat, denn die Natur ist von Leben erfüllt und alles Leben ist miteinander verbunden.

Diese Offenbarung erschütterte mein Denken in seinen Grundfesten. Ehrfürchtig staunte ich über meine innige Verwobenheit mit dem Herzstück allen Seins. Mir wurde bewusst, dass ich eine tragende Rolle für das Ganze spielte – wovon ich zuvor nicht die leiseste Ahnung gehabt hatte. Plötzlich wusste ich, dass ich geliebt wurde und selbst Liebe war, und diese Offenbarung änderte alles, was ich bisher über mich und andere geglaubt hatte.

Zu sich selbst erwachen

Also saß ich da auf der Fähre und wünschte mir von Herzen, Irene möge erkennen, dass sie so viel mehr war, als sie zu sein glaubte, und dass sie nicht so hart zu sich selbst sein musste. Ich war mir sicher, dass sich viele ihrer Probleme lösen würden, wenn ihr nur klar würde, wie sehr sie all der Freuden, die das Leben zu bieten hat, würdig war. Doch damit andere Menschen ihr liebevoll begegneten, müsste Irene zuerst einmal selbst das Gefühl entwickeln, liebenswert zu sein und es zu verdienen, dass man sie liebevoll behandelt – was wiederum automatisch passieren würde, sobald es ihr gelänge, sich selbst anzunehmen.

»Irene, ist dir eigentlich bewusst, wie schön und klug du bist?«, platzte ich heraus, während sie mir gerade erzählte, dass ihr Partner sie als selbstverständlich betrachtete und sie wie einen Fußabtreter behandelte.

»Wie kommst du jetzt da drauf?«, fragte sie überrascht. Bis zu dem Moment hatte über ihrem Gesicht ein Schatten der Verzweiflung gelegen, doch plötzlich leuchtete etwas in ihr auf.

»Aber es stimmt«, beharrte ich. »Ich glaube, dir ist einfach nicht bewusst, wie wunderbar du bist, und deshalb hast du das Gefühl, dass du von anderen nicht als wertvoller Mensch wahrgenommen wirst, der Glück verdient. Aber in Wahrheit bist du unglaublich schön, liebenswürdig und als Mensch sehr wohl etwas wert. Ich für meinen Teil habe erfahren, dass wir diese Wahrheit erst in uns selbst erkennen müssen, ehe wir sie in der Außenwelt widergespiegelt sehen.«

»Mag ja sein, dass *du* das so siehst«, widersprach sie mir, »weil bei dir alles super läuft. Da ist es keine Kunst, sich selbst zu lieben und sich für einen unglaublichen, tollen Menschen zu halten. Aber mein Leben ist echt zum Kotzen, natürlich bin ich da wütend auf mich selbst. Ich frage mich, wie es dazu kommen konnte. Das ist nicht das Leben, das ich haben wollte. Wie konnte ich alles nur *dermaßen verbocken*?«

»Irene, du vergisst, wie mein Leben früher einmal ausgesehen hat!«, sagte ich mit Nachdruck. »Auch ich war alles andere als zufrieden mit meiner Situation! Aber dann wäre ich fast gestorben, weißt du noch? Und erst da habe ich verstanden, wie wichtig es ist, sich selbst zu lieben und sich nicht zu verleugnen. Bei meinen Vorträgen erzähle ich den Leuten immer, sie müssten sich selbst so lieben, als hinge ihr Leben davon ab. Mir hat es das Leben gerettet, dass ich anfing, mich selbst zu lieben. Unser Leben hängt tatsächlich davon ab, dass wir uns selbst lieben. Das hat mich von der Schwelle des Todes zurückgebracht und dahin geführt, wo ich jetzt stehe. Zuerst müssen wir lernen, uns selbst zu lieben, dann ändert sich auch unser Leben – nicht umgekehrt! Wenn wir zuerst uns selbst mit Liebe begegnen, dann geben wir anderen Menschen damit ein Beispiel, wie sie uns begegnen sollen!«

»Aber mir wurde immer gesagt, es wäre *egoistisch,* zuerst sich selbst zu lieben«, beharrte sie, und wieder legte sich ein Schatten über ihr Gesicht. »Außerdem habe ich eine Tochter, um die ich mich kümmern muss. Ich muss zunächst einmal an sie denken und daher meine Bedürfnisse weitgehend zurückstellen. Wie soll ich sie denn sonst durch die Schule bringen und verhindern, dass sie die gleichen Fehler macht, die ich gemacht habe? Ich muss dafür sorgen, dass sie alles bekommt, was sie braucht.«

Ich wusste, dass Irene die letzten zehn Jahre ihres Lebens schwer geschuftet und Jobs angenommen hatte, die sie hasste, um Nathalie alle Möglichkeiten zu eröffnen. Sie schickte sie auf eine der besten Schulen und schrieb sie für zahlreiche Nachhilfe- und Zusatzkurse ein, damit ihre Tochter das Maximum an Förderung bekäme und gute Noten schriebe. Das setzte Mutter wie Tochter unter enormen Druck.

»Ich weiß, dass ich selbst nicht Mutter bin«, entgegnete ich, »aber wir alle haben eine Mutter gehabt und waren einmal Kind. Für meinen Teil kann ich mit Sicherheit sagen, meine Eltern hätten mir kein größeres Geschenk machen können, als mich zu lehren, mich selbst zu lieben. Ich glaube, wenn Eltern sich für ihre Kinder aufopfern und ihre Bedürfnisse immer hintanstellen, geben sie genau das an ihre Kinder weiter. Kinder übernehmen das, was ihre Eltern ihnen vorleben, nicht das, was sie sagen.

Dass meine Kindheit und Jugend von Schikane und Verzweiflung geprägt waren, hat meine Selbstliebe nicht gerade gefördert«, fuhr ich fort. »Ganz im Gegenteil, ich verinnerlichte all die Angst und Negativität, der ich ausgesetzt war, sodass ich in meinem tiefsten Innern das Gefühl hatte, minderwertig zu sein und es nicht zu verdienen, dass man mich liebte und wertschätzte. Als ich dann allmählich erwachsen wurde, prägte diese Grundeinstellung mein ganzes Selbstbild.

Ich übernahm aus der Kultur meiner Eltern die Überzeugung, dass Mädchen natürlicherweise erst an zweiter Stelle kommen, dass sie eine Belastung sind, die man sich am besten gar nicht erst antut. Und wie dir wurde auch mir gesagt, es sei selbstsüchtig, sich selbst zu lieben oder sich zunächst um die eigenen Bedürfnisse zu kümmern. Von mir als Mädchen wurde erwartet, dass ich später einmal ganz für andere da wäre. Ich weiß, dass wir zwei nicht die Einzigen sind, die das glauben. Immer wenn ich einen Kurs halte, bitte ich alle Teilnehmer, denen man als Kinder gesagt hat, Selbstliebe sei Egoismus, die Hand zu heben. Und regelmäßig geht bei 99 Prozent der Teilnehmer die Hand in die Höhe! Ich weiß nicht, warum mich das jedes Mal wieder überrascht, denn meine Hand ist immer mit dabei!

Da fällt mir ein«, fragte ich Irene, »hat man dir als Mädchen nicht auch gesagt: ›Liebe deinen Nächsten wie dich selbst‹?«

»Natürlich hat man uns das beigebracht«, erwiderte Irene. »Und das schärfe ich auch Nathalie dauernd ein! Ich möchte, dass sie lernt, wie wichtig es ist, andere so zu behandeln, wie man selbst gerne behandelt werden möchte!«

»Das ist doch super, Irene«, gab ich zurück. »Ich halte es für sehr wichtig, dass man sich in andere hineinversetzen kann. Doch lass mich dir eine Frage stellen: Was ist, wenn du dich selbst nicht leiden kannst? Wie gut funktioniert der Satz ›Liebe deinen Nächsten wie dich selbst‹, *wenn du dich selbst gar nicht liebst*?«

Das war der Moment, in dem bei Irene der Groschen fiel. Der Ausdruck auf ihrem Gesicht änderte sich schlagartig, als ihr die Konsequenzen dessen, was ich gerade gesagt hatte, bewusst wurden.

»Da hast du eigentlich recht, Anita«, erwiderte sie sichtlich aufgeregt. »Das meinst du also mit der Frage ›Wie können wir etwas geben, das wir gar nicht haben?‹, nicht wahr?«

»Ganz genau!«, rief ich aus. »Es ist einfach unmöglich, andere wirklich zu lieben, bevor wir nicht gelernt haben, uns selbst zu lieben. Der Mythos, dass es selbstsüchtig sei, sich selbst zu lieben, ist das *genaue Gegenteil* der Haltung, die wir einnehmen müssen, um ein erfülltes, freudvolles Leben zu führen. Darum habe ich so oft das Gefühl, in einer verkehrten Welt zu leben, wo man uns das Gegenteil dessen beibringt, was uns wirklich helfen würde. Und diejenigen, die zufällig über die Erkenntnis stolpern, dass wir zuerst uns selbst lieben müssen, werden oft dafür verurteilt, wenn sie gemäß dieser Einsicht leben, sodass sie sich in diesem Punkt lieber in Schweigen hüllen. Darum ist diese Wahrheit nach wie vor ein wohlgehütetes Geheimnis.«

Irene schien meinen Worten mit gespannter Aufmerksamkeit zu folgen, darum redete ich einfach weiter.

»Folgendes muss dir absolut klar sein: Wenn ich mich selbst nicht liebe, dann läuft nichts in meinem Leben wirklich rund. Die tiefe Sinnhaftigkeit und die Freude, die ich täglich erlebe – und auch die Liebe, die Güte und das Verständnis, das ich für andere empfinde –, stehen *in direktem Verhältnis* dazu, wie sehr ich mich selbst liebe. Denn wie du eben gesagt hast, wir können anderen nicht geben, was wir selbst nicht haben. Und es stimmt auch, dass das Ausmaß an Liebe, Respekt, Unterstützung und Mitgefühl, das ich von anderen empfange, in direktem Verhältnis zur Stärke meiner Selbstliebe steht, denn wir können nicht etwas annehmen, das in uns keinen Platz hat.

Wenn wir uns nicht selbst lieben«, fuhr ich fort, »dann verleugnen wir zudem den Teil Gottes, der sich durch uns ausdrückt! Und wir verleugnen ihn, weil man uns eingetrichtert hat, dass es furchtbar egoistisch und narzisstisch sei, sich selbst zu lieben oder – schlimmer noch – das sogar zuzugeben! Doch nichts könnte weiter entfernt von der Wahrheit sein. Narzissmus ist das genaue Gegenteil von Selbstliebe – er entspringt einem Mangel an Selbstliebe und lässt uns zwanghaft nach der Aufmerksamkeit anderer suchen, um uns für die Liebe zu entschädigen, die wir uns selbst vorenthalten.«

Nach diesen Worten saßen Irene und ich eine Weile einfach still beisammen.

Erste Schritte zur Selbstheilung

»He, da fällt mir etwas ein!«, unterbrach Irene plötzlich unser Schweigen. »Irgendwie muss ich mich doch auch jetzt schon lieben, denn immerhin gebe ich gut auf mich acht. Ich meine, ich ernähre mich gesund, ziehe mich gut an und lasse mir immer die Haare und die Nägel machen und so was. Zeigt das nicht, dass ich mich selbst liebe?«

»Ich finde es toll, dass du dir für diese Dinge Zeit nimmst, und das finde ich auch so gut an dir«, erwiderte ich. »Trotzdem ist das nicht ganz dasselbe, wie sich selbst zu lieben«, sagte ich und dachte daran, dass ich ein ziemlicher Gesundheitsapostel gewesen war, ehe ich Krebs bekam.

Tatsächlich hatte ich mich in Ernährungsfragen geradezu musterhaft verhalten. Ich hatte streng biologisch-vegan gelebt und jeden Tag frischen Presssaft gemacht, für den ich sogar mein eigenes Weizengras anbaute! Ich beschäftigte mich geradezu zwanghaft mit allem, was ich mir in den Mund schob. Ständig surfte ich im Internet und suchte wie besessen nach Nahrungsergänzungsmitteln, gesunden Lebensmitteln und Superfood. Ich tat alles, um dem Krebs vorzubeugen. Und doch bekam ich Krebs.

Als ich in der anderen Welt war und meine alten Wertvorstellungen und Überzeugungen eine nach der anderen von mir abfielen, bis ich schließlich sah, wer ich im Grunde meines Wesens wirklich bin, erkannte ich, dass zwei elementare Kräfte mein gesamtes bisheriges Leben bestimmt hatten: Liebe und Angst. Hinter jeder einzelnen meiner Handlungen hatte eine dieser beiden Kräfte gestanden; in aller Deutlichkeit erkannte ich, dass es meist Angst und nicht Liebe gewesen war, was mich bislang angetrieben hatte. Plötzlich begriff ich mit erstaunlicher Klarheit, dass alles, was ich künftig sagen oder tun würde, von einem Ort der Liebe und nicht der Angst kommen musste, wenn ich mein Leben wirklich transformieren wollte.

Das Gesundheitsprogramm, das ich so zwanghaft abgespult hatte, war aus Angst vor Krebs entstanden, nicht aus Selbstliebe. (Auch wenn ich dies zu Irene in jenem Moment nicht sagte, so spürte ich doch, dass es auch bei ihr die Angst war, die sie auf ihre Gesundheit achten ließ.) Wenn ich heute gesunde Dinge esse oder mir sonst etwas Gutes tue, dann weil ich mich selbst liebe und mir ein langes und gesundes Leben wünsche. Doch gehe ich diese Dinge heute weniger verkrampft an und bin um einiges entspannter, weil mein Verhalten nicht mehr von der Angst bestimmt wird. Ich weiß, dass ich nicht gleich mit Krebs bestraft werde, wenn ich genussvoll ein Eis esse, während ich den Sonnenuntergang bewundere.

Um hier kein Missverständnis aufkommen zu lassen: Ich glaubte nicht, dass Irene – oder sonst jemand – an Krebs erkranken würde, weil sie Dinge aus Angst heraus tat. (Mir ging es vor allem darum, dass unser Gespräch Irenes Einstellung zur Selbstliebe ändern würde.) Was ich aber glaube, ist, dass unsere Gesellschaft uns nicht gerade ermutigt, ein Selbstgewahrsein zu entwickeln, das uns erkennen lässt, welche Einstellung hinter unserem Tun steht. So glauben viele Menschen, sich selbst zu lieben hieße, über die eigenen Unzulänglichkeiten und vermeintlichen Versäumnisse hinwegzusehen und sich die eigene Person mit Affirmationen schönzureden. Doch das geht am Wesentlichen vorbei.

Selbstliebe heißt nicht, in einem fort Lobeshymnen auf uns selbst anzustimmen und uns ständig zu sagen, dass wir doch spitze sind. Selbstliebe heißt, den Menschen zu lieben, der wir *in Wahrheit* sind, mit all seinen Fehlern und Schwächen – der auf tönernen Füßen steht, keine Kritik verträgt, manchmal versagt und andere enttäuscht. Selbstliebe heißt, dass wir uns selbst Treue geloben und unverbrüchlich zu uns stehen, selbst wenn kein anderer das macht!

Das meine ich, wenn ich sage, Sie müssen sich selbst lieben, als hinge Ihr Leben davon ab, denn ich weiß mit absoluter Gewissheit, dass dem so ist.

Lebe deinen Himmel hier und jetzt

Wenn »Sich selbst zu lieben ist egoistisch« ein *Mythos* ist, wie könnte dann die *Wahrheit* aussehen?

Heilsame neue Glaubenssätze

- Weil wir nicht geben können, was wir nicht haben, ist es absolut notwendig, dass wir zuerst lernen, uns selbst zu lieben, bevor wir andere wirklich lieben können. (Anders gesagt: Wir können unseren Nächsten nicht lieben wie uns selbst, wenn wir uns zuvor nicht selbst lieben.)

- Je mehr wir uns selbst lieben, desto mehr Liebe können wir anderen schenken, denn Liebe nimmt exponentiell zu. Die Liebe, die wir in uns spüren, erschöpft sich nicht.

- Wenn wir ein Ausdruck des Göttlichen / der universellen Energie / der Schöpfung sind, dann ist uns selbst nicht zu lieben gleichbedeutend damit, dass das Göttliche / die universelle Energie / die Schöpfung es nicht wert ist, geliebt zu werden.

Tipps und Übungen

- Schreiben Sie jeden Tag fünf Dinge auf, die Sie an sich gut finden. Das kann alles Mögliche sein, solange es positiv ist. Zum Beispiel wie Sie eine schwierige Situation gemeistert haben, wie Sie für Ihre Familie sorgen, eine Begabung oder ein Talent, das Sie besitzen, oder gar ein körperliches Merkmal, das Sie an sich mögen. Halten Sie diese kleinen Listen, die Sie täglich führen, in einem Tagebuch fest, sodass Sie sich Ihre Aufzeichnungen immer wieder vornehmen können. Wir neigen dazu, immer an uns herumzukritisieren. Der Zweck dieser Übung ist daher, unseren Geist so umzuerziehen, dass er sich auf unsere positiven Qualitäten ausrichtet statt auf unsere negativen.

- Haben Sie einen Partner, Freund oder ein Familienmitglied, dem Sie vertrauen, so treffen Sie mit dieser Person eine Vereinbarung, dass Sie sich täglich fünf Minuten Zeit nehmen, um sich gegenseitig die positiven Qualitäten, die Sie am anderen wahrnehmen, zu beschreiben.

- Stellen Sie sich morgens nach dem Aufwachen vor den Spiegel, schauen Sie sich direkt in die Augen und sagen Sie laut: »Ich liebe dich. Ich werde dich nie im Stich lassen, immer zu dir halten und dich nie schlecht behandeln. Ich werde immer dein bester Freund sein!« Wandeln Sie den Wortlaut so ab, dass er für Sie stimmig ist. (Natürlich können Sie diese Übung auch später am Tag wiederholen, wann immer Ihnen danach ist.)

Fragen zum Weiterdenken:

- Wie kann ich mich selbst *mehr* lieben?

- Was würde ich jetzt, in diesem Augenblick, tun, wenn ich mich selbst *wirklich* lieben würde?

- Wie kann ich mir bei Herausforderungen besser zur Seite stehen?

- Wie kann ich meinen Kindern oder anderen jungen Menschen in meinem Umfeld glaubhaft vorleben, dass es ungemein wichtig ist, sich selbst zu lieben?

Ich weiß, dass ich liebevoll mit mir selbst umgehe, wenn …

- ich mir erlaube, Entscheidungen zu treffen, die sich gut anfühlen und mich mit Freude erfüllen, statt mir ständig Gedanken darüber zu machen, was andere Menschen wohl sagen.

- ich mich nicht dauernd schuldig fühle, weil es mir gut geht oder ich Freude am Leben habe.

- die Stimme meines Selbstkritikers nicht mehr die lauteste Stimme in meinem Kopf ist.

- ich Komplimente von anderen nicht länger beiseite wische, sondern sie mit echter Dankbarkeit annehmen kann.

- ich das, was ich für andere tue, freiwillig und freudig tue und nicht aus einem Pflicht- oder Schuldgefühl heraus oder weil mich jemand entsprechend beeinflusst hat.

- ich erkenne, dass ich das Recht habe, glücklich zu sein, auch wenn die Menschen in meiner Umgebung nicht so gut dran sind oder sich unglücklich fühlen.

Kapitel 3

Mythos: Wahre Liebe erträgt alles

Eines kühlen Morgens saß ich in Hongkong vor meinem Computer, rückte mein Headset zurecht und machte mich für den Anruf einer kalifornischen Radiomoderatorin bereit, die mit mir ein Live-Interview für ihre Sendung machen wollte. In Hongkong zeigte die Uhr sechs Uhr früh an, für die kalifornischen Zuhörer aber war es drei Uhr nachmittags am Vortag. Die Wunder der Technik versetzen mich nach wie vor in Erstaunen. Ich kann es immer noch nicht fassen, dass ich in meinen vier Wänden sitzen und einer Radiomoderatorin auf der anderen Seite der Welt ein Interview geben kann und wir uns in Echtzeit auf unseren Computermonitoren sehen und hören.

Zwar war es mir schon zur Selbstverständlichkeit geworden, meine vergangenen Erfahrungen über das Internet oder sonstige Medien mit anderen Menschen zu teilen, aber das Interview, das ich an jenem Morgen geben sollte, machte mich doch ein wenig nervös. Daher war ich auch schon seit einer Stunde wach. Bevor ich aufstand, blieb ich noch eine Weile im Dunkeln liegen, während in meinem Kopf die Gedanken durcheinanderwirbelten. Wie sehr hatte sich mein Leben seit meiner Nahtoderfahrung verändert! Selbst heute noch füllen sich meine Augen mit Tränen, wenn ich an jenen Tag im Februar 2006 zurückdenke, der eigentlich mein letzter hier auf Erden hätte sein müssen.

Ich rief mir in Erinnerung, wie es gewesen war, in der anderen Welt zu sein und zu erkennen, dass in der hiesigen

Welt noch vieles auf mich wartete. Im Nahtodzustand sah ich mein künftiges Leben sich vor mir entfalten: Mir wurde bewusst, dass ich im Leben Tausender, ja Hunderttausender Menschen eine Rolle spielen würde, auch wenn ich nicht wusste, warum und in welcher Form. Doch mir war klar, dass ich selbst dafür nichts tun musste. Die Dinge würden von alleine ins Rollen kommen und sich auf ihre Weise und zu ihrer Zeit entfalten. Seitdem ist es für mich immer wieder unglaublich, wie sich dieser Prozess von selbst fortschreibt, wie sich alle Fäden dieser kostbaren Tapisserie auf wundersame Weise verflechten, stimmiger, als ich es mir je hätte vorstellen können.

Während ich so in der Dunkelheit lag, hörte ich den Atem meines Mannes Danny, der noch friedlich neben mir schlummerte. Manchmal beneide ich ihn um seine Fähigkeit, stets über den Dingen zu stehen, auch wenn das geballte Interesse der Öffentlichkeit sicher auch ihn nicht unberührt gelassen hat. Nach einigen Minuten schlüpfte ich still aus dem Bett, zog mir meinen Morgenmantel über und ging in die Küche, um mir eine Tasse Darjeeling zu machen. Ich setzte Teewasser auf, und ein paar Minuten später, als der Kessel zu singen anfing, goss ich das heiße Wasser über den Tee. Der Duft zog mir sanft in die Nase.

Ich setzte mich an meinen Schreibtisch, der mittlerweile zu dem Ort geworden war, von dem aus ich in Verbindung mit der Welt trete. Ich checkte meine E-Mails und wartete darauf, dass das Interview losging. Riana, die Moderatorin, meldete sich pünktlich. Wir stellten uns einander vor, dann erzählte sie mir, wie spannend sie mein Buch gefunden habe und dass sie den Schwerpunkt des Interviews gern auf meine Erfahrungen während meiner Nahtoderfahrung legen würde sowie darauf, ob und wie diese mein jetziges Leben verändert hätten.

»Gut«, sagte ich, »wir können über alles sprechen, was

Ihnen am Herzen liegt.« Die Leichtigkeit in ihrer Stimme sagte mir, dass es ein gutes Interview werden würde. Sie war nicht nur ein absoluter Profi, sondern hatte auch eine sehr aufrichtige und liebevolle Ausstrahlung. Ich wusste, dass es Spaß machen würde, mit ihr zu reden, und dass ihre Fragen mich zur Höchstform auflaufen lassen würden.

Was bedingungslose Liebe wirklich bedeutet

Riana ging auf Sendung, stellte mich ihren Zuhörern vor und fing gleich mit einer meiner Lieblingsfragen an: »Sie schreiben in Ihrem Buch, dass eine Ihrer wichtigsten Erkenntnisse während der Nahtoderfahrung die war, dass wir alle bedingungslos geliebt werden. Sie sagen weiter, dass es diese Erkenntnis war, die Ihren Körper vom Krebs geheilt hat. Könnten Sie dies noch etwas mehr erläutern? Was meinen Sie genau, wenn Sie sagen, wir würden bedingungslos geliebt?«

»Ja, sehr gern«, gab ich zur Antwort und versetzte Geist und Sinne in jenen Zustand erweiterter Bewusstheit, den ich in der anderen Welt erfahren hatte. Wann immer ich diese Erfahrung wachrufe, ist es, als würde ich sie von Neuem durchleben. Das ist nicht nur eine Erinnerung. Ich spüre, wie all meine Sinne in diesen Zustand des Einsseins eintauchen und von reiner, absoluter und bedingungsloser Liebe, einem bedingungslosen Angenommensein, erfüllt werden.

»Es wühlt mich emotional immer wieder auf, wenn ich über diesen unfassbaren Zustand spreche«, gestand ich Riana. »Selbst jetzt, wenn ich einfach nur daran denke, bekomme ich eine Gänsehaut. Das war ein unbeschreiblicher Zustand, wie ich ihn noch nie zuvor erlebt hatte. Doch ich will versuchen, ihn, so gut ich kann, in Worte zu fassen. In diesem Zustand wurde mir bewusst, dass ich nichts dafür *tun* muss, um diese Liebe zu verdienen. Ich erkannte, dass ich bedingungslos geliebt werde, einfach weil es mich gibt! Im Grunde ist sogar das Adjektiv ›bedingungslos‹ überflüssig, denn wahre Liebe ist ja ohnehin nicht an Bedingungen geknüpft. *Bedingte Liebe* ist ein Widerspruch in sich. Sobald wir unsere Liebe von Bedingungen abhängig machen, wird daraus etwas ganz anderes.«

Während ich sprach, blickte ich Riana in dem Dialogfenster auf dem Bildschirm unverwandt an, und offensichtlich musterte auch sie mich aufmerksam. Ich beugte mich näher zum Monitor und fuhr fort.

»Wenn wir in dieses außerkörperliche Gewahrsein eintauchen, liegen plötzlich alle Dinge offen vor uns«, erklärte ich. »Wir verstehen einfach alles mit einer verblüffenden Klarheit, die sich mit nichts hier in der materiellen Welt vergleichen lässt. Es ist, als würden wir aus einem schrecklichen, verwickelten Albtraum erwachen und erleichtert feststellen, dass alles nur ein Traum war. So habe ich mich gefühlt, als ich in der anderen Welt aufwachte und begriff, dass ich nicht mein kranker Körper war.«

»Das hört sich nach einer unglaublich starken Erfahrung an«, schaltete sich Riana ein. »Und das muss es ja gewesen sein, schließlich wurde Ihr Krebs geheilt, als Sie erkannten, dass Sie bedingungslos geliebt werden.

Hier bei uns im Studio gehen im Moment irrsinnig viele Fragen von unseren Zuhörern ein. Da fragt jemand, was der Unterschied ist zwischen bedingungsloser Liebe und der Liebe, die wir für Freunde, Familie, Partner oder Haustiere empfinden. Können Sie uns hierzu mehr sagen?«

»Nun, das ist ein bisschen so, als würde man das zarte, kühle Glimmen eines Glühwürmchens mit der Glut der Sonnenstrahlen vergleichen«, gab ich zur Antwort. »Wenn die Sonne scheint, werden wir in eine Wärme, in ein herrliches Licht getaucht, dessen Schein uns gänzlich umhüllt.

Das geschieht einfach so, ohne jede Bedingung. Die Sonne macht keinen Unterschied, wem sie Licht und Wärme spendet und wem nicht. Die Sonne *ist einfach*. Wenn wir draußen in der Sonne sind, tauchen wir alle in ihr Licht, ihre Wärme, ihre Pracht ein. Und die Sonne hört niemals auf zu scheinen. Weil sich die Erde dreht, können wir die Sonne manchmal nicht sehen, doch selbst dann hat die Sonne nicht aus irgendwelchen unerfindlichen Gründen aufgehört zu scheinen. Wenn wir von der Sonne abgewandt sind, dann ist ihr die andere Hälfte des Erdballs zugewandt.

Das zarte Glimmen unseres Glühwürmchens dagegen hat viel weniger Kraft. Hier gibt es sehr viel mehr Unterscheidungen, Voraussetzungen und Bedingungen. Damit wir sein Glimmen sehen können, müssen wir direkten Sichtkontakt haben, und selbst dann kann es uns passieren, dass wir es aus den Augen verlieren oder gar nicht erst wahrnehmen. Natürlich besitzt auch das Glühwürmchen seine eigene Schönheit, doch verglichen mit der Sonne ist es doch ein wenig dürftig. Sie müssen sich schon sehr auf das Glühwürmchen und seine Bahn konzentrieren, damit es Ihren Blicken nicht entfleucht. So in etwa fühlt sich irdische Liebe an im Vergleich mit der rückhaltlosen, bedingungslosen Liebe der anderen Welt.

Eine der Einsichten, die mir während meiner Nahtoderfahrung zuteilwurde, ist, dass diese bedingungslose Liebe ein Seinszustand und keine Emotion ist. Die menschliche Liebe ist eine Emotion, und wie bei allen Emotionen gibt es hier ein Element der Dualität. Es gibt immer eine ihr entgegengesetzte Emotion wie Angst oder Hass als Gegenspieler. Bedingungslose Liebe dagegen *ist* einfach. Sie ist nicht die andere Seite der Medaille – *sie ist die ganze Medaille*!«

»Ein schönes Bild«, erwiderte Riana lächelnd. »Es übersteigt schlicht mein Vorstellungsvermögen, wie fantastisch es sein muss, sich derart geliebt und angenommen zu fühlen, egal, was wir früher vielleicht getan haben mögen. Das muss wirklich eine überwältigende Erfahrung gewesen sein.«

»Es war tatsächlich so«, stimmte ich ihr zu, »und selbst heute kann ich nicht daran denken, ohne dass mir die Tränen kommen. Hier in der materiellen Welt gibt es wirklich nichts, was sich damit vergleichen ließe.«

»Das ist so beeindruckend!«, sagte Riana. »Ich denke, diese bedingungslose Liebe, von der Sie sprechen, ist etwas, auf das wir alle uns freuen dürfen. Das klingt absolut großartig!«

Die Rolle der Selbstliebe

»Hier kommt eine interessante Frage, bei der auch ich auf die Antwort neugierig bin«, sagte sie und las eine E-Mail vor, die gerade hereingekommen war. »Eine Hörerin fragt, wie sie jemanden bedingungslos lieben könne, von dem sie ständig schlecht behandelt oder ausgenutzt wird. Sie schreibt, ihr Freund betrachte sie als selbstverständlich, obwohl sie versucht, ihn bedingungslos zu lieben, alles zu akzeptieren, was er tut, und ihm immer mehr Liebe schenkt. Trotz alledem habe sich ihre Beziehung nicht verbessert. Sie schreibt weiter, diese ganze Geschichte mit bedingungsloser Liebe funktioniere bei ihr nicht.«

Ich musste unwillkürlich schmunzeln, als ich das hörte.

»Das ist meine Lieblingsfrage«, erwiderte ich. »Jemanden bedingungslos zu lieben heißt nicht, alles mit sich machen zu lassen. Das ist ein Missverständnis, das in den Zuschriften, die ich erhalte, immer wieder auftaucht. Echte bedingungslose Liebe beginnt bei uns selbst. Das ist der Grund, warum ich gebetsmühlenartig wiederhole, wie unglaublich wichtig Selbstliebe ist. Wenn Sie sich selbst lieben, werden

Sie niemandem erlauben, dass er Sie ausnutzt oder schlecht behandelt!

Wenn das, was für unseren Partner gut ist, uns selbst schadet, dann müssen wir so viel Selbstliebe aufbringen, dass wir diese Beziehung ohne Groll oder Feindseligkeit beenden, statt um jeden Preis an etwas festzuhalten, das unserer Seele Schaden zufügt.

Wenn Sie eine Beziehung, die Ihnen seelisch schadet, beenden wollen, tritt gewöhnlich eines von zwei Dingen ein. Entweder Ihr Partner erkennt, dass Sie ihn tatsächlich verlassen und sein Verhalten nicht länger tolerieren wollen, und er ändert sein Verhalten, weil ihm etwas an Ihnen und Ihrer beider Beziehung liegt. Oder er ändert sein Verhalten nicht, und Sie trennen sich von ihm, wodurch Sie offen werden für einen anderen Menschen, der Sie so liebt und schätzt, wie Sie sind, und nicht, wie er Sie gern hätte.

Ich möchte noch hinzufügen, dass bedingungslose Liebe – wenn sie authentisch und echt ist – immer auch bedeutet, dass wir für den anderen wollen, was gut *für ihn* ist, selbst wenn es unseren *eigenen* Erwartungen an die Partnerschaft zuwiderläuft. Wir müssen daher dem anderen den Freiraum zugestehen, er selbst zu sein, und nicht verlangen, dass er sich so lange verbiegt, bis er unseren Vorstellungen entspricht. Die Nagelprobe ist die Frage: *Lässt diese Beziehung jedem seinen Freiraum, oder engt sie uns ein?* Diese Frage müssen wir aufrichtig und ehrlich beantworten. Beziehungen, die auf bedingungsloser Liebe beruhen, geben beiden Partnern Freiraum. Solche Paare sind zusammen, weil sie zusammen sein möchten, nicht weil sie das Gefühl haben, aneinandergekettet zu sein.«

»Vollkommen richtig!«, rief Riana aus. »Aber können Sie uns noch schildern, wie eine Beziehung aussieht, wenn sie beiderseits auf bedingungsloser Liebe beruht? Sie und Danny scheinen ja eine solche Beziehung zu führen, und ich bin gespannt zu hören, wie sie funktioniert und warum.«

»Gute Frage«, setzte ich an. »Ja, es stimmt tatsächlich. Danny und ich führen eine Beziehung, die auf bedingungsloser Liebe basiert, was aber nicht heißt, dass der Himmel immer voller Geigen hängt oder wir nie Probleme haben. Wir erlauben uns bloß gegenseitig, der Mensch zu sein, der wir wahrhaft sind.

Zum Beispiel haben wir beide durchaus unterschiedliche Wünsche und Bedürfnisse und gehen ganz anders ans Leben heran. Danny steht auf alles, was mit Technik und irgendwelchen Apparaten zu tun hat. Er raucht hin und wieder eine Zigarre, andererseits ist er nicht so gern unterwegs, sondern sitzt lieber zu Hause vor seinem Computer. Er mag keine Süßigkeiten, verspeist aber mit wahrer Wonne eine Peperonipizza oder einen doppelten Cheeseburger vor dem Fernseher, wenn er sich *Kampfstern Galactica* oder *Navy CIS* anguckt. Ich dagegen fahre total auf Schokolade und Desserts ab, habe einen ausgesprochenen Schuh- und Handtaschenfimmel und bin stets auf der Jagd nach neuen Düften oder reich bestickten Schals. Wenn möglich esse ich vegetarisch, höre ruhige Musik, bin gern draußen in der Natur (am liebsten sitze ich am Strand und lausche dem Wellenschlag), und ein majestätischer Sonnenuntergang kann mich zu Tränen rühren. Bei derart unterschiedlichen Vorlieben könnte es zu allerlei Zwistigkeiten kommen, doch die sind bei uns eher selten, obwohl wir mehr Zeit miteinander als ohne einander verbringen. Keiner von uns versucht den anderen zu ändern. Wir behandeln einander einfach mit dem Respekt, den wir verdienen, und würdigen unsere Verschiedenheit. In unserer Beziehung lernen wir viel voneinander, und so haben wir uns beide verändert und weiterentwickelt.

Eine reife Beziehung«, fuhr ich fort, »zeichnet sich dadurch aus, dass beide Partner sich selbst und den anderen ohne Einschränkung akzeptieren. Und wenn diese Akzeptanz da ist, gibt es paradoxerweise im Normalfall keinen Grund, die Beziehung zu beenden, selbst wenn den Partnern ganz unterschiedliche Dinge wichtig sind.

Danny und ich haben uns gleich von Anfang an auf ein paar grundsätzliche Dinge geeinigt, die seither nicht mehr zur Debatte stehen. So haben wir zum Beispiel vereinbart, dass wir uns nicht anschweigen, egal, wie wütend wir auf den anderen sind. Anders gesagt: Unsere Kommunikationskanäle müssen immer offen sein. Außerdem haben wir vereinbart, dass wir uns nicht schlafen legen, solange wir aufeinander wütend sind, und daran halten wir uns auch nach zwanzig Jahren Ehe noch. Aber nicht aus Zwang, sondern aus Liebe. Keiner von uns beiden möchte das ändern.

In jüngerer Zeit«, erzählte ich weiter, »also nach meiner Nahtoderfahrung, haben wir noch ein weiteres Ritual eingeführt. Jeden Morgen nach dem Aufwachen umarmen Danny und ich uns und sagen einander: ›Ich liebe dich‹, bevor wir unseren Tag beginnen.

Zwei völlig unterschiedliche Menschen können sich lieben und sehr glücklich zusammen sein, wenn sie einander wirklich akzeptieren und darauf verzichten, den anderen zu kritisieren. Probleme entstehen erst, wenn einer oder beide versuchen, dem anderen die eigenen Wertvorstellungen und Vorlieben aufzunötigen, und dauernd am Partner herumnörgeln. In vielen Beziehungen ist es so, dass ein Partner die Kontrolle, die er über den anderen zu haben meint, nicht aufgeben will, weil er fürchtet, den anderen sonst zu verlieren. Also versucht er, sein Gegenüber durch Manipulation und Kontrolle an sich zu binden. Das hat nicht das Geringste mit Liebe zu tun. Das Einzige, was der Betreffende mit seinem Kontrollzwang erreicht, ist, dass er den Partner von sich wegtreibt, was wenig verwunderlich ist. In einer Beziehung, die auf bedingungsloser Liebe beruht, sind zwei Menschen zusammen, weil sie das *wollen,* nicht weil sie glauben, es zu *müssen.* Viele Paare bleiben heute nur zusammen, weil es einen Ehevertrag gibt, ob sie sich nun lieben oder nicht. Ich hoffe, dass wir Menschen eines Tages so reif sein werden, dass wir mit jemandem nur zusammen sind, weil wir das wollen und nicht aus Angst oder dem Gefühl der Verpflichtung heraus oder, noch schlimmer, weil wir manipuliert werden.«

»Das sind ein paar sehr nützliche Hinweise«, merkte Riana an. »So sieht also eine gesunde Zukunft für Beziehungen aus! Bei den aktuellen Scheidungsraten halte ich es für unverzichtbar, dass wir unsere Einstellung zu Ehe und Partnerschaft gründlich überdenken!

Es gäbe zu diesem Thema noch so viel zu sagen, doch an dieser Stelle müssen wir kurz unterbrechen. Nach der Werbepause würde ich Ihnen gern ein paar Fragen dazu stellen, ob und wie sehr sich Ihre Beziehung durch Ihre Nahtoderfahrung im Vergleich zu vorher verändert hat. Also dranbleiben, Leute! Wir sind gleich wieder da mit weiteren Fragen an Anita Moorjani ...«

Riana spielte den Jingle ab, der von der Sendung zum Werbeblock überleitete, und während die Musik an mein Ohr drang, dachte ich zurück an die Zeit vor meiner Nahtoderfahrung, daran, welcher Mensch ich damals gewesen war und wie sehr sich meine ganze Einstellung seitdem verändert hatte. Damals hatte ich ständig irgendwelche unbegründeten Ängste. Ich fürchtete mich buchstäblich vor allem, sogar vor Ereignissen, deren Eintreten extrem unwahrscheinlich war. In Gedanken malte ich mir in jeder Situation den schlimmstmöglichen Ausgang aus – natürlich mit einer ganzen Galerie angsteinflößender Typen, die nur darauf warteten, mir an die Gurgel zu gehen.

Hin und wieder beschleichen mich zwar auch heute noch Ängste und Katastrophenstimmungen, doch verglichen mit der Zeit vor meiner Nahtoderfahrung sind sie harmlos. Außerdem weiß ich jetzt, wie ich damit umzugehen habe. Weder bewerte ich diese Ängste, noch versuche ich, sie zu verdrängen. Und ich verurteile mich nicht dafür, dass ich sie habe. Ich akzeptiere sie einfach, und irgendwann verschwinden sie dann von selbst.

Das Geräusch von fließendem Wasser riss mich aus meinen Gedanken. Danny war in die Küche gekommen, um sich eine Tasse Kaffee zu machen. Er wusste, dass ich in der Küche war und ein Live-Interview gab, darum war er hinter meinem Rücken hereingeschlüpft und hatte sich die ganze Zeit mucksmäuschenstill gehalten. Das beherrscht er wirklich gut.

»Guten Morgen, Liebling!«, rief ich ihm zu.

»Ah, du hast gerade Werbepause!«, rief er zurück. »Möchtest du noch Tee?«

»Ja, gerne!«, gab ich zurück.

Ich verdanke es Danny, dass ich diese Technologien zur Verfügung habe, die mir ermöglichen, Interviews wie dieses von meinem Wohnzimmer aus zu geben. Er besorgt immer die beste Ausrüstung, bereitet am Vorabend alles vor, stellt die Regler an seinem Mischpult ein, sodass ich zum vereinbarten Zeitpunkt gleich loslegen kann. Meine Interviewer äußern sich immer wieder anerkennend über die gute Tonqualität meiner Ausrüstung, und dann erzähle ich jedes Mal stolz, dass mein Mann ein echter Technik-Geek ist!

Der Werbeblock war schnell vorüber, der Jingle wurde ein- und wieder ausgeblendet, und Danny stellte mir eine frische Tasse Tee auf den Tisch.

»Willkommen zurück«, meldete Riana sich mit warmer Stimme. »Unser heutiger Interviewgast ist Anita Moorjani, Autorin von *Heilung im Licht*. Hallo, Anita, lassen Sie uns jetzt ein wenig über Ihre Beziehung vor Ihrer Nahtoderfahrung sprechen. Wie hat sich Ihre Beziehung gestaltet, bevor

Sie erkannt haben, dass Sie bedingungslos geliebt werden und dass Sie dieser Liebe würdig sind?«

Eine neue Qualität der Liebe

»Also, Danny hat sich mir gegenüber von Anfang an sehr liebevoll verhalten«, gab ich zur Antwort. »Doch bevor ich ihn kennenlernte, hatte ich Beziehungen, in denen ich tatsächlich sehr schlecht behandelt wurde. Nicht körperlich, aber geistig und emotional. Ich ließ mir eine ganze Menge gefallen, nur um eine Beziehung halten zu können, frei nach dem Motto: lieber eine schlechte Beziehung als gar keine. Und ich suchte für alles, was schiefIief, die Schuld bei mir. Als wäre es einzig und allein *meine* Aufgabe, die Dinge wieder in Ordnung zu bringen.«

»Ich wette, vielen unserer Zuhörer, und ich denke da vor allem an die Frauen, kommt das irgendwie bekannt vor!«, kommentierte Riana. »Können Sie uns ein paar konkrete Beispiele geben?«

»Nun, einmal erwischte ich meinen Freund – der mir, nebenbei bemerkt, bereits einen Heiratsantrag gemacht hatte – dabei, wie er eine meiner Freundinnen heftig küsste. Und trotzdem habe ich ihm das nachgesehen, weil für mich die Vorstellung, verheiratet zu sein, so wichtig war. Können Sie sich vorstellen, welche Katastrophe diese Ehe geworden wäre? Ein anderer Mann, mit dem ich ausging, sagte mir unmissverständlich, dass ich nach unserer Heirat gefälligst nur Hausfrau und Mutter zu sein habe. Schon während unserer Kennenlernphase erwartete er von mir, dass ich für ihn kochte und mir von seiner Mutter zeigen ließ, wie sie seine Lieblingsgerichte zubereitete. Eine Zeit lang habe ich das auch mitgemacht, obwohl ich mir das Leben wirklich anders vorgestellt hatte. Ich fragte mich sogar wiederholt, ob mit mir etwas nicht stimmte, weil ich keine Lust auf ein Dasein als Hausfrau und Mutter hatte!«

»Und wie haben Sie dann Danny kennengelernt?«, wollte Riana wissen.

»Ich bin Danny begegnet, als ich noch mit einem der Männer zusammen war, von denen ich eben erzählt habe«, erzählte ich ihr. »Eines Abends war ich mit einer Freundin aus, und er war zufällig im selben Lokal. Als sich unsere Blicke trafen, war das wie ein Wiedererkennen. Er war so ganz anders als die Männer, die bisher meinen Weg gekreuzt hatten, aber zuerst misstraute ich meinen eigenen Gefühlen. Ich hatte so viele schlechte Erfahrungen gemacht, dass ich, als Danny anrief und mich um ein Rendezvous bat, ablehnte mit der Begründung, ich sei mit jemand anderem zusammen – und das, obwohl der andere mich nicht gut behandelte.

Doch Danny ließ nicht locker und sprach davon, dass er mich ›wiedererkannt‹ habe, gerade so, als würde er mich aus einem anderen Leben kennen. Immer wieder fragte er mich, ob ich nicht das gleiche Gefühl hätte. Das war zwar tatsächlich so, aber ich hatte nicht den Mut, mit dem anderen Mann Schluss zu machen.

Zum Glück hatte Danny einen langen Atem, und irgendwann habe ich dann doch begriffen, dass er der Richtige für mich ist. Mit ihm zusammen zu sein war, als würde ich endlich nach Hause kommen. Er hat mich in vielerlei Hinsicht gerettet – vor mir selbst bzw. vor der Art Frau, zu der ich geworden wäre, und vor der Sorte Mann, die ich sonst geheiratet hätte.«

»Wow, das hört sich so an, als wäre er ein echt netter Kerl«, sagte Riana. »Aber hat sich denn durch Ihre Nahtoderfahrung zwischen Ihnen und Danny etwas verändert?«

»Absolut«, gab ich zurück. »Davor hatte ich immer das Gefühl, ich müsste etwas tun, um Danny zu beweisen, dass ich seiner Liebe würdig sei und sie verdiente. Auch wenn *er* nie etwas getan hat, um mir dieses Gefühl zu vermitteln, so hatte *ich* es dennoch. In der Gemeinschaft, in der ich aufgewachsen war, war mein Ruf als Frau beschädigt. Ich hatte eine arrangierte Ehe platzen lassen, was in meiner Kultur ein brutaler Tabubruch ist, und hatte meine eigenen Vorstellungen. In den Augen der anderen war ich unbeherrscht, eingebildet und eigensinnig – mit anderen Worten: verkommen bis ins Mark. Und ich selbst war davon auch überzeugt! Ich dachte ständig: *Wer wollte schon eine wie mich lieben?* Ich kam gar nicht auf die Idee, dass Danny mich vielleicht gerade deshalb liebte, weil ich so war, wie ich war, ohne dass ich etwas dafür tun musste. Denn so einfach konnte es doch nicht sein, oder? Und so verbog ich mich auf alle möglichen Weisen, um diesem oder jenem Bild einer idealen Ehefrau zu entsprechen – ein Bild, das übrigens ganz meiner eigenen Vorstellung entsprang –, nur um ihm zu beweisen, dass ich seiner Liebe würdig war.

Erst während meiner Nahtoderfahrung erkannte ich, dass ich es immer wert gewesen war, geliebt zu werden, und dass ich mir diese Liebe nicht erst verdienen musste. Und durch diese Erfahrung kamen die Dinge erst so richtig in Bewegung. Danny und ich hatten schon immer eine gute Beziehung gehabt, aber ab da wurde sie wirklich wunderbar.

Bis dahin hatte ich mich selbst nicht bedingungslos geliebt. Ich hatte mir selber signalisiert, dass ich es nicht wert war, geliebt zu werden, und konnte deshalb auch nicht zulassen, dass *andere* mich liebten.

Diese Erkenntnis allein hat meine Beziehung zu Danny tiefgreifend verwandelt. Endlich war ich frei, ich selbst zu sein, und versuchte nicht mehr, zu der Person zu werden, die Danny meiner Ansicht nach haben wollte. Ab diesem Moment wurde unsere Beziehung wirklich licht und froh! Weil ich nun *mich selbst* ganz akzeptieren konnte und nicht länger das Gefühl hatte, mich ändern zu müssen, konnte ich auch Danny so annehmen, wie er ist, ohne *ihn* ändern zu wollen. Je mehr ich mich selbst akzeptierte und je weniger ich mich verurteilte, desto weniger kritisierte ich auch an Danny herum.

Die Energie begann, ganz leicht und natürlich zwischen uns hin- und herzufließen. Der größte Vorher-nachher-Unterschied, den Außenstehende vermutlich bemerken, ist, dass wir so viel lachen. Und wenn ich sage viel, dann meine ich das auch! Wir lachen miteinander und übereinander und über das, was andere vielleicht als Unzulänglichkeiten bezeichnen würden. Wir nennen das ›unsere Menschlichkeit‹.

Was einem Außenstehenden vermutlich noch auffallen würde, ist, dass wir einander nicht kritisieren. Niemals. Stattdessen sagen wir uns ganz bewusst und vorsätzlich, was wir am anderen schätzen, und das tun wir dauernd.«

»Ich finde es höchst intelligent, wie Sie beide Ihre Beziehung handhaben«, sagte Riana. »Sie gehen mit viel Weisheit an das Leben heran.«

»Na ja, ich glaube eigentlich nicht, dass Danny und ich klüger oder liebevoller sind als andere Paare«, erwiderte ich. »Doch wenn ich mich umsehe, erblicke ich ständig Leute, die ihre Beziehung nur mit Müh und Not am Laufen halten – auch Menschen, die anderen Menschen sonst großzügig ihre Liebe schenken. Ich persönlich glaube, die Ursache für dieses Problem ist ein Mangel an Selbstliebe oder das Gefühl, man habe es nicht verdient, geliebt zu werden. Wenn wir dieses Gefühl haben, sind wir nicht in der Lage, Liebe anzunehmen, was wiederum dazu führt, dass wir immer mehr von uns selbst geben, bis wir völlig ausgebrannt sind. Dann erwarten wir vom anderen, in den wir unsere ganze Energie investiert haben, dass er uns etwas davon zurückgibt und unser Defizit wieder auffüllt. Und wenn wir dann nicht die erwartete Liebe und Aufmerksamkeit erhalten, werden wir wütend auf ihn, weil er nicht für uns da ist, wenn wir ihn brauchen. Ich habe doch alles für den anderen getan, sagen wir uns, warum tut er jetzt nichts für mich? So wird aus einer gesunden Beziehung eine dysfunktionale.«

»Das ist ein wichtiger Punkt, höchst interessant«, warf Riana ein. »Es war mir wirklich eine große Freude, mich eine Stunde lang mit Ihnen zu unterhalten, Anita, doch leider ist unsere Sendezeit fast um. Bevor wir uns von Ihnen verabschieden, möchte ich Sie noch auf ein Thema ansprechen, von dem bislang noch nicht die Rede war. Was denken Sie über das Dienen, ich meine über den Wunsch, für andere da zu sein, ihnen von Nutzen zu sein? Wo kommt das ins Spiel?«

Dienen als Ausdruck bedingungsloser Liebe

»Dass wir anderen dienen, ergibt sich ganz von selbst, als Teil dessen, was wir sind, wenn sich unsere wahre Natur authentisch aus dem Kern unseres Wesens entfaltet«, gab ich zur Antwort. »Früher war ich für andere da, weil ich glaubte, dass ich das ›müsste‹, weil es sich so ›gehörte‹. Doch diese Art des Dienens kommt aus dem Kopf und nicht von Herzen. Dabei geht es eher um Pflichtgefühl. Wenn wir uns auf diese Weise dem Druck des Dienens beugen, kann das unsere Energie komplett aussaugen. Wir glauben, etwas Gutes zu tun, daher kommt uns gar nicht in den Sinn, dass es dem Gebenden und dem Empfangenden gegenüber unehrlich ist, etwas nur aus Pflichtgefühl zu tun. Wenn unser Dienen nicht unserer Liebe entspringt, spürt der Empfangende dies meist, und er fühlt sich dem Geber gegenüber in der Pflicht. So entsteht eine ganz ungesunde Wechselbeziehung.

Wahres Dienen kommt immer von Herzen«, fuhr ich fort. »Und es geschieht ganz natürlich, wenn wir einfach so sind, wie es unserem wahren Wesen entspricht. Dann gibt es kein

Gefühl des Müssens. Dann ist unser Dienen ein *Sein* und kein *Machen*. Dann empfinden wir Dienen nicht länger als Last, sondern als etwas Leichtes, das wir gern tun, als etwas Freudiges, das uns ebenso guttut wie den Menschen, denen es zugutekommt. Momentan denke ich nicht darüber nach, was ich für andere tun könnte, aber ich habe das Gefühl, dass ich anderen ganz natürlich von Nutzen bin einfach dadurch, dass ich ich selbst bin.

Tatsächlich ist wahres Dienen die natürliche Folge jener bedingungslosen Liebe, über die wir die ganze Zeit gesprochen haben. Wenn wir erst einmal zu dem Gefühl bedingungsloser Liebe Zugang gefunden haben, gelingt es uns immer besser, uns und andere bedingungslos zu lieben. Dieses umfassende, liebevolle Gefühl möchten wir so gut und so oft wie möglich mit anderen Menschen teilen.«

»Wirklich sehr schön, Anita!«, meinte Riana, während die Sendezeit langsam, aber sicher dem Ende zuging. »Das war eine ganz besondere Sendestunde, vielen Dank, dass Sie uns dieses Interview gegeben haben. Ich bin mir sicher, dass viele unserer Zuhörer großen Nutzen aus Ihren Ausführungen gezogen haben. Gibt es vielleicht noch etwas, das Sie zum Abschluss sagen möchten?«

»Nur, dass ich mir wünschen würde, dass wir alle etwas lockerer werden und mehr lachen«, fügte ich hinzu. »Mir ist bewusst, dass ich jetzt ins Predigen komme, doch ich muss das einfach loswerden. Wir gehen an spirituelle Dinge viel zu ernst heran und bringen uns so um eine Menge Spaß im Leben. Das Spirituellste, was wir tun können, ist, ganz wir selbst zu sein und uns sowie unser Leben zu lieben. Und die beste Art, das zu tun, ist nun mal, Spaß zu haben und viel zu lachen! Verschwenden Sie keine Zeit mit dem Versuch, spiritueller werden zu wollen. Sie sind bereits so spirituell, wie Sie nur sein können. So wie Sie jetzt sind, sind Sie vollkommen. Feiern Sie diese Tatsache!«

Danach dankten Riana und ich einander, und ich sagte ihr, wie viel Spaß es mir gemacht habe, in ihrer Sendung mitzuwirken. Ein kurzes Adieu, und ihre Stimme wurde vom Jingle überblendet, diesmal einer leicht jazzigen Instrumentalmusik; ich klickte auf den »Gespräch beenden«-Button auf meinem Monitor.

Euphorisiert, hellwach und bereit, den restlichen Tag in Angriff zu nehmen, setzte ich mein Headset ab und dachte noch einmal darüber nach, wie einfach das Prinzip bedingungsloser Liebe im Grunde ist – und wie kompliziert wir die Angelegenheit machen. Auf der materiellen Ebene betrachten wir Liebe als Emotion, die wir manchen Menschen gegenüber empfinden und anderen gegenüber nicht. In Wirklichkeit aber ist bedingungslose Liebe ein Seinszustand und das Geburtsrecht eines jedes Menschen. Sobald wir uns der Liebe öffnen, erkennen wir, dass sie die Macht hat, auf einen Schlag all unsere Beziehungen positiv zu verändern – die Beziehung zu uns selbst mit eingeschlossen.

Lebe deinen Himmel hier und jetzt

Wenn »Wahre Liebe erträgt alles« also ein *Mythos* ist, wie könnte dann die *Wahrheit* aussehen?

Heilsame neue Glaubenssätze

- Sie können einen anderen Menschen nicht bedingungslos lieben, solange Sie sich nicht *selbst* bedingungslos lieben. Sobald Sie das wirklich tun, werden Sie nicht länger zulassen, dass irgendjemand Sie ausnutzt oder schlecht behandelt.

- Eine Beziehung, in der die Partner einander nicht vollkommen akzeptieren, schadet beiden.

- Wahre bedingungslose Liebe bedeutet, dass man für den anderen will, was er für sich will, und ihn sein lässt, wer er wirklich ist – selbst wenn das bedeutet, ihn freizugeben. Es heißt nicht, dass wir versuchen, ihn nach unseren Vorstellungen zu formen.

- Beziehungen, die auf bedingungsloser Liebe beruhen, machen frei. Solche Paare sind zusammen, weil sie es wollen und nicht weil Angst, Pflichtgefühl oder andere Einflüsse sie glauben machen, dass sie keine andere Wahl haben.

Tipps und Übungen

- Machen Sie sich Folgendes bewusst: Je mehr *Sie sich selbst* annehmen und lieben, desto mehr können Sie Ihren Partner akzeptieren und lieben, und zwar ohne dass Sie ihn irgendwie verändern müssen.

- Widerstehen Sie dem Impuls zu geben, um zu empfangen. Machen Sie sich klar, dass wahres Geben immer selbstlos und frei von Erwartungen ist.

- Wenn jemand anders Sie schlecht behandelt oder aus irgendeinem Grund gering achtet, so sagt dies mehr über Ihr Gegenüber aus als über Sie. Egal, was jemand sagt oder behauptet, Sie sind *nicht* dafür verantwortlich, was diese Person tut oder empfindet.

Fragen zum Weiterdenken:

- Ist die Beziehung für uns beide förderlich, oder schränkt sie uns ein?

- Fühle ich mich in meiner jetzigen Beziehung ständig ausgelaugt? Gebe ich immer mehr, als ich bekomme? Wenn ja, was lässt mich dieses Ungleichgewicht aushalten und aufrechterhalten?

- Bin ich häufig enttäuscht oder gar verbittert, weil ich das Gefühl habe, dass mir Liebe, Akzeptanz und Unterstützung nur für das zusteht, was ich anderen gebe, und nicht weil all dies mein Geburtsrecht ist? Was brauche ich, um das Gefühl zu haben, dass ich Liebe und Unterstützung verdiene, ohne zuerst etwas geben zu müssen?

- Ist es in unserer Beziehung mein Partner, der ständig bestimmt, was gemacht wird? Ist es vielleicht so, dass er mich im Grunde kontrolliert oder manipuliert? Verwechsle ich diese Beeinflussung mit wahrer Liebe? Glaube ich, dass ich eine Beziehung verdiene, in der mein Partner und ich uns gegenseitig respektieren und jeder gleich viel zu sagen hat?

- Erwarte ich von meinem Partner oder von anderen Menschen, die mir nahe stehen, dass sie sich meinen Vorstellungen anpassen, statt dass ich sie als die Menschen annehme, die sie sind? Wie könnten derartige Erwartungen die Beziehung einengen und mein eigenes spirituelles Wachstum behindern?

Ich weiß, dass ich bedingungslose Liebe erfahre, wenn ...

- ich mich aufrichtig für andere freue, wenn sie neue Seiten an sich entdecken und spirituell wachsen, und ich keine Angst habe, wie sich das auf mich auswirken könnte.

- meine Beziehung meinem Partner und mir die Freiheit lässt zu sein, wer wir wirklich sind, und wir uns gegenseitig dabei unterstützen, das zu tun, was uns wirklich glücklich macht.

- ich akzeptiere, dass ich manchmal mehr gebe und zu anderen Zeiten mehr bekomme, in der Beziehung insgesamt aber ein gesundes Gleichgewicht zwischen Geben und Nehmen herrscht.

Kapitel 4

Mythos: Ich bin nicht okay, du bist nicht okay

Eines Tages, als ich gerade ein paar Besorgungen in Hongkongs Geschäftsviertel erledigte, lief mir eine ehemalige Kollegin über den Weg. Früher hatten wir viel Zeit miteinander verbracht, dann aber waren wir unterschiedlicher Wege gegangen, und ich hatte Victoria schon eine geraume Weile nicht mehr gesehen. Es gab also viel zu erzählen. Wir plauderten nett, und ich freute mich aufrichtig, dass unsere Pfade sich wieder gekreuzt hatten.

»Wo willst du eigentlich hin?«, fragte ich in der Hoffnung, dass wir vielleicht denselben Weg hätten und noch ein wenig weiterplauschen könnten.

»Ich gehe zu Jen Tai«, erwiderte sie. »Warum kommst du nicht mit?«

Jen Tai war Victorias Heilpraktikerin für Traditionelle Chinesische Medizin, zu der sie schon seit Jahren ging, wann immer sie gerade ein Zipperlein plagte (und manchmal auch ohne besonderen Grund). Auch ich war früher zu ihr gegangen, nun aber schon lange nicht mehr dort gewesen.

»Äh, nein danke«, schlug ich ihre Einladung aus. »Ich fühle mich momentan blendend.« Während ich das sagte, strahlte ich unwillkürlich übers ganze Gesicht. Es stimmte ja auch. Ich fühlte mich großartig, sogar besser als vor meiner Erkrankung. Tatsächlich hatte ich mich körperlich nie wohler gefühlt.

»Weißt du, diese viele Fliegerei ist nicht gut für deinen

Körper«, wandte Victoria besorgt ein. »Und dann all diese Vorträge! Das zehrt doch bestimmt an deinen Kräften. Machst du denn irgendetwas zum Ausgleich? Es wäre vermutlich gut, wenn du dir bei Jen Tai wieder etwas Unterstützung holen würdest.« Mir war klar, dass Victoria es gut meinte. Auch war Jen Tai durchaus gut in dem, was sie machte. Aber ich hatte gerade nicht das Gefühl, dass ich die Hilfe eines Heilpraktikers oder dergleichen nötig hatte.

»Ich nehme ohnehin chinesische Heilkräuter, die mir viel Energie schenken«, hielt ich dagegen. »Es geht mir prima.« Ich dankte Victoria, dass sie sich solche Sorgen um meine Gesundheit machte, und umarmte sie herzlich. Ehe jede wieder ihrer Wege ging, versprachen wir uns noch, in Verbindung zu bleiben.

Für mich stand fest, dass ich nicht mehr mit Victoria zu einer Heilerin gehen würde. Früher aber war ich wie meine Freundin überzeugt gewesen, dass mit mir etwas grundsätzlich nicht stimmte und wieder in Ordnung gebracht werden müsste. Ich hatte geglaubt, körperliche und seelische Gesundheit sei etwas, worum man sich ständig bemühen müsse. Dementsprechend war ich immer bei irgendeinem Experten in Behandlung. Es war mir nie in den Sinn gekommen, dass meine Überzeugung, an mir müsste etwas »geheilt« oder »verbessert« werden, genau den gegenteiligen Effekt hatte und Probleme wie Angst, Unsicherheit und eine allgemeine Dünnhäutigkeit überhaupt verursachte. Ich bin mir sicher, dass all diese Emotionen dazu beigetragen haben, dass ich schließlich Krebs bekam. Erst als ich beinahe gestorben wäre und auf unsere hiesige Ebene zurückkehrte, verstand ich, dass wir bereits mit *allen* Ressourcen, die wir je brauchen, zur Welt kommen. Vom Abgrund des Todes zurückgekehrt zu sein gab mir lange Zeit das Gefühl, unbesiegbar zu sein.

Eine weitere Begegnung mit Victoria sollte mich lehren,

wie leicht das Gefühl der Unbesiegbarkeit zu erschüttern ist und wie schnell ich wieder in mein altes Denkmuster, dass bei mir etwas in Ordnung gebracht werden müsste, zurückfallen konnte. Für viele Menschen sind solche Gedanken besonders dann schädlich, wenn sie durch ihr soziales oder kulturelles Umfeld verstärkt werden – und genau das war bei mir der Fall.

Alles begann vor ein paar Jahren, kurz nach meiner Heilung vom Krebs, als ich Victoria des Öfteren zu Hause besuchte. Wann immer ich Victorias Wohnung betrat, schlug mir der Geruch von Heilkräutern entgegen, weil in der Küche irgendein Sud köchelte. Jen Tai versorgte sie mit einer Flut von Tonika, chinesischen Kräutern, Heiltees und dergleichen mehr. Ich weiß noch, wie fasziniert ich von all diesen Heilmitteln war. Bald bekam ich Lust, Jen Tai auch einmal einen Besuch abzustatten, hauptsächlich aus Neugier.

Ich fühlte mich zwar vollständig vom Krebs geheilt und war auch ansonsten bei vergleichsweise guter Gesundheit, doch hatte ich gerade eine stressige Zeit hinter mir. Danny und ich waren umgezogen, und auch beruflich standen bei uns Umstrukturierungsmaßnahmen an. Das war noch, bevor ich mit der Arbeit an meinem ersten Buch begann. Damals hatte ich nicht die leiseste Ahnung, welch einschneidende Veränderung mein Leben bald erfahren würde. Eines Tages nun traf ich Victoria zufällig ums Eck im Lebensmittelladen, und ich sah an jenem Tag wohl besonders müde aus. Sie fragte, wie es mir ginge.

»Danke, super«, gab ich zurück, »mir sitzt nur der Umzug noch ein bisschen in den Knochen. Und ausgerechnet jetzt haben wir in der Arbeit auch noch ein großes neues Projekt bekommen.«

»Du siehst *total* fertig aus«, hatte Victoria daraufhin gesagt. »Dabei solltest du doch am besten wissen, dass so viel Stress für den Körper schädlich ist. Machst du irgendwas zum Gegensteuern? Ich meine, nimmst du irgendwelche Heilmittel oder gehst du zu einem Heiler?«

»Nein, ich versuche nur, genug Ruhe zu bekommen«, sagte ich. »Ich muss vor allem mal wieder richtig ausschlafen, dann sollte alles wieder in Ordnung sein.«

»Aber du musst wirklich besser auf dich aufpassen«, mahnte sie mich eindringlich. »Du riskierst noch, dass dein Krebs wieder ausbricht. Wenn man so schwer krank war wie du, muss man mehr auf seine Gesundheit achtgeben!«

»Na ja, ich glaube eher, dass jemand, der vom Krebs so schnell genesen ist wie ich, eine recht gute Vorstellung davon hat, wie robust der menschliche Körper sein kann!«, widersprach ich mit schalkhaftem Grinsen.

»Sei dir da nur nicht gar so sicher!«, wies Victoria mich zurecht. »Du weißt nie, was passiert. Und nächstes Mal geht es vielleicht nicht so gut aus.«

Das war typisch Victoria. Mit ihren Meinungen und Gefühlen hatte sie noch nie hinterm Berg gehalten. Zu jener Zeit war mir das noch nicht klar, doch aus der Rückschau erkenne ich heute, dass sie in dem Moment bloß ihre eigenen Ängste auf mich projizierte.

»Ich glaube, dass du durch dieses neue Projekt eher *noch weniger* Schlaf bekommen wirst«, fuhr sie fort. »Du machst dich selbst total fertig. Ich finde, du solltest unbedingt etwas tun, um deine Batterien wieder aufzuladen. Ich gehe regelmäßig zu einer Heilerin, weil mein Job so fordernd ist. Sie wirkt wahre Wunder, sage ich dir! Ohne sie würde ich das alles gar nicht überstehen!«

Als Victoria das sagte, hatte ich das Gefühl, dass irgendetwas an ihren Worten nicht stimmte, konnte es aber damals noch nicht recht fassen. Später begriff ich, dass Victoria das Problem von der falschen Seite anpackte, wenn sie regelmäßig zu Jen Tai ging, um etwas für ihr Wohlergehen zu tun.

Wem wirklich etwas an seinem Befinden liegt, nimmt

nicht regelmäßig Jobs an, die so stressig sind, dass er sich ohne fremde Hilfe nicht mehr regenerieren kann – jedenfalls nicht auf Dauer. Sicher kann auch ich es heute manchmal nicht vermeiden, dass ich mein Limit überschreite und mich überfordere. Wenn das passiert, hole ich mir Unterstützung, sei es, dass ich zu einer Heilerin wie Jen Tai gehe, sei es, dass ich mir eine Massage bzw. eine Wellnesskur gönne, damit mein Körper sich wieder entspannen kann. Aber ich lasse dies nicht zur Regel werden. Ich versuche vielmehr, in mich hineinzuhorchen und nur solche Aufgaben zu übernehmen, die mir etwas geben – Arbeit, die widerspiegelt, wer ich bin, und die mir so viel Spaß macht, dass sie sich nicht anfühlt wie Arbeit. Auf jeden Fall nichts, was mich so beansprucht, dass ich ständig zusehen muss, wie ich vom Stress wieder runterkomme.

»Jen Tai arbeitet nur mit natürlichen Methoden, mit Kräutern und anderen Naturheilmitteln«, insistierte Victoria, die mich unbedingt überzeugen wollte. »Warum kommst du nicht einfach mal mit, wenn ich das nächste Mal hingehe?«

»Hmm ... ich weiß nicht so recht«, erwiderte ich. »Ich möchte mich jetzt vor allem in unserer neuen Wohnung einleben, und zu Jen Tais Praxis ist es für mich ein bisschen weit. Ich habe nicht so recht Lust, mir noch mehr Termine aufzuhalsen. Mein Terminkalender ist sowieso schon prall gefüllt.«

Leise Zweifel

»Oh, ich glaube, den Zeitaufwand ist es *allemal* wert. Schließlich musst du dich zuallererst um dich selbst kümmern!«, widersprach mir Victoria. Sie drehte absichtlich den Spieß um, um mich mit meiner eigenen Philosophie von ihrem Standpunkt zu überzeugen. »Und Jen Tai vollbringt wahre Wunder. Weißt du, wie viele Leute von ihr behandelt werden wollen? Die Patienten stehen vor ihrer Tür Schlange! Kannst du dich noch an Deirdre erinnern aus dem Women-in-Business-Club von damals? Sie geht dauernd zu Jen Tai! Sie hatte ein paar gesundheitliche Probleme, und Jen Tai hat ihr geholfen. Deirdre sagt sogar, Jen Tai hätte ihr das Leben gerettet, und seitdem geht sie mit absoluter Regelmäßigkeit zu ihr, und das schon seit Jahren. Anita, nach allem, was du durchgemacht hast, bist du dir das einfach schuldig. Oder willst du nicht alles tun, was du tun kannst, um gesund zu bleiben?«

Vielleicht hat Victoria nicht ganz unrecht, dachte ich bei mir. Ich wusste, dass Jen Tai in der Tat eine sehr gute Heilpraktikerin war, und ja, natürlich wollte ich gern gesund bleiben. *Es konnte ja nicht schaden, mal zu Jen Tai zu gehen und mir anzuhören, was sie zu sagen hatte. Möglicherweise konnte sie mir ein Tonikum empfehlen, das meinen niedrigen Energiepegel wieder ein wenig anheben würde. Das würde mir doch sicher guttun, oder?*

»Gut, einverstanden«, meinte ich munter. »Ich denke, du hast recht. Ich habe über Jen Tai nur Gutes gehört, und es wird sicher lustig, mit dir bei ihr vorbeizuschauen, zumindest einmal.«

Trotzdem, tief innerlich fühlte sich diese Entscheidung nicht richtig an. Meine Worte klangen in meinen Ohren hohl. Ich hatte mir keinerlei Sorgen gemacht wegen der momentanen Belastung, unter der ich stand. Sobald der ganze Umzug über die Bühne wäre, dachte ich, würde es mir wieder prima gehen. Ich war absolut glücklich und zufrieden mit dem Leben, das ich führte. Durch meine Nahtoderfahrung hatte ich gelernt, nichts zu übernehmen, was sich für mich nicht richtig anfühlte oder mir keine Freude machte – und diesem Vorsatz war ich treu geblieben. Was mich in letzter Zeit belastet hatte, war vor allem, dass ich keine Zeit mehr für meine gewohnten Spaziergänge in der Natur und meine Ausflüge an den Strand hatte. Es würde mir sicher wieder bestens gehen, sobald ich in meinem neuen Zuhause vollständig eingerichtet war – vor allem weil das Haus näher am Meer lag. Ich war deswegen sogar richtig euphorisch!

»Mit einem Mal ist das nicht getan. So funktioniert das nicht«, erwiderte Victoria mit einer gewissen Strenge. »Da braucht es schon ein bisschen mehr Engagement von deiner Seite. Nur so kannst du deinem Körper auf lange Sicht etwas Gutes tun. Außerdem werden wir alle nicht jünger, und wenn du jetzt nichts unternimmst, wird später alles nur umso schlimmer!«

»Ich glaube nicht, dass ich im Moment irgendeine Dauerbehandlung anfangen kann«, wandte ich ein und spürte tatsächlich einen Anflug von Unbehagen, weil Victoria mich sicher tadeln würde. »Ich hab so viel um die Ohren!«

»Deine Gesundheit sollte dir wichtiger sein als deine Arbeit. Das müsstest du doch am besten wissen!«

Wie gesagt, damals verstand ich die gesamte Dynamik nicht, doch aus heutiger Sicht kann ich sagen, dass Victoria *ihre* Ängste auf *mich* projizierte. So hätte *sie* für sich gesorgt, wenn sie in meiner Lage gewesen wäre. Mich aber setzte die Vorstellung, künftig regelmäßig zu irgendeiner Behandlung zu müssen, erst richtig unter Stress. Der Gedanke, dass der Krebs wiederkommen könnte, wenn ich nicht alles Erdenkliche für meine Gesundheit täte, ängstigte mich und hinderte mich daran, die Dinge mit klarem Blick zu sehen. Ich spürte, wie mir im Verlauf unseres Gesprächs mehr und mehr der Wind aus den Segeln genommen wurde. Ein dunkler Strudel begann mich einzusaugen.

»Offen gesagt habe ich in letzter Zeit oft an dich gedacht«, redete Victoria weiter. »Ich habe mich gefragt, wie du es überhaupt geschafft hast, dich auf den Beinen zu halten und wieder ein normales Leben zu führen. Ich meine, in einer so schnelllebigen Stadt wie Hongkong zu leben kann schon ganz schön stressen – und du hattest immerhin Krebs im Endstadium.«

»Also, ich mag meine Arbeit wirklich sehr. Außerdem mache ich noch viele andere Dinge und genieße das Leben!«, wehrte ich mich. »Natürlich wird die Arbeit manchmal stressig oder wächst mir über den Kopf, aber im Normalfall kann ich ganz gut damit umgehen.«

»Pass auf, dass du dich nicht auspowerst und in deine alte Tretmühle zurückfällst, weil du wieder für alle da sein willst«, warnte mich Victoria. »Auf die Gefahr hin, mich zu wiederholen: Nach allem, was du hinter dir hast, solltest gerade du besonders gut auf deine Gesundheit achten.«

Im dunklen Strudel

Der Gedanke, dass Victoria vielleicht recht haben könnte, ging mir nicht mehr aus dem Kopf. Möglicherweise sah ich wirklich müder und erschöpfter aus, als mir bewusst war. Möglicherweise stimmte auf einer tieferen körperlichen Ebene etwas nicht mit mir, könnte ja sein, dass der Krebs meinen Körper verwundbarer gemacht hatte. Victoria schien so aufrichtig besorgt um mein Wohlergehen, dass ich in jenem Moment gar nicht erkannte, dass all das *ihre* Ängste waren und ich dabei war, sie als die meinen zu übernehmen.

Mein Vertrauen in meine Fähigkeit, intuitiv zu wissen, was gut für mich ist, begann zu schwinden, und schon hörte ich den kleinen Mann in meinem Ohr: *Was, wenn sie recht hat? Ich investiere wirklich viel Energie in meine Arbeit, treffe mich dauernd mit Leuten, helfe, wenn ich darum gebeten werde, und bin da für Menschen, die mich brauchen. All das tue ich gern, aber es wäre schrecklich, wenn es mich so erschöpfen würde, dass mein Immunsystem geschwächt wird! Ich muss aufpassen, oder ich bekomme wieder Krebs! Und das möchte ich bestimmt kein zweites Mal durchmachen! Vielleicht sollte ich wirklich besser zu dieser Heilerin gehen. Wenn mir etwas an meiner Gesundheit liegt, sollte ich alles tun, um sie zu erhalten. Und Jen Tai ist ja Naturheilkundlerin – das ist sicher eine gute Sache.*

Leise war die Angst in mein Herz gekrochen und hatte sich darin breitgemacht. Ich spürte, wie ich langsam, aber sicher dieses Gefühl der Stärke verlor, das *Wissen,* was gut und richtig für mich ist, und den Draht zu der angeborenen Fähigkeit meines Körpers, mir dieses Wissen zu vermitteln, ohne dazu die äußere Hilfe von »Dolmetschern« zu brauchen. Plötzlich fühlte ich mich ausgelaugt und angespannt. Die wachsende Angst, die von mir Besitz ergriff, ließ mich vergessen, dass ich bloß auf meinen Körper hören musste, so wie ich es während meiner Nahtoderfahrung gelernt und es während der Jahre, die seit meiner Krebsheilung vergangen waren, stets getan hatte.

Ich hätte nicht mehr tun müssen, als weiterhin in mich hineinzuhorchen, statt mir von jemand anderem erzählen zu lassen, was gut für mich sei. Schließlich war es eben dieses intuitive Wissen, mein innerer Kompass, der mich vom Krebs im Endstadium geheilt hatte. Doch nach dem Gespräch mit Victoria dachte ich immerzu: *Vielleicht hat sie recht. Vielleicht sollte ich lieber auf sie hören.*

Kräutermedizin

Als ich an jenem Nachmittag in den wimmelnden Straßen von Hongkongs Innenstadt unterwegs war, eifrig zugange mit diversen Erledigungen, ließ mich diese untergründige Angst nicht mehr los. Ich versuchte, sie abzuschütteln und meine Aufmerksamkeit auf andere Dinge zu lenken. Ich studierte das Angebot der Straßenhändler, machte an jedem ihrer Stände halt, um meine Seele an bunten Bonbons zu laben, an Spielzeug, Gewürzen, Fleischwaren, Handtaschen und farbenprächtigen Blusen. Ein wahres Kaleidoskop nicht nur von Farben, sondern auch von Tönen, Texturen und Gerüchen umgab mich.

Doch ich konnte mich nicht voll darauf einlassen. Ich wurde diesen kleinen Mann im Ohr und seine beängstigenden Einflüsterungen einfach nicht los. Immer wieder kehrten meine Gedanken zu dem zurück, was Victoria gesagt hatte, sosehr ich auch versuchte, an etwas anderes zu denken.

Als nach einer Woche dieses Gefühl von Schwere noch immer nicht von mir abgefallen war, zog ich mein Handy aus der Tasche und rief Victoria an. Wohin ich auch ging, was immer ich tat, selbst wenn ich versuchte, Spaß zu haben – die Angst schien sich an meine Fersen geheftet zu haben. Ich sagte Victoria, dass ich mitkommen wollte, wenn sie das nächste Mal zu Jen Tai ginge. Zufällig hatte sie für den folgenden Tag einen Besuch geplant, also machten wir einen Treffpunkt aus.

Am nächsten Morgen trafen wir uns also am Pier, an dem die Fähren nach Hong Kong Island ablegen, und gingen an Bord. Nach der Überfahrt stiegen wir die Treppe zur Überführung hinauf, welche über die sechsspurige Schnellstraße am Ufer führt. Von dort oben konnte ich den ganzen Hafen übersehen bis hinunter nach Lantau Island, wo ich wohnte. Die Fähren wuselten durch die Bucht wie Wasserläufer über einen Tümpel.

Auf der anderen Seite der Überführung nahmen wir eine Treppe hinunter in eine schmale Seitenstraße, wo uns das vertraute Aroma von Curryfisch am Spieß in die Nase stieg. Als wir um die Ecke bogen, wären wir fast mit dem Fischhändler und seinem Karren zusammengestoßen, auf dem ein großer Kessel Curry mit Fischklößchen dampfte, die er aufspießte und den Passanten verkaufte. Ich war schwer in Versuchung, mir einen Spieß zu kaufen, doch Victoria schien es eilig zu haben, also hob ich mir das für den Heimweg auf und eilte ihr hinterher.

Wir überquerten eine weitere Straße, gingen über einen Markt, wo es frisches Fleisch und Gemüse gab, und erreichten eine Trambahnhaltestelle. Nach unserem flotten Marsch war ich ein wenig außer Atem, darum setzte ich mich auf die Bank, um auszuruhen. Keine drei Minuten später kam die Tram, wir hüpften hinein und gingen ganz nach vorne, wo noch zwei Plätze nebeneinander frei waren.

Jen Tai

Jen Tais Praxis lag in einem der alten Viertel von Hongkong, weit weg von den Hochhäusern und Wolkenkratzern des Geschäftsviertels im Zentrum. Wir wussten also, dass wir eine lange Fahrt auf den harten Holzsitzen vor uns hatten. Unterdessen plauderten wir oder blickten hin und wieder schweigend zum Fenster hinaus. Die Trambahn wand sich durch enge Straßen, vorbei an Häusern unterschiedlichster Baustile, an bunten Schildern in Kantonesisch und sich schubsenden und drängenden Menschenmengen, die unterwegs waren zu irgendwelchen Abenteuern. Ich fuhr für mein Leben gern Tram, weil mich das immer an meine Kindheit erinnerte. Mir gefiel es, dass sie so langsam war und so oft anhielt, denn der Gedanke an Jen Tai und das, was sie wohl sagen und tun würde, machte mich irgendwie nervös. Also versuchte ich, mich ein wenig abzulenken, indem ich mich in die Kulisse aus Geräuschen und Bildern vor dem Trambahnfenster versenkte und Ausschau hielt nach Dingen, die mich auf positive Gedanken brächten.

Ich schaute ein paar Kindern zu, die auf der Straße Fußball spielten. Als Ball diente ihnen eine fest mit Schnur umwickelte Kugel aus Lumpen. Staunend beobachtete ich, mit welcher Geschicklichkeit sie den Ball über die Köpfe und durch die Beine der anderen Kinder kickten und sich dabei zwischen Autos, Fußgängern und Radfahrern durchschlängelten. Doch nicht einmal die Darbietungen der potenziellen Nachwuchs-Pelés konnten meine Ängste zum Schweigen bringen.

Als wir endlich aus der Tram stiegen, führte Victoria mich zu einem alten, niedrigen Gebäude mit Bogenfenstern. Jen Tais Praxis lag im zweiten Stock, und da es keinen Aufzug gab, erklommen wir die dunkle, schmale Treppe, deren Stufen unter unserem Gewicht knarzten. Bald schlug uns der Geruch chinesischer Kräuterabkochungen entgegen und geleitete uns einen langen Korridor hinunter und durch eine große gewölbte Holztür. Ich war völlig gebannt vom Anblick der Wände, an denen sich Gefäß um Gefäß reihte, gefüllt mit Heilmitteln wie Hirschgeweihen, Seepferdchen, Löwenzahntee und dergleichen mehr.

Wir ließen uns auf einer der exakt ausgerichteten Holzbänke nieder, wo die Leute warteten, bis sie an der Reihe waren und zu Jen Tai vorgelassen wurden. Ich zappelte ein bisschen herum, unsicher, worauf ich mich da eingelassen hatte. Ich studierte die Gefäße an den Wänden und fragte mich, welche Wundermittel sie wohl enthalten mochten.

»Diese Leute kommen aus ganz Hongkong, um Jen Tai zu konsultieren«, flüsterte Victoria mir zu. Offensichtlich konnte Jen Tai nicht über einen Mangel an Patienten klagen, obwohl sie keine Termine vergab. Man kam in der Reihenfolge des Eintreffens dran. Als wir endlich an der Reihe waren, streckte eine ziemlich kleine Dame mit freundlichem, sanftem Gesicht ihren Kopf zur Tür heraus und forderte uns auf Kantonesisch auf hereinzukommen.

Als wir ihr ins Behandlungszimmer folgten, bemerkte ich, dass Jen Tai ihr Haar hinten zu einem festen Knoten gebunden hatte. Sie trug weite, bequeme Seidenkleidung und war mir auf Anhieb sympathisch. Jetzt, wo ich sie gesehen hatte, war ich um einiges entspannter. Sie lächelte mir zu und fragte, ob ich Kantonesisch spräche. Als ich ihr in ihrer Muttersprache antwortete, vertiefte sich ihr Lächeln, und ihre Augen funkelten.

Victoria begann, die Geschichte meiner Krebserkrankung vor Jen Tai auszubreiten, und meinte, dass ich in letzter Zeit durch Beruf und Umzug ziemlichen Belastungen ausgesetzt gewesen sei. Während Victoria redete, konnte ich sehen, wie sich auf Jen Tais Gesicht eine Mischung aus Besorgnis, Mitgefühl und Angst abzuzeichnen begann. Eigentlich hatte ich gehofft, dass Victoria diese Dinge nicht zur Sprache bringen würde. Ich wollte, dass Jen Tai mich behandelte, ohne ein vorgefasstes Bild von mir zu haben.

Jen Tai ließ mich die Zunge rausstrecken, um sie aufmerksam zu betrachten. Dann untersuchte sie meine Augen, sah sich meine Hände an, tastete meine Handflächen ab und fühlte meinen Puls. Schließlich sollte ich mich auf einer Liege ausstrecken, sodass sie bestimmte Akupressurpunkte tasten konnte. Der besorgte Ausdruck war immer noch nicht aus ihrem Gesicht gewichen. Sie holte einen Stoffbeutel aus einem Schrank und fischte daraus ein schwarzes, hornförmiges Instrument hervor, das an einem Ende abgerundet war. Sie drückte mir das abgerundete Ende mittig tief in die Brust. Es fühlte sich fast so an, als wolle sie sämtliche Luft aus meiner Lunge quetschen. Dann musste ich mich umdrehen, und sie presste mir das Ding in den Rücken.

»Ich bringe das stagnierende Qi in Ihrer Brust wieder zum Fließen«, erklärte sie mir dabei. Nachdem sie mit dem Drücken und Stoßen fertig war, sah sie mich mit von Herzen kommender Güte an und sagte: »Sie müssen dreimal pro Woche kommen.«

Dann verordnete sie mir eine Reihe von chinesischen Heilkräutern und Arzneien. Von einigen sollte ich mir einen Sud zubereiten und ihn täglich mehrmals trinken. Da ich Krebs gehabt hatte, sagte sie, wolle sie mich mit allem versorgen, was mein Körper brauche, um nicht wieder krank zu werden. Ich hegte keinerlei Zweifel an ihren guten Absichten, doch auf die Auskunft hin, dass ich mich dreimal wöchentlich zur Behandlung einfinden solle, spürte ich, wie sich in meiner Magengrube ein kleiner Stressknoten bildete. Der Weg zu ihrer Praxis war sehr weit, und ich stand immer noch unter Druck, nicht nur wegen des Umzugs, sondern auch wegen diverser beruflicher Projekte, die sich gerade häuften.

Wie soll ich es je schaffen, dreimal in der Woche hierherzukommen?, dachte ich bei mir. *Mal ganz abgesehen von der Zeit, die ich brauchen werde, um mir jeden Tag all die Abkochungen und Tees zuzubereiten.*

Ich fragte, ob es denn nicht auch reichen würde, wenn ich nur einmal pro Woche käme, solange ich regelmäßig meine Medizin nähme. Ich erklärte, dass ich einen Großteil des Tages allein für die Fahrt zu ihrer Praxis und wieder nach Hause benötigen würde und dass dann ja noch die Wartezeit dazukäme, von der man nie wusste, wie lang sie ausfallen würde.

»Die Entscheidung liegt bei Ihnen«, erwiderte Jen Tai. »Aber wenn Ihnen etwas an Ihrer Gesundheit liegt, dann müssen Sie öfter kommen. Je öfter Sie zur Behandlung kommen, desto besser für Sie.«

»Und für wie lange?«, wollte ich wissen.

»Ich rate Ihnen, die Behandlung zu einem Teil Ihrer wöchentlichen Routine zu machen. Und es würde Ihnen guttun, wenn Sie sie Ihr Leben lang beibehalten«, sagte sie, ohne mir ein Ende der Therapie auch nur in Aussicht zu stellen. »Betrachten Sie es als eine Umstellung Ihrer Lebensgewohnheiten.«

Kräuter und Gewürze

Muss ich wirklich für den Rest meines Lebens hierherkommen?, fragte ich mich in einem Anflug von Panik. Obwohl mir Jen Tais Vorschlag überhaupt nicht behagte, war mir klar, dass es nicht ihre Absicht war, mir etwas aufzuschwatzen. Sie meinte ehrlich, was sie sagte, und wollte mir helfen, damit ich nicht wieder Krebs bekäme. Vermutlich war ihr nicht bewusst, dass man mir keinen schlechteren Rat geben konnte als den, den Rest meines Lebens damit zuzubringen, ein Wiederaufflammen der Krebserkrankung zu verhindern. Diese Fixierung würde exakt den gegenteiligen Effekt haben, weil mein Leben dann weiter im Zeichen der Angst vor der Krankheit stünde. Genau das war der Fall gewesen, bevor ich überhaupt an Krebs erkrankte.

Mittlerweile weiß ich, dass das Beste, was ich für mich und meine Gesundheit tun kann, ist, mich auf die Dinge zu konzentrieren, die mir Spaß machen, meinen Neigungen zu folgen und alle Entscheidungen aus einer Haltung der Liebe und nicht der Angst heraus zu treffen. Doch mein damaliges Umfeld hatte mich dies für einen Moment vergessen lassen, und so fand ich mich erneut hineingezogen in das Universum von Furcht und Krankheit. Dadurch fiel ich in mein altes Denkmuster zurück, dem zufolge mein Körper nicht intelligent genug sei, um ohne ständiges Eingreifen meinerseits und Hinzuziehung von Gesundheitsexperten für sein Wohl zu sorgen.

Jen Tai kritzelte ein paar Worte auf einen Block, riss das Blatt ab, drückte es mir in die Hand und zeigte Richtung Nebenzimmer. Ich ging hinein und sah hinter einer großen hölzernen Theke, etwa so groß wie ein durchschnittlicher Esstisch, einen jungen Mann Arzneitränke mischen. Ich reichte ihm das Blatt, das Jen Tai mit chinesischen Schriftzeichen gefüllt hatte. Er lächelte und nickte.

Alsdann griff er mal in diesen, mal in jenen Topf, holte ein getrocknetes Kräutlein heraus, wog es mit seiner Handwaage ab und füllte schließlich mehrere Plastiksäckchen mit der verordneten Zubereitung. Manche der Ingredienzen sahen aus wie Samen, andere wie Rinde oder wie getrocknete Früchte und Teeblätter. Jedes Tütchen enthielt eine Tagesdosis der Kräutermedizin, die vier Stunden in Wasser gekocht werden musste, ehe man sie trank. Als er fertig war mit Mischen, gab er mir drei Beutelchen, also meine Ration für drei Tage. Offensichtlich erwartete Jen Tai danach meinen nächsten Besuch. Da ich mir nicht sicher war, ob ich so bald schon wiederkommen könnte, fragte ich ihn, ob ich nicht ein paar Beutelchen mehr haben könnte. Er war offensichtlich überrascht, dass ich Kantonesisch sprach, und fing an, übers ganze Gesicht zu strahlen. Eine lebhafte Unterhaltung entspann sich, und am Ende lachten und schmunzelten wir beide. Schließlich gab er mir sieben Beutel mit den Zutaten für meinen Kräutersud und dazu ein Glas Pillen, von denen ich täglich vier Stück nehmen sollte.

Nachdem auch Victoria mit Jen Tai gesprochen und sich ihre Beutelchen geholt hatte, zahlten wir für Konsultation und unsere Kräuterarznei, gingen die enge Treppe hinunter und hinaus auf die Straße zur nächsten Trambahnhaltestelle.

»Wieso hast du eigentlich so viele Beutel?«, fragte Victoria mit Blick auf meine sieben Säckchen Kräutermedizin.

»Weil ich nicht weiß, ob ich es dreimal pro Woche hier heraus schaffe«, beantwortete ich ihre Frage. »Doch ich möchte meine Medizin weiternehmen, auch wenn ich nicht kommen kann.«

»Ich halte es für keine gute Idee, wenn du die Behandlungen ausfallen lässt«, schimpfte sie. »Jen Tai vollbringt wirklich wahre Wunder. Hast du denn nicht gesehen, wie viele Leute Schlange stehen, um von ihr behandelt zu werden?

Wenn jemand so gefragt ist wie sie, muss er doch was draufhaben!«

»Ja, da hast du wohl recht«, räumte ich ein, wobei es sich irgendwie falsch anfühlte. Trotzdem wollte ich mir die ganze Sache erst einmal ansehen, denn ich mochte Jen Tai und hoffte, von ihrem Wissen zu profitieren.

Ich erobere meine Kraft zurück

Und so kochte ich an jenem Abend meinen Kräutersud. Der Duft erfüllte das ganze Haus und drang bis zur Eingangstür. Als Danny heimkam, fragte er, was ich denn auf dem Herd hätte. Er vermutete eine exotische chinesische Suppe. Ich zeigte ihm den kokelnden Kräutersud und berichtete ihm von meinem Abenteuer mit Victoria.

Die nächsten drei Tage trank ich brav meinen Sud und schluckte die verordneten Pillen. Am dritten Tag rief Victoria an und fragte, ob ich sie wieder zu Jen Tai begleiten würde. Ich sagte ja, und so waren wir wieder mit Fähre und Tram unterwegs. Und drei Tage später wieder und in der Woche drauf noch dreimal. Jen Tai war stets liebenswürdig und freute sich, mich zu sehen.

Dann aber bekam ich ordentlich zu tun mit meinem neuen Projekt und empfand die Fahrten zu Jen Tais Praxis zunehmend als Tortur, als unnötigen Stress, den ich mir zusätzlich aufbürdete. Irgendwie war das Ganze ein Witz, ich wollte ja etwas gegen meine Erschöpfung tun, nicht mich noch mehr kaputtmachen. Außerdem war dieses neue Projekt total spannend, und ich wollte mich so richtig reinhängen. Als Victoria mich also wegen unseres nächsten Besuchs bei Jen Tai anrief, sagte ich ihr, ich könne nicht mitkommen.

»Es geht mir prima«, sagte ich fröhlich. »Ich möchte mich jetzt einfach nur auf die Dinge konzentrieren, die ich wirklich machen will, mal ganz abgesehen davon, dass ich auch gern etwas Zeit in meinem neuen Heim verbringen möchte.« Ich hatte mittlerweile das Gefühl, mein ganzes Dasein drehe sich nur noch um meine Besuche bei Jen Tai. Die über vierstündige Fahrt ging mir langsam, aber sicher auf die Nerven, ganz zu schweigen von der Zeit, die ich mit dem Kochen des Kräutersuds vertat – Zeit, in der ich Musik hören, lesen, am Strand spazieren gehen oder mich einfach hätte entspannen können.

Ganz egal wie sehr Victoria und Jen Tai darauf beharren mochten, dass es mir umso besser ginge, je öfter ich zur Behandlung käme, das genaue Gegenteil war der Fall. Je öfter ich zu Jen Tai hinausfuhr, desto mehr hatte ich das Gefühl, dass dies auf Kosten all der anderen Dinge ging, die ich lieber tun wollte. Victoria gegenüber sagte ich zwar, die Behandlung täte mir gut, in Wahrheit aber fühlte ich mich damit *schlechter* als vorher. Das war aus meiner Sicht auch der Grund, warum Jen Tai bei mir keine Verbesserung der Stresssymptome feststellen konnte. Die regelmäßigen Visiten waren für mich bloß zusätzlicher Stress, der an meinen Kräften zehrte. Und obwohl die Behandlungen nicht den gewünschten Effekt hatten, fiel es mir schwer, damit aufzuhören, da Victorias und Jen Tais ständige Warnungen mir immer noch etwas Angst machten.

»Ich halte es für unvernünftig, dass du nicht mehr zu Jen Tai gehen willst! Sie hilft dir wirklich!«, beschwor Victoria mich.

Ich wollte schon entgegnen: »Wenn ich aber gar keine Hilfe brauche?«, verkniff es mir jedoch in letzter Sekunde. Stattdessen sagte ich: »Aber wie lange soll denn das so weitergehen, Victoria? Sie sagt, ich bräuchte eine Langzeitbehandlung! Ich bin mir nicht sicher, ob ich einen Großteil meines Lebens damit zubringen will, zur Heilerin zu gehen. Ganz zu schweigen davon, dass das ganz schön ins Geld geht!«

»Anita, du selbst weißt doch am besten, dass man Gesundheit nicht mit Geld aufwiegen kann!«, widersprach mir Victoria. »Außerdem verhält sich Jen Tai wirklich anständig. Sie könnte sehr viel mehr verlangen, aber das tut sie nicht. Und ihre Preise sind seit Ewigkeiten die gleichen. Ich gehe schon seit Jahren zu ihr, genau wie viele andere ihrer Patienten. Sie alle schwören auf sie und sind sich sicher, dass sie Wunder wirkt. Sie spürt genau, was dein Körper braucht, wenn sie dich behandelt.«

»Ja, Jen Tai ist großartig und sehr einfühlsam, das ist mir bewusst. Aber was tust du, wenn du mal länger auf Reisen bist und nicht regelmäßig zu ihr gehen kannst? Oder wenn du aus Hongkong wegziehst, um woanders zu leben?«, wollte ich wissen.

»Dieser Gedanke beunruhigt mich manchmal«, gab Victoria zu. »Es geht mir scheußlich, wenn ich sie aus irgendeinem Grund mal nicht sehen kann. Wenn ich regelmäßig hingehe und die Medizin nehme, dann fühle ich mich top. Das ist es, was ich sagen will. Sie hilft mir ganz eindeutig.«

Irgendetwas in mir war mit Victorias Worten nicht einverstanden, doch ich hatte keine Lust, mit ihr zu streiten. Ich akzeptierte die Tatsache, dass sie Jen Tai vertraute, und wollte nicht an ihren Überzeugungen rütteln. Ich weiß aus Erfahrung, dass es große Angst auslösen kann, wenn jemand die Glaubenssätze, an denen wir hängen, erschüttert, es sei denn, es gelingt uns, diese durch neue, konstruktive Überzeugungen zu ersetzen. Mir selbst kam es jedenfalls so vor, als hätte ich die Wahl zwischen Pest und Cholera: Nicht mehr zu Jen Tai zu gehen hieße möglicherweise, nicht das Beste für meine Gesundheit und meinen Körper zu tun; meine Behandlung fortzusetzen aber bedeutete, mich weiterhin unzufrieden und überlastet zu fühlen und mich aus Angst von Jen Tai abhängig zu machen.

Victoria hatte ihre ganze Macht an die Heilerin abgegeben,

und der bloße Gedanke, sie einmal nicht sehen zu können, flößte ihr Angst ein. Victoria glaubte offensichtlich, dass ihr Körper nicht die Intelligenz besaß, sich ohne ständige Hilfe von außen gesund zu erhalten. Und auch wenn ich es damals nicht sehen konnte, so war auch ich im Begriff, meine Macht, meine Selbstbestimmung, an Jen Tai abzugeben.

Widerstand regt sich

Am Abend beschloss ich, mich für ein Weilchen zu einer stillen Meditation zurückzuziehen, weil ich das Bedürfnis hatte, in mich hineinzuhorchen. Ich schlüpfte in bequeme Klamotten, zündete ein paar Kerzen an, gab meine Lieblingsaromaöle in die Duftlampe und legte sanfte Musik auf. Auf meinem Meditationskissen sitzend blickte ich aufs Meer hinaus. Die Musik und das liebliche Aroma der Öle hatten eine geradezu hypnotische Wirkung auf mich. Ich ließ meinen Blick auf den Wellen ruhen und entspannte mich vollkommen, indem ich all meine Gedanken einfach losließ.

Ich habe gelernt, dass ich in tiefere Bewusstseinszustände eintauchen kann, in denen schlagartig alles klar wird, wenn ich mich auf etwas Weites wie den Ozean konzentriere und den Gedanken, die sich unweigerlich aufdrängen wollen, keine Beachtung schenke. Sobald sich die Geräusche meiner Umgebung gelegt haben, kann mein weises inneres Selbst mit mir kommunizieren – und die Botschaften sind eindeutig und unmissverständlich. Die dann auftretenden Emotionen sind ähnlich intensiv wie die während meiner Nahtoderfahrung und werden manchmal auch von einer körperlichen Empfindung begleitet.

An diesem Abend also, nachdem ich vielleicht zwanzig Minuten lang durch die gläserne Balkontür hinaus aufs Meer geschaut hatte, trat ich plötzlich in diesen Zustand der

Klarheit ein. Es begann mit einer körperlichen Empfindung an der Kehle, einer Art Kribbeln. Ich begriff, dass mein Körper mir mit diesem Kribbeln signalisieren wollte, dass ich im Moment nicht gemäß meiner inneren Wahrheit lebte. Ich lenkte meine Aufmerksamkeit auf den Kehlbereich, um zu sehen, welche Botschaften dort auf mich warteten. Ich fragte mein Energiezentrum dort, ob es eine Botschaft für mich hätte. Mehrere Gedanken tauchten in meinem Bewusstsein auf: *Ich brauche mich nicht von äußeren Hilfsquellen abhängig zu machen, die mir vorschreiben, was für mein Wohlbefinden gut ist. Ich muss meine Macht nicht an Jen Tai abgeben. Je mehr ich von meiner Macht abgebe, desto stärker nähre ich in mir die Vorstellung, dass mit mir grundsätzlich etwas nicht stimmt und ich mich daher auf andere verlassen muss, damit sie mir meine Entscheidungen abnehmen. Ich muss die Macht, Entscheidungen für meine Gesundheit zu treffen, nicht in fremde Hände legen.*

Diese Einsichten überkamen mich wie eine Sturzflut, als hätte jemand alle Schleusen geöffnet. Ich weiß immer ganz genau, ob das, was ich höre, wahr und die Stimme meiner inneren Führung ist, denn dann weicht alle Angst einem Gefühl von Freude und Leichtigkeit. Und genau dieses Gefühl verspürte ich in jenem Augenblick.

Ich erkannte, dass ich umso schwächer wurde, je mehr ich glaubte, Jen Tai allein besäße die Macht, mich gesund zu machen. Und dieses Gefühl der Schwäche ließ mich glauben, dass ich noch mehr Hilfe brauchte! Ich will damit nicht abstreiten, dass wir mitunter in Situationen kommen, in denen wir fremde Hilfe brauchen – sei es von Schul- oder Alternativmedizinern oder auch Energieheilern. Schließlich habe ich selbst während meiner Krebserkrankung den dringend benötigten Rat und die Hilfe sowohl von Ärzten als auch von ayurvedischen Heilern in Anspruch genommen. Der Unterschied war, dass ich damals bereitwillig ihre Unterstützung suchte, weil ich das Gefühl hatte, dass das in dieser

Situation das Richtige war – und nicht weil ich mich dazu von anderen überreden ließ, die ihre Ängste auf mich projizierten und glaubten, besser als ich zu wissen, was für mich das Beste sei (mögen ihre Absichten noch so gut und ihre Motive noch so rein gewesen sein). Es war meine ureigenste Entscheidung gewesen, und sie hatte sich richtig angefühlt.

Auch behaupte ich nicht, dass Jen Tai oder andere Praktizierende der Traditionellen Chinesischen Medizin (TCM) keine wertvollen Dienste leisten. Das tun sie sehr wohl! Ich schätze TCM-Therapeuten und ihre Behandlungsmethoden sehr. Wenn wir in uns den Impuls fühlen, einen Therapeuten gleich welcher Richtung aufzusuchen, wenn wir Kräuter, Nahrungsergänzungsmittel oder Medikamente einnehmen, weil wir es wollen und uns damit wohlfühlen, dann hören wir auf unsere innere Führung und machen uns selbst stark. Dies sind wichtige Schritte, um unsere Gesundheit und unser Wohlbefinden zu unterstützen.

Tatsächlich ist einer der maßgeblichen Unterschiede zwischen einem *guten* Heiler und einem *großen* Heiler der, dass Letzterer immer versuchen wird, Sie auf Ihre angeborene Selbstheilkraft zurückzuverweisen, und Sie ermutigt, sich von ihm unabhängig zu machen. Große Heiler wissen um die jedem Menschen innewohnende Weisheit und betrachten es als ihre Aufgabe, uns mit dieser Weisheit in Verbindung zu bringen. Doch viele Heiler hegen (oftmals unbewusst) den Wunsch, ihre Klienten in Abhängigkeit zu halten, da dies ihre Existenz rechtfertigt. Diese Heiler haben häufig selbst noch keinen Zugang zu ihrem unzerstörbaren Selbst gefunden und glauben daher, dass wir Menschen durch anhaltende äußere Eingriffe in Ordnung gebracht werden müssten. Diese Vorstellung projizieren sie dann auf ihre Patienten. Doch ein großer Heiler wird immer versuchen, *Sie* stark und unabhängig zu machen, indem er einen Kanal öffnet, über den Sie sich mit Ihren naturgegebenen Selbstheilungskräften verbinden können. Dadurch wird der Heiler natürlich irgendwann für Sie überflüssig, aber das ist der Ausweis seiner Größe!

Dasselbe gilt für große Lehrer und Gurus. Ein wirklich großer Lehrer oder Guru weiß, dass seine Aufgabe nicht darin besteht, Beliebtheitswettbewerbe zu gewinnen, indem er immer mehr Schüler um sich versammelt, die von ihm und seinen Antworten auf ihre Fragen abhängig sind. Seine wahre Aufgabe besteht darin, den inneren Guru, die innere Weisheit in seinen Schülern zu erwecken, sodass sie nicht länger auf einen Lehrer angewiesen sind. Es ist nichts Falsches daran, wenn Sie einen Lehrer, Heiler oder Guru haben, den Sie achten. Aber wenn Sie an sich selbst glauben und mit Ihrer inneren Führung verbunden sind, dann wird der richtige Lehrer, Heiler oder Guru im richtigen Augenblick mit der richtigen Antwort auf der Bildfläche erscheinen. Er kann jede erdenkliche Form und Gestalt haben – Elektriker, Taxifahrer oder jemand, den Sie im Fernsehen sehen. Und Sie werden sofort Bescheid wissen, weil seine Worte tief in Ihrem Inneren etwas zum Klingen bringen, freudige Erregung wecken und weder Furcht noch Angst auslösen.

Die Erfahrung mit Victoria und Jen Tai – sosehr ich die beiden mag und schätze – hat mich gelehrt, dass es für mich kontraproduktiv und schädlich ist, meine Macht an andere abzugeben. Ich muss nicht bis an mein Lebensende ständig an mir herumtherapieren. Ich hatte geglaubt, meine exzessive Beschäftigung mit Gesundheit müsse zwangsläufig zu Gesundheit führen, solange ich nur natürliche Mittel und Methoden verwende und keine Chemie. Doch mittlerweile habe ich begriffen, dass eben diese exzessive Beschäftigung mit meiner Gesundheit mich in dem Irrglauben gefangen hielt, etwas sei mit mir nicht in Ordnung. Kurz und gut, die übermäßige Beschäftigung mit einem Thema (selbst mit Gesundheit) ist nie gesund, wenn sie aus Angst und nicht aufgrund wirklicher innerer Stärke geschieht.

Lebe deinen Himmel hier und jetzt

Wenn »Ich bin nicht okay, du bist nicht okay« also ein *Mythos* ist, wie könnte dann die *Wahrheit* aussehen?

Heilsame neue Glaubenssätze

- Wir werden als Wesen geboren, die in jeder Hinsicht vollkommen sind.
- Wir sind bereits, was wir zu werden versuchen.
- Auch wenn wir kurzfristig vielleicht vergessen haben, wer wir sind, so sind wir keineswegs in irgendeiner Weise »kaputt«!
- Die Schwierigkeiten, die wir haben, sind kein Indiz dafür, dass mit uns etwas nicht in Ordnung ist. Sie sind nur ein Teil unserer Reise zurück zu uns selbst.

Tipps und Übungen

- Nehmen Sie sich jeden Tag Zeit, um mit der Stimme Ihrer inneren Führung Kontakt aufzunehmen.
- Seien Sie offen für alle möglichen Hinweise der Führung, die Ihnen im täglichen Leben begegnen – das Lied, das im Autoradio ertönt, wenn Sie es einschalten; Gesprächsfetzen, die Sie in der Schlange vor der Supermarktkasse

aufschnappen; ein Interview in einer Zeitschrift oder im Fernsehen.

- Lernen Sie zu erkennen, wenn Dinge, die Sie hören, tief in Ihrem Inneren ein Gefühl der Hochstimmung auslösen. Das ist die Stimme Ihrer inneren Führung, die Sie auf etwas aufmerksam machen will.

- Gewöhnen Sie sich an, Probleme als Segen zu betrachten. Statt wütend und frustriert zu reagieren, wenn etwas nicht so läuft, wie Sie sich das vorstellen, fragen Sie sich: *Wenn dies tatsächlich ein Geschenk des Universums ist, was will es mich lehren?* Sie werden erstaunt sein, wie dieser veränderte Blickwinkel Ihre innere Weisheit zum Fließen bringt.

Fragen zum Weiterdenken:

- Bin ich ständig damit beschäftigt, an mir zu arbeiten, um in irgendeiner Weise »besser« zu werden?

- Suche ich fortwährend in der Außenwelt – in Büchern, bei Lehrern oder Gurus – nach Hilfe und Rat, wie ich mein Leben führen soll?

- Gebe ich meine Macht an andere ab, weil ich glaube, sie hätten die Antworten, nach denen ich suche?

- Kann ich erkennen, ob die innere Stimme, die ich vernehme, tatsächlich vom Universum kommt und meinem höchsten Wohl dient oder ob das nicht der Fall ist?

- Bin ich zu selbstkritisch?

Ich weiß, dass ich mit meiner inneren Führung in Kontakt bin, wenn ...

- ich wirklich verstehe, dass meine Probleme nicht Folge von persönlichem Versagen sind, sondern ein wichtiger Teil meiner Reise.

- ich erkenne, dass diese Probleme in Wahrheit ein Geschenk sind.

- ich nicht länger das zwanghafte Bedürfnis habe, alle Ereignisse und alle Entwicklungen in meinem Leben zu kontrollieren.

- ich zulassen kann, dass ich zu einem Kanal werde, durch den sich das Leben entfaltet, und ich voll und ganz akzeptiere, dass das Leben etwas ist, das nicht *mir,* sondern *durch mich* passiert.

Kapitel 5

Mythos: Unser Gesundheitswesen sorgt für unsere Gesundheit

Ich war soeben von einer Vortragsserie, die mich durch ganz Europa und Nordamerika geführt hatte, nach Hongkong zurückgekehrt und genoss es, wieder zu Hause zu sein, wenn auch nur für ein paar Tage. Endlich konnte ich mal wieder in Li Chongs Laden gleich um die Ecke einkaufen. Da stand ich nun und grübelte, welches Obst mich mehr lockte. *Hmmm ... nehme ich jetzt Gala- oder Javaäpfel? Java oder Gala?*

Das Läuten meines Handys riss mich aus meinen tiefsinnigen Spekulationen. Ich legte ein Säckchen Java in meinen Einkaufswagen (Java klang einfach faszinierender, fand ich) und fischte mein Handy aus der Handtasche. Im Display wurde kein Name angezeigt, es konnte also niemand von meiner Kontaktliste sein. Die angezeigte Nummer sagte mir auch nichts.

»Hallo?«, sprach ich etwas zögerlich ins Telefon.

»Hallo? Sind Sie Anita?«, fragte eine unbekannte Stimme.

»Ja, ich bin Anita. Darf ich fragen, wer Sie sind?«

»Ich weiß nicht, ob Sie sich an mich erinnern. Mein Name ist Vera, und wir sind uns letztes Jahr bei einer Konferenz an der Uni begegnet.«

»Ähm ...«, sagte ich und kramte in meinem Gedächtnis, doch ich konnte die Frau beim besten Willen nicht unterbringen.

»Macht nichts, ich verstehe, dass Sie sich nicht an mich

erinnern«, meinte sie, da sie meine Verlegenheit spürte. »Sie lernen im Moment sicher alle möglichen Leute kennen. Ich hoffe, Sie sind mir nicht böse, dass ich Sie mit meinem Anruf einfach so überfalle, aber ich wollte Sie unbedingt sprechen. Sind Sie gerade beschäftigt, oder hätten Sie einen Augenblick Zeit?«

»Kein Problem. Ich mache nur ein paar Einkäufe – nichts Weltbewegendes«, beruhigte ich sie, neugierig, woher sie meine Nummer hatte und warum sie anrief.

Als hätte sie meine Gedanken gelesen, erzählte Vera: »Bei dieser Konferenz hat eine gemeinsame Freundin, Sheila Randall, uns miteinander bekanntgemacht. Sie hat mir Ihre Nummer gegeben und mir geraten, Sie anzurufen.«

»Ach ja, jetzt weiß ich wieder! Worum geht's denn?«, wollte ich wissen. Nun erinnerte ich mich wieder: Sheila, die ich vom Yogakurs kannte, hatte mich bei besagter Konferenz, auf der ich das Jahr zuvor einen Vortrag gehalten hatte, einer sehr sympathischen Frau europäisch-asiatischer Abstammung vorgestellt.

Es geht um meine Mutter ...

»Es geht um meine Mutter«, sagte Vera, deren Stimme jetzt zitterte. »Sie hat Brustkrebs im dritten Stadium. Sie weiß es erst seit letzter Woche, und seit der Diagnose hat sie entsetzliche Angst – als hätten die Ärzte ihr Todesurteil gesprochen! Dann empfahl ihr jemand Ihr Buch. Sie hat es sofort gelesen und viel Hoffnung daraus geschöpft. Als sie dann herausfand, dass Sie hier in Hongkong wohnen, wollte Sie sie unbedingt treffen und mit Ihnen sprechen. Also habe ich Sheila kontaktiert, und sie meinte auch, ich solle Sie anrufen.«

»Das mit Ihrer Mutter tut mir wirklich leid«, erwiderte ich. »Ich fühle mit ihr – und mit Ihnen! Ich weiß nur zu gut, wie das ist!« Ich konnte Veras Schmerz aufrichtig nachempfinden, gleichzeitig berührte es mich sehr, dass mein Buch ihrer Mutter geholfen hatte. »Ich verstehe vollkommen, wie sehr einem die Angst in die Knochen fährt, wenn man gesagt bekommt, dass man Krebs im Stadium III hat.«

»Darum habe ich angerufen«, sagte Vera mit einem Seufzer der Erleichterung. »Als meine Mutter Ihr Buch las, hatte sie das Gefühl, *ihre eigene* Geschichte zu lesen. Sie ist genau so, wie Sie früher waren! Sie will es immer allen recht machen und gibt und gibt, bis sie nichts mehr zu geben hat. Doch sie achtet kein bisschen auf sich selbst!«

Ein leises Lächeln kräuselte meine Lippen. Das klang so unheimlich vertraut. Die Geschichte von Veras Mutter war tatsächlich wie meine Geschichte.

»Wo ist Ihre Mutter jetzt?«, wollte ich wissen. Ich fühlte mich etwas unbehaglich mit dieser Situation, denn einerseits wollte ich helfen, andererseits wollte ich auch, dass Veras Mutter begriff, dass sie die Macht zu heilen (in welcher Form auch immer diese Heilung erfolgen mochte) schon in sich trug. Ich verbreite meine Botschaft nicht, damit die Menschen *an mich,* sondern damit sie *an sich selbst* glauben.

Darüber hinaus hatte ich einen vollen Terminkalender und erhielt zahlreiche Zuschriften von mir unbekannten, schwer kranken Menschen, die mich baten, sie zu besuchen und sie auf ihrer Heilreise zu begleiten. Das lag mir schwer auf der Seele, denn ich hätte wirklich gerne *allen* geholfen, aber rein physisch war das natürlich unmöglich. Wenn ich könnte, würde ich am liebsten jeden Einzelnen in die Arme nehmen, fest drücken und ihn bitten, sich selbst zu lieben und so anzunehmen, wie er ist, an welchem Punkt seiner Reise er auch stehen mochte!

»Sie liegt im Adventist Hospital in der Stubbs Road«, gab Vera zur Antwort. »Je früher Sie sie besuchen könnten, desto besser. Sie ist hat große Angst, was ihre Behandlungsmöglichkeiten angeht, und ist ganz durcheinander, weil jeder ihr etwas anderes rät.« Die letzten Worte sprach Vera unter Tränen.

»Ich sage alle Termine für morgen Nachmittag ab und besuche sie«, versprach ich Vera. Obwohl ich in drei Tagen Hongkong schon wieder verlassen musste und noch keinerlei Reisevorbereitungen getroffen hatte, spürte ich, dass ich Vera und ihrer Mutter helfen musste. Ich konnte die beiden in ihrer Not nicht allein lassen, egal, wie beschäftigt ich war – das fühlte sich einfach nicht richtig an. Ich spürte Veras Angst wie einen eisigen Wind durch mich wehen, der mich erschauern ließ.

Gesundheitswesen – oder Krankheits(un)wesen?

Durch die Erfahrung mit meiner Krebserkrankung hat sich meine Sicht auf Gesundheit und die Art und Weise, wie wir damit umgehen, grundlegend verändert. Es macht mich traurig, dass unser Gesundheitssystem weit mehr Gewicht auf das Aufspüren von Krankheiten als auf eine gesunde Lebensweise legt. Alles scheint sich nur noch um das Thema Krebsdiagnose zu drehen. Ständig werden wir durch Anzeigenkampagnen aufgefordert, diesen oder jenen Früherkennungstest zu machen, mit dem Effekt, dass unsere Gedanken in erster Linie um Krankheit kreisen. Dazu kommen regelmäßige Spendenaufrufe für den »Kampf gegen den Krebs« oder andere »Kämpfe« gegen Herz-Kreislauf-Krankheiten, Diabetes und so weiter.

Würden wir über Gesundheit ebenso viel reden wie über Krebs und würden wir genauso viel Geld in die Gesundheitsaufklärung wie in die Krebsaufklärung stecken, böte sich sehr wahrscheinlich ein ganz anderes Bild. Darum spreche ich vor allem über Gesundheit, Liebe und Freude, statt das Augenmerk auf den Krebs zu richten. Mir wäre es lieber, wenn die Menschen mehr darüber sprächen, was man tun muss, um gesund zu sein, wie Gesundheit aussieht und sich anfühlt. Selbst Krebskranken würden solche Gespräche nützen!

Eines möchte ich an dieser Stelle absolut klarmachen: Unser Körper ist kein Kriegsgebiet, und wir müssen aufhören, ihn als solches zu behandeln. Es gibt hier keine Kämpfe zu gewinnen – oder zu verlieren – und keine Feinde zu vernichten. Krebs oder eine andere Krankheit zu bekommen kann Fluch oder Segen sein, je nachdem wie unsere innere Haltung dazu aussieht. Krankheit ist kein »Übel, das ausgemerzt werden muss«. Sie ist weder das Resultat von schlechtem Karma aus einem früheren Leben noch die Folge negativen Denkens.

Krankheit ist vielmehr die Art, wie unser Körper mit uns kommuniziert und uns zeigt, wie wir mit uns selbst besser umgehen können. Ja, natürlich können wir an Krebs sterben, wie wir an tausend anderen Dingen sterben können, und jeder von uns wird unweigerlich einmal an etwas sterben. Doch der Tod ist nicht unser Feind. Unser Feind ist für gewöhnlich unsere Sicht auf Krankheit, einschließlich der stark vereinfachenden Vorstellung, dass wir, wenn wir krank werden oder sterben, nicht entschlossen oder ausdauernd genug gekämpft haben, unser Lebenswille nicht stark genug war oder unsere Affirmationen und Visualisierungen nicht positiv genug waren. Solche Ideen lösen nicht nur Angst aus, sie sind *schlichtweg falsch*! Und sie degradieren Menschen, die eine schwere Krankheit haben, zu einer irgendwie minderen Sorte Mensch. Das setzt sie – und ihre Angehörigen – unter immensen Druck, und zwar in einem Moment, in dem sie am verwundbarsten sind.

Diese ebenso voreingenommene wie ungerechtfertigte

Haltung ist das exakte Gegenteil von der Liebe, der Unterstützung und dem Verständnis, die ein Mensch braucht, der eine Krankheit durchmacht. Wie viel hilfreicher wäre es, wenn wir unseren Blickwinkel verändern würden und in Krebs bzw. anderen Krankheiten einen Weckruf sähen, der unserem Leben eine andere Richtung geben soll! Was wäre, wenn wir, statt Milliarden für den »Kampf gegen ...« auszugeben, unser Geld und unsere Energie in »Gesundungsprogramme« stecken würden, die nicht nur unsere körperliche, sondern auch unsere seelische und geistige Gesundheit förderten? Überlegen Sie mal, was das für einen Unterschied machen würde und wie anders die Ergebnisse ausfielen!

Gesundheitsbewusstsein

Unser Gesundheitswesen ist in seiner jetzigen Form ein Krankheitswesen, das sich mehr um Krankheit kümmert als um Gesundheit. Das liegt vielleicht zum Teil daran, dass mit Krankheit mehr Geld zu verdienen ist als mit Gesundheit. Man mag mir Zynismus vorwerfen, doch betrachten Sie nur folgende Tatsache: 2014 berichtete *Forbes,* dass in den USA schätzungsweise 3,8 Billionen Dollar für Ärzte, Krankenhäuser, Arzneimittel und Therapien ausgegeben wurden. Verglichen mit diesen massiven Aufwendungen ist der Betrag, den wir für Programme ausgeben, bei denen die Menschen lernen, wie sie länger, glücklicher und gesünder leben können, nur ein Klacks.

Dr. Lyle Ungar zufolge, der einen Lehrstuhl für Computer- und Informationswissenschaft an der Universität von Pennsylvania innehat und umfangreiche Forschungen zur Lebenserwartung angestellt sowie einen Lebenserwartungsrechner mit entwickelt hat, würden wir alle länger und gesünder leben, wenn wir nicht rauchen, uns nicht betrunken ans Steuer setzen, den Sicherheitsgurt anlegen, mehr Sport treiben und uns um erfüllende zwischenmenschliche Beziehungen bemühen würden. So einfach ist das. Wir könnten haufenweise Geld sparen und jährlich Millionen von Menschenleben retten, wenn wir diese simplen Regeln beherzigen würden.

Die meisten Menschen wissen nicht, was wirkliches Wohlbefinden ist. Ihnen ist nicht im Mindesten bewusst, dass ihr körperliches Wohlergehen eine ganze Menge mit ihrem geistigen, emotionalen und spirituellen Wohlbefinden zu tun hat! Diese Dinge hängen eng miteinander zusammen – körperliche Krankheit entsteht nicht in einem Vakuum. Wenn unser Immunsystem geschwächt ist und wir damit anfälliger für Krankheiten werden, so hat das einen Grund. Solange unsere Gesundheitsexperten sich aber mehr für Krankheit als für Gesundheit interessieren, solange die Wissenschaft sich nicht eingehender mit dem Zusammenhang von Krankheit, emotionaler Befindlichkeit und Lebensstil befasst, werden wir mit medizinischer Forschung allein den Krankheiten nicht beikommen.

Unglücklicherweise hatte sich das Krankheitswesen bereits mit Veras Mutter beschäftigt. Es war höchste Zeit, einen anderen Ansatz ins Spiel zu bringen.

Meine Begegnung mit Dana

Am Tag nach meinem Telefonat mit Vera klopfte ich an die Tür des Krankenzimmers, in dem ihre Mutter lag. Vor zwei Tagen hatten die Ärzte eine Biopsie gemacht, doch es standen noch einige weitere Tests aus.

»Herein!«, hörte ich Vera von drinnen rufen, also machte ich langsam die Tür auf und ging hinein. Vera und ihre Mutter schienen sehr erleichtert über meinen Besuch zu sein.

»Vielen herzlichen Dank, dass Sie gekommen sind. Ich weiß, wie beschäftigt Sie sind!«, sagte Vera, während sie aufstand und einen zweiten Stuhl für mich holte.

»Das ist schon in Ordnung«, gab ich zurück. »Ich freue mich, dass ich hier sein kann.«

»Darf ich Ihnen meine Mutter Dana vorstellen«, sagte Vera und legte dabei sanft die Hand auf den Arm ihrer Mutter. Dana lächelte. Sie hatte ein hübsches Gesicht, sah aber recht blass aus, wie sie so zwischen all den Infusionsschläuchen dalag. Sie wirkte viel zu jung, um eine Tochter in Veras Alter zu haben. Sie musste sie wohl schon sehr früh bekommen haben.

»Hallo Dana«, sagte ich lächelnd und setzte mich zu ihr ans Bett.

»Ich bin so froh, dass Sie gekommen sind«, erwiderte Dana. »Ich war ganz aufgeregt, als Vera mir sagte, dass Sie mich besuchen kommen würden. Ich habe gerade Ihr Buch fertig gelesen. Es hat mir sehr geholfen.«

»Wie fühlen Sie sich denn?«, wollte ich wissen.

»Ich habe Angst und bin ganz durcheinander!«, gestand sie. »Ich finde Krankenhäuser an sich schon unheimlich. Und dann sind hier alle so ernst, dadurch fühle ich mich gleich noch schlechter.«

»Ich verstehe nur zu gut, was Sie meinen«, sagte ich mit Blick auf die klinisch-sterile Atmosphäre des Krankenzimmers mit seinen grellweißen Wänden und den harten Stühlen aus Plastik und Metall. »Man würde erwarten, dass sie die Wände in hellen, schönen Farben streichen und fröhliche Bilder von süßen Hundebabys, Blumen und Regenbögen aufhängen. Und dass das Personal farbenfrohe Kleidung trägt, um die Patienten ein wenig aufzumuntern, nicht wahr?«

Von der modischen Entgleisung, die das übliche Krankenhaushemd darstellt, ganz zu schweigen! Es gibt wohl kein

Kleidungsstück auf Erden, in dem man sich würdeloser fühlt! Es kann doch nicht so schwer sein, diese Teile etwas aufzuhübschen, um das Patientendasein ein bisschen angenehmer zu machen. Kein Wunder, dass ich es gehasst hatte, im Krankenhaus zu sein, als ich selbst an Krebs erkrankt war. Nach jeder Behandlung bestand ich darauf, wieder nach Hause zu gehen, egal, wie elend ich mich fühlte, aber im Krankenhaus hätte ich mich auf jeden Fall noch elender gefühlt.

Verwirrende Informationsflut

»Die Ärzte haben mir diverse Behandlungsmöglichkeiten beschrieben, und ich habe schreckliche Angst«, fuhr Dana fort. »Mein Onkologe sagt, ich wäre verrückt, wenn ich nicht in die Chemo einwilligte, das sei meine einzige Chance. Doch die schlimmen Nebenwirkungen machen mir Angst. Und der Heilpraktiker, mit dem ich gesprochen habe und dem ich absolut vertraue, ist überzeugt, dass die Chemotherapie den Körper total vergiftet.

Von meinen Freunden und Verwandten rät mir auch jeder etwas anderes. Die einen lehnen die Schulmedizin ab und drucken mir Informationen aus dem Internet über alternative Behandlungsmethoden aus. Die anderen raten mir, mich nur ja an die Ratschläge der Ärzte zu halten und alles andere zu vergessen. Oder sie versichern mir, dass Gott mich heilen wird, wenn nur mein Glaube stark genug ist. Diese ganzen widersprüchlichen Aussagen lähmen mich regelrecht. Mir ist das einfach zu viel. Verstehen Sie mich nicht falsch – all diese Leute mögen mich und meinen es gut mit mir. Doch ich habe mittlerweile das Gefühl, egal, wofür ich mich entscheide, es ist immer das Verkehrte.«

Danas verzweifelter Tonfall und der Ausdruck auf ihrem

Gesicht ließen keinen Zweifel daran, dass sie sich wirklich wie gelähmt fühlte; dass sie Angst hatte, einen Schritt in irgendeine Richtung zu tun, so als wäre das Gelände um sie herum vermint und sie hätte keine Karte, auf der die Minen verzeichnet waren. Oder schlimmer noch, als hätte sie mehrere widersprüchliche Karten!

Mit Dana zu sprechen war für mich eine Art Déjà-vu-Erlebnis. Ich habe dieselben Ängste und Nöte ausgestanden, als ich mit dem Krebs kämpfte. Man hatte mich mit Fakten und Meinungen regelrecht bombardiert. Doch statt mir Klarheit zu verschaffen, steigerte sich dadurch meine Angst, weil die Aussagen größtenteils widersprüchlich waren. Je mehr ich recherchierte, auf desto widersprüchlichere Informationen stieß ich.

»Was würden Sie denn in meiner Situation tun, Anita?«, fragte mich Dana.

»Ich zögere, Ihnen einen bestimmten Rat zu geben, Dana, denn Ihre Entscheidungen müssen aus Ihnen selbst kommen. Sie müssen erkennen, dass Sie die Fähigkeit besitzen, Ihren Weg selbst zu bestimmen. Sie sollten diese Macht nicht an mich abtreten«, erwiderte ich. »Außerdem, wenn ich Ihnen sage, was ich tun würde, wäre das nur eine widersprüchliche Information mehr für Sie. Es wird Ihnen mehr helfen, wenn Sie das Gefühl entwickeln, Herr der Lage zu sein. Im Moment geht es um Sie und um niemanden sonst. Ich bin aber gerne bereit, Sie ein wenig anzuleiten, wenn Sie Ihren Blick nach innen richten, um herauszufinden, wie sich die verschiedenen Behandlungsoptionen für Sie anfühlen. Dann können Sie Ihre eigenen Entscheidungen treffen.«

»Dafür wäre ich Ihnen sehr dankbar«, sagte sie und sah schon viel hoffnungsvoller aus als zu Beginn meines Besuchs.

Die innere Stimme spricht

»Ich weiß, dass ich stets von einer Art innerer Führung geleitet werde, einer Instanz, von der ich glaube, dass jeder Mensch sie besitzt, und die immer versucht, mit uns zu kommunizieren«, erklärte ich ihr. »Doch wenn wir mit widersprüchlichen Informationen zugeschüttet werden, dann ist unser Geist so verwirrt, dass es für die Stimme unserer inneren Führung schwierig wird, zu uns durchzudringen. Durch die Geschwindigkeit, mit der uns heute Informationen zur Verfügung stehen, kommt es häufig zu einem solchen Overflow. Wenn mir das passiert, dann mache ich erst einmal eine Daten-Fastenkur.«

»Was ist denn das?«, fragte Dana neugierig.

»So wie manche Leute eine normale Fastenkur machen und einen oder zwei Tage lang nichts essen, nehme ich bei meiner Daten-Fastenkur für ein oder zwei Tage – und nach Möglichkeit länger – keine neuen Informationen aus der Außenwelt auf«, erklärte ich. »Wenn ich aufhöre, meinen Geist mit Informationen zu überfrachten, dann kann ich allmählich die Stimme meiner inneren Führung wieder vernehmen.«

»Erzählen Sie mir ein bisschen mehr über diese Stimme der inneren Führung. Woher bezieht sie ihre Kraft, woher weiß sie, was richtig ist?«, fragte Dana.

»Ich habe das Gefühl, dass die entsprechende Information gleichzeitig von überall und nirgends herkommt«, gab ich zur Antwort. »Ich weiß, dass ich jenseits meines Körpers existiere, das habe ich während meiner Nahtoderfahrung erkannt. In diesem Zustand habe ich absolute Grenzenlosigkeit erfahren und war mit allem und jedem im Universum verbunden. Dort existierte keine Trennung. Jetzt, da ich wieder zurück in der materiellen Welt bin, hilft mir diese Art des Fastens, mich daran zu erinnern, dass ich immer noch mit allem verbunden bin – auch mit geliebten Menschen, die bereits gestorben sind, wie zum Beispiel mein Vater und meine beste Freundin Soni. Ich spüre, dass ich von ihnen Führung bekomme, doch es gibt auch andere Wesen, die mich bedingungslos lieben und über mich wachen, um mir in dieser Welt beizustehen. Dieses Wissen schenkt mir viel Trost und inneren Frieden.

Als ich sagte, dass es keine Trennung gibt und wir alle miteinander verbunden sind, schloss das auch die Wesen ein, die in anderen Epochen gelebt haben. Wie ich damals ebenfalls erfahren habe, gibt es in der anderen Welt keine Zeit, wie wir sie kennen. Das heißt, Ihre innere Führung könnte von einem geliebten Verstorbenen kommen oder von anderen Menschen, die vor Ihnen gelebt haben, wie Jesus, Buddha, Shiva, Guanyin oder einem anderen Wesen, zu dem Sie eine besondere Beziehung haben. Das könnte sogar jemand sein, der von unserer linearen Zeitperspektive her gesehen noch gar nicht geboren ist!

Im Grunde ist es völlig bedeutungslos, wer Ihre Führer sind, denn sie sind alle mit uns eins und treten vor unser geistiges Auge in der Form, mit der wir uns am wohlsten fühlen. Ich weiß, dass sich das vielleicht seltsam anhört, doch wann immer ich in mich hineinhorche und meine Macht nicht an die Stimmen und Ablenkungen in der Außenwelt abgebe, fühle ich mich geführt und geleitet.«

»Als ich noch jünger war, hatte ich auch immer das Gefühl, geleitet zu werden!«, rief Dana aufgeregt. »Doch mit den Jahren ist es mir dann verloren gegangen.«

»So geht es den meisten von uns«, erwiderte ich. »Ich denke, wir werden mit dieser Fähigkeit geboren, doch verlieren wir sie im Laufe des Lebens, weil wir immer mehr auf die widersprüchlichen Stimmen in der Außenwelt hören. Irgendwie scheint uns das Leben unsere Macht zu entziehen.«

Vera hatte während dieses Gesprächs die meiste Zeit geschwiegen, doch offensichtlich hörte sie mir aufmerksam zu und nahm jedes Wort auf. Ich wollte auch ihr helfen, ihre Mutter in dieser Situation zu unterstützen. Die beiden verband eine so wunderbare Beziehung. Als ich Krebs hatte, waren Danny und der Rest meiner Familie nicht von meiner Seite gewichen. Diese Art der Unterstützung ist lebenswichtig, und es freute mich von Herzen, dass Dana voll auf ihre Tochter zählen konnte.

»Im Moment wäre es also gut für mich, so eine Daten-Fastenkur zu machen, damit mein Geist wieder klar wird und meine innere Führung direkt zu mir sprechen kann. Ist es das, was Sie mir raten würden?«, fragte Dana.

»Ja, das würde ich!«, gab ich zurück, und jetzt war ich es, die richtiggehend aufgekratzt war. »Wenn ich ratlos bin, weil mir vor lauter Daten und Fakten der Kopf schwirrt, dann sammle ich nicht noch mehr Informationen, sondern lasse die, die ich habe, sacken. Die Informationen, die schon in meinem Kopf sind, werde ich natürlich nicht wieder los, also lasse ich sie einfach in Ruhe und schenke ihnen keine besondere Aufmerksamkeit.«

Die Freude wählen

»Als Nächstes«, erklärte ich weiter, »würde ich mich darauf konzentrieren, nur solche Dinge zu tun, die gut für meinen Körper, meinen Geist und meinen persönlichen Weg sind. Wenn ich mich – statt auf den Krebs – auf Dinge konzentriere, die mich glücklich machen, holt mich das aus meiner ängstlichen Haltung heraus, in der ich ständig denke: *Oh mein Gott, ich habe Krebs. Was muss ich tun, um ihn loszuwerden?* So gerate ich in einen friedvollen, geerdeten Zustand.

Sofern ich merke, dass ich wieder in meine angsterfüllte

Haltung zurückfalle, in der ich Dinge denke wie: *Und was, wenn ich die falsche Entscheidung treffe?*, dann würde ich nicht versuchen, die Angst loszuwerden, weil das nur dazu führt, dass man Angst vor der Angst hat und diese immer mehr ablehnt. Ich würde meine Ängste einfach zulassen und gleichzeitig versuchen, meine Gedanken sanft in andere Bahnen zu lenken, indem ich mir zum Beispiel sage: *Gut, Anita, es wird Zeit, dass du dein Glück wieder einforderst. Es wird Zeit, dass du wieder etwas Zeit mit dir selbst verbringst, dich selbst liebst, sanft und freundlich zu dir bist und für dich sorgst, indem du etwas Lustiges und Spannendes machst.*«

»Ich muss mir ein paar Notizen machen«, ließ sich Dana plötzlich vernehmen. »Vera, bitte gib mir doch mal den Block und den Stift aus meiner Handtasche.« Vera durchwühlte die Handtasche ihrer Mutter und gab ihr das Gewünschte.

»Ich würde mir auch Fragen stellen wie: *Wie kann ich mich selbst mehr lieben? Was würde ich tun, wenn ich mich selbst wirklich liebe? Was kann ich jeden Tag tun, um mir zu zeigen, dass ich mich liebe und unterstütze?*«, fuhr ich fort. »Dann würde ich die Antworten notieren, die mir einfallen, und diese Dinge auch wirklich jeden Tag machen. Und ich würde mich weiter fragen: *Wenn ich erfahren würde, dass ich vollständig geheilt und frei von Krebs bin, was würde ich tun, um meine Gesundheit zu feiern?* Und dann würde ich losgehen und genau das tun! Ich halte es für sehr wichtig, dass wir das Leben an jedem einzelnen Tag feiern. Und manchmal ist es eben so, dass wir erst durch eine Krankheit daran erinnert werden müssen, ebendies zu tun.

Ich habe auch gelernt, wie wichtig es ist, dass alles, was ich tue, aus Liebe geschieht und nicht aus Angst«, fügte ich hinzu. »Das heißt, jede Entscheidung, die ich treffe, treffe ich, weil ich mich liebe, mein Leben schätze und mich wieder gut fühlen will und nicht weil ich Angst vor dem habe, was andernfalls passieren könnte. Das stärkt nicht nur mich selbst, sondern macht auch positive Resultate viel wahrscheinlicher.«

Die Angstmedizin

»Ich verstehe vollkommen, was Sie sagen, Anita, und ich bin zu hundert Prozent Ihrer Meinung«, sagte Dana, legte ihren Stift weg und nahm einen Schluck Wasser. »Was Sie sagen, gibt mir wirklich Auftrieb. Aber wissen Sie, was echt schwer ist? Der tägliche Umgang mit den Ärzten, die mich ständig in Angst und Schrecken versetzen. Sie fühlen sich verpflichtet, ›ehrlich‹ zu mir zu sein. Sie erzählen mir etwas von Statistiken und gründen darauf dann sämtliche Prognosen für meinen Fall. Ich wünschte mir, sie würden endlich begreifen, dass mich Worst-Case-Szenarien nicht interessieren! Ich bin doch kein statistischer Wert. Ich bin ein Individuum und schreibe meine eigene Statistik!«

Ich begriff sehr gut, was Dana so empörte. Auch mich hatte man während meiner Erkrankung ständig über meine Alternativen und meine statistischen Chancen aufgeklärt, doch all diese Erklärungen waren letztlich aus der Angst geboren. Das Tragische daran ist, dass mir von Skeptikern häufig vorgeworfen wird, dass meine Ansichten über Krankheit gefährlich seien, denn sie würden die Leute in falscher Sicherheit wiegen, wodurch diese die Augen vor der bitteren Wahrheit ihrer Krankheit verschließen würden. Doch aus meiner Sicht ist die wirkliche Gefahr die Angst, welche die Aussagen von Medizinern bei ihren Patienten auslösen.

Dabei ist den Medizinern die Macht der Suggestion durchaus bewusst. Der Placeboeffekt ist schon lange bekannt und gut untersucht, beginnend mit Dr. Henry Beechers bahnbrechendem Artikel »The Powerful Placebo«, der 1955 im *Journal of the American Medical Association* veröffentlicht wurde.

Obwohl ihnen dieser Effekt bekannt ist, tun die behandelnden Ärzte nichts, um ihren Patienten die Angst zu nehmen, ja, viele scheinen ihnen sogar bewusst Angst machen zu wollen. In dieser Auffassung bestätigt mich die Unmenge an E-Mails, die ich täglich von Menschen erhalte, die versuchen, mit einer düsteren Prognose fertigzuwerden und der Angst, die ihnen ihr Arzt damit eingejagt hat, ganz zu schweigen von dem angstmachenden Charakter unseres Gesundheitssystems insgesamt. Die Verfasser dieser E-Mails fragen mich dann, ob ich irgendeinen Rat wüsste, wie sie ihre Angst inmitten dieses emotionalen Minenfelds überwinden können. Während meiner Krebserkrankung erging es mir ganz genauso. Ich hasste es, ins Sprechzimmer des behandelnden Arztes zu gehen, denn allein dort zu sitzen jagte mir schon Angst ein. Im Krankenhaus fühlte ich mich immer noch kränker, während es mir daheim deutlich besser ging.

»Ich verstehe Sie vollkommen, Dana«, erwiderte ich. »Ist es nicht seltsam, dass die Einrichtungen, die eigentlich für unsere Heilung und unser Wohlergehen geschaffen sind, gerade die Orte sind, die uns am meisten Angst machen, weil alles, was man dort sagt und mit uns tut, auf eine kalte, klinische und furchteinflößende Art passiert? Es scheint fast, als würden diese ›Gesundheits‹-Einrichtungen Krankheiten noch verschlimmern.«

»Genau!«, pflichtete Dana mir leidenschaftlich bei. »Man behandelt uns wie Maschinen und nicht wie Menschen!«

Liebe statt Angst

In der Folge meiner eigenen Erkrankung habe ich die feste Überzeugung entwickelt, dass man im Falle einer lebensbedrohlichen Erkrankung nicht nur der körperlichen, sondern auch der emotionalen Verfassung des Patienten Beachtung schenken muss – im Zweifelsfall ist das sogar noch wichtiger! Im Idealfall würde der behandelnde Arzt seinem Patienten Fragen wie die folgenden stellen:

- Lieben und schätzen Sie sich selbst?
- Sind Sie glücklich?
- Gibt es in Ihrem Leben Menschen, die Ihnen wichtig sind und denen Sie etwas bedeuten?
- Haben Sie das Gefühl, dass Ihr Leben einen Sinn hat?
- Mit welchen Dingen beschäftigen Sie sich gern?
- Was macht Ihnen Freude?

»Also gut«, meinte Dana, »gehen wir einmal davon aus, dass ich aus einer Haltung der Liebe heraus handle, mehr Zeit auf Dinge verwende, die mir Erfüllung schenken, und mich mit Menschen umgebe, die mich unterstützen. Dann fühle ich mich stark und bin im Einklang mit meiner inneren Führung. Doch die Entscheidung, welche Behandlung ich machen lasse, steht noch immer aus. Wie erfahre ich von meiner inneren Führung, wofür ich mich entscheiden soll?«

»Gute Frage!«, sagte ich. »Ich würde mir die verschiedenen Behandlungsalternativen, die man Ihnen vorgeschlagen hat, der Reihe nach vornehmen und bei jeder hinspüren, wie sie sich anfühlt. Ich würde mich zum Beispiel fragen: *Wie geht es mir mit der Vorstellung, eine Chemotherapie zu machen?* Dann würde ich beobachten, ob ich bei dieser Vorstellung das Gefühl habe, meinen Körper zu vergiften, wie Ihr Naturheilkundler sagt, oder ob ich darin etwas Machtvolles sehe, das mir hilft, die Krebszellen zum Verschwinden zu bringen. Als Nächstes würde ich mich fragen: *Wie geht es mir mit dem Vorschlag, den mein Naturheilkundler mir gemacht hat? Wie fühlt sich eine zweigleisige Behandlung an: Chemo gegen die Krebszellen und gesunde Ernährung, um meinen Körper während der Chemo zu unterstützen? Bin ich zuversichtlich oder eher ängstlich, wenn ich an den spirituellen Ansatz denke? Was fühle ich bei der Vorstellung, diese drei Dinge zu verbinden?*

Gibt es mehr als jeweils eine naturheilkundliche, schulmedizinische oder spirituelle Behandlungsoption, so würde ich auch diese wieder einzeln durchgehen und mich fragen: *Wie fühle ich mich mit dieser Option? Fühle ich mich stark und kraftvoll, wenn ich mir vorstelle, diesen Weg zu beschreiten, oder löst diese Option eher Angst und ein Gefühl von Schwäche in mir aus? Wie stehe ich zum Tod selbst? Habe ich Angst davor oder bin ich damit im Frieden, weil ich ihn als natürlichen Teil des Lebens sehe?*

Kurz und gut, ich würde immer darauf achten, welche Gefühle eine bestimmte Option in mir auslöst, und dann würde ich mich für diejenige entscheiden, die mir am ehesten das Gefühl von Stärke, Zuversicht und Freude gibt. Ich würde mir keine Gedanken machen, ob ich mit meiner Entscheidung irgendjemanden vor den Kopf stoße. Natürlich brauchen wir alle Menschen um uns, die uns lieben, uns unterstützen und unsere Entscheidungen mittragen. Doch es geht schließlich um Ihr Leben und Ihre Gesundheit.«

»Toll, das ist wirklich hilfreich!«, sagte Dana.

»Genau das Gleiche gilt für Ernährung und Diäten«, fügte ich hinzu. »Es gibt so viele widersprüchliche Aussagen, was für den Körper gut ist und was nicht. Früher machte ich mir ständig Sorgen über alles, was ich zu mir nahm. Zwei Jahre lang lebte ich vegan, weil ein mir bekannter Heilpraktiker darauf schwor und mich überzeugte, dass tierisches Eiweiß Krebs verursache. Die Folge war eine Mangelernährung, die mir eine Menge anderer gesundheitlicher Probleme bescherte. Als ich dann anfing, darauf zu hören, was mein Körper wollte, ging es mit meiner Gesundheit steil bergauf. Auf diese Weise habe ich schnell bemerkt, dass ich viel zu wenig Eiweiß zu mir nahm. Ich fing an, Eier zu essen und später auch Fisch, und fühlte mich sofort besser.

Manche Dinge sagt uns schon der gesunde Menschenverstand, zum Beispiel, dass es besser ist, auf industriell verarbeitete Nahrungsmittel zu verzichten und zu vollwertigen Lebensmitteln zu greifen, gerade wenn unsere Gesundheit angegriffen ist. Aber ich glaube nicht, dass es eine bestimmte Diät oder Ernährungsform gibt, die für alle gleichermaßen gut geeignet ist. Eine bestimmte Ernährungsform als die allein richtige hinzustellen macht lediglich denjenigen Angst, die sie nicht befolgen. Ich war nur aus Angst, speziell aus Angst vor Krebs, Veganerin geworden, nicht weil ich meinem Körper etwas Gutes tun wollte. Und so bekam ich am Ende tatsächlich Krebs, weil sämtliche positiven Effekte, die eine vegane Ernährung vielleicht gehabt hätte, durch die Stresshormone, die mein Körper aufgrund meiner unterschwelligen Angst ständig ausschüttete, zunichtegemacht wurden. Hätte ich meinen Körper liebevoll behandelt und tatsächlich alles mir Mögliche getan, um ein glückliches Leben zu führen, so hätte ich darauf gehört, was mein Körper wirklich brauchte. Doch das tat ich nicht, weil ich mich ständig mit meinen Ängsten beschäftigte.

Damit will ich nicht sagen, dass ich nicht zu einem Arzt oder Heilpraktiker gehe, wenn ich ihn brauche«, stellte ich klar. »Ich denke sehr wohl, dass wir uns Hilfe holen sollten, wenn wir sie brauchen. Doch diese Hilfe muss uns stärken und nicht schwächen, das ist der Unterschied. Und um diesen Unterschied zu erkennen, müssen wir in uns hineinhorchen.

Diese Methode wende ich übrigens mittlerweile regelmäßig an, wenn ich eine Entscheidung treffen muss, ob es nun darum geht, welche Einladung zu einem Vortrag ich annehme, falls sich Termine überschneiden, oder ich ein neues Projekt übernehme. Bevor ich irgendwelche Zusagen mache, stelle ich mir mich in dieser Situation vor, und ich sage nur zu solchen Projekten ja, bei denen in mir ein Gefühl von Freude, Begeisterung oder Sinn entsteht. Ich entscheide mich immer für das, was mich am glücklichsten macht.

Die meisten von uns haben gelernt, Entscheidungen nach rationalen Kriterien zu treffen. Sie machen Listen mit allen Pros und Kontras und entscheiden sich dann für die Option mit den meisten Pros. Doch selbst wenn Sie sich für diese Methode entscheiden, wie *fühlen* Sie sich mit der daraus resultierenden Entscheidung? Bringt sie Ihr Herz zum Jubilieren? Erfüllt sie Sie mit Begeisterung? Oder löst sie Angst aus, sodass Sie hoffen, die Sache schnell hinter sich zu bringen, statt sich darauf zu freuen?«

»Was Sie sagen, leuchtet mir total ein!«, rief Dana. »Ich stimme Ihnen völlig zu. Ich finde auch, wir sollten unsere Entscheidungen mehr mit dem Herzen und weniger mit dem Kopf treffen. Aber geraten Sie nicht immer wieder in Versuchung, mehr auf den Verstand zu hören, weil die meisten Menschen das so machen? Irgendwie scheint unser Umfeld von uns zu verlangen, dass wir uns rein logisch verhalten.«

»Ständig!«, erwiderte ich. »Selbst nach diesen unglaublichen Einsichten, die ich während meiner Nahtoderfahrung hatte, habe ich immer noch das Gefühl, die Umwelt erwarte von mir, dass ich das verleugne, was meine innere Führung mir als Wahrheit zu erkennen gibt. Es kommt mir so vor, als müsste ich ständig entscheiden, ob ich mit dem Strom schwimme oder gemäß meiner inneren Wahrheit lebe, quasi als Einzelgängerin. Beides zusammen geht gewöhnlich nicht.«

»Und ich habe immer gedacht, es ginge nur mir so!«, rief Dana aus. »Am schwersten ist für mich im Moment, wie ich damit umgehen soll, dass von den Menschen, die mich lieben, jeder zu etwas anderem rät. Egal, wofür ich mich entscheide, ich werde zwangsläufig den Rat einiger von ihnen nicht befolgen. Das macht mir ziemlich zu schaffen.«

Nicht auf das »Du sollst!« hören

Es war unglaublich, wie viel von meinem alten Selbst ich in Dana erkannte. Kein Wunder, dass es mich förmlich gedrängt hatte, sie zu besuchen. Auch ich hatte es immer allen recht machen wollen. Und offen gesagt regt sich der Wunsch, anderen zu Gefallen zu sein, damit sie mich mögen, immer noch von Zeit zu Zeit in mir, sodass ich auf meine Interaktion mit der Umwelt ein waches Auge haben muss. In der Vergangenheit war mein Leben stark davon bestimmt, was andere über mich dachten. Mit Dana zu sprechen war, als würde ich in einen Spiegel blicken und dort den Menschen sehen, der ich vor meiner Nahtoderfahrung gewesen war.

»Das Problem hatte ich früher auch«, sagte ich verständnisvoll zu Dana. »Doch mittlerweile ist mir bewusst, dass es mitunter eher um die Angst des Betreffenden geht, wenn er mir rät, dies oder jenes zu tun. Er spricht davon, was *er* tun würde, wenn er in meiner Situation wäre, und es würde *ihn* beruhigen, wenn ich seinem Rat folgte. Aber meist ist das den Leuten nicht bewusst.

Was mir in einer solchen Situation hilft, ist, dieser Person für ihren Rat und ihre Anteilnahme zu danken und ihr zu sagen, ich würde darüber und über alle andere Informationen, die ich bekommen habe, nachdenken. Und dann frage ich den Betreffenden, ob er auch noch hinter mir stünde, wenn ich mich anders entscheiden würde. Ich für meinen Teil würde einen anderen Menschen nicht nötigen, meinem Rat zu folgen, wenn er in einer vergleichbaren Situation wäre, und das erwarte ich auch umgekehrt. Und soll ich Ihnen was verraten? Diejenigen, die sich wirklich wünschen, dass es mir gut geht, unterstützen mich gewöhnlich in meinen Entscheidungen. Oft ist ihnen gar nicht bewusst, dass sie Druck auf mich ausüben, doch sobald sie es merken, gehen sie sozusagen vom Gas runter.«

»Sie glauben nicht, wie froh ich bin, dass Sie meiner Mutter das so sagen!«, schaltete sich Vera ein. »Sie versucht dauernd, es allen recht zu machen, und hat wirklich Angst, dass sie niemand mehr mag, wenn sie nicht tut, was die Leute von ihr erwarten.«

»In dem Fall bin ich froh, dass ich dieses Thema angesprochen habe«, erwiderte ich. »Wenn Ihnen jemand seine Unterstützung verweigert, weil Sie tun, was Sie im Innersten für richtig halten, dann ist er oder sie nicht die richtige Person, um Sie auf diesem Weg zu begleiten. Es ist so wichtig, dass die Menschen in Ihrer Umgebung Sie um Ihrer selbst willen unterstützen und nicht weil Sie tun, was sie für gut und richtig halten.

Außerdem wollte ich noch sagen«, ergänzte ich, »dass es ein großes Glück ist, dass Sie beide einander haben.«

»Ja, ich bin sehr dankbar, Vera an meiner Seite zu wissen!«, pflichtete Dana mir bei und warf ihrer Tochter einen liebevollen Blick zu, und so wie Vera diesen Blick erwiderte, war offensichtlich, dass auch sie ihre Mutter liebte.

Als mein Blick zufällig auf die Uhr an der Wand fiel, sah ich, dass es schon viel später war, als ich dachte.

»Meine Güte, ist es tatsächlich schon so spät?«, fragte ich. »Das habe ich gar nicht gemerkt! Jetzt muss ich mich aber sputen!« Ich beugte mich über das Bett und umarmte Dana zum Abschied. Für jemanden, der so schwach gewirkt hatte, drückte sie mich sehr fest und liebevoll.

»Vielen, vielen Dank, dass Sie gekommen sind«, sagte Dana. »Das bedeutet mir sehr viel, und ich werde jedes Wort unseres Gesprächs wie einen Schatz hüten. Sie können sich nicht vorstellen, wie sehr Sie mir heute geholfen haben!« Tränen traten ihr in die Augen, und ich spürte, wie auch meine Augen feucht wurden.

»Bleiben Sie stark und vergessen Sie nicht, wer Sie sind«, sagte ich, während ich mich langsam aus ihren Armen löste und mich umdrehte, um nach meiner Handtasche zu greifen.

»Das werde ich«, versprach Dana mit der Hand auf dem Herzen. Vera führte mich hinaus zum Taxistand, und in ihrer Dankbarkeit war ebenfalls viel Wärme zu spüren.

»Ich habe meine Mutter schon lange nicht mehr so gelöst erlebt«, sagte sie mit einem Lächeln, als ich ins Taxi stieg. »Danke, dass Sie ihr so viel Positives gegeben haben, worauf sie sich jetzt konzentrieren kann!«

»Sie und Ihre Mutter kennenzulernen war mir eine große Freude. Es hat mich sehr berührt, Ihnen beiden zu begegnen«, sagte ich, bevor ich die Wagentür schloss. Ich winkte ihr noch zu, bis das Taxi um die Ecke bog und mich zum Hafen brachte, von wo aus ich die Fähre nach Hause nehmen würde.

Auf der Rückfahrt von Victoria Harbor hinüber zur Discovery Bay genoss ich noch einmal die Zeit, die ich mit Vera und Dana verbracht hatte, indem ich unser Gespräch in Gedanken Revue passieren ließ. Es war schwer zu sagen, wie es für Dana weitergehen würde, ob sie einen Weg zur Heilung finden oder in die Welt jenseits dieser Welt hinüberwechseln würde, die ich durch meine eigene Erfahrung gut kannte. Wohin auch immer ihre Reise gehen würde, ich wusste, dass der Weg selbst das Entscheidende war. Und nach unserem Gespräch war ich zuversichtlich, dass er sie weg von der Angst und der Lähmung, die sie ergriffen hatten, führen würde, hin zu Liebe und Freude. Und dass sie sich mit den Menschen umgeben und die Dinge tun würde, die sie auf diesem Weg bestmöglich unterstützten.

Ich blickte auch auf meinen eigenen Weg zurück und stellte einmal mehr fest, wie schwierig es für mich ist, das, was mir am meisten Frieden und Freude schenkt, nicht aus den Augen zu verlieren, selbst wenn ich hundertmal weiß, was es ist. Doch was den Besuch an jenem Nachmittag anging, meinen Impuls, Dana aufzusuchen, so wusste ich, dass dieser nicht aus dem Bedürfnis, anderen zu Gefallen zu sein, erfolgt war, sondern weil ich deutlich gespürt hatte, dass von allen Wahlmöglichkeiten diese Entscheidung mich am glücklichsten machen und meine Freude, mein Wohlbefinden mehren würde. Und *genau so* war es dann auch gekommen!

Lebe deinen Himmel hier und jetzt

Wenn »Unser Gesundheitswesen sorgt für unsere Gesundheit« also ein *Mythos* ist, wie könnte dann die *Wahrheit* aussehen?

Heilsame neue Glaubenssätze

- Mediziner und andere Gesundheitsspezialisten können uns mit Informationen zu unserem körperlichen Zustand und unseren Behandlungsoptionen versorgen, doch *wir* haben die Verantwortung, uns an unsere innere Führung zu wenden und die Option auszuwählen, die für uns die beste ist.

- Krankheit ist kein rein medizinisches Problem. Sie kann auch durch unsere geistige, emotionale und spirituelle Verfassung sowie durch unsere Umwelt verursacht sein.

- Krankheit und Leid kommen nicht aus heiterem Himmel. Wir können sehr viel tun, um unsere Gesundheit in vielerlei Hinsicht zu verbessern.

- Unsere Krankheit ist unser Lehrer. Oftmals gleicht sie einem Weckruf, der uns einen besseren Weg aufzeigen will. Krankheit ist weder ein Übel, das ausgemerzt werden muss, noch die Folge von schlechtem Karma oder negativen Gedanken. Selbst der Tod ist nicht unser Feind.

- Wenn wir uns dafür entscheiden, in unserer Krankheit ein

Geschenk bzw. eine Botschaft zu sehen statt einen Fluch, macht uns das stark. (Darüber hinaus kann es den Krankheitsverlauf durchaus positiv beeinflussen.)

Tipps und Übungen

- Wenn Sie oder ein geliebter Mensch krank werden und die Krankheit immer weiter fortschreitet, widerstehen Sie jeder Versuchung zu denken, der kranke Mensch habe etwas Schlechtes getan, was die Krankheit ausgelöst hat, bzw. er tue nicht genug, um die Krankheit zu bekämpfen. Erkennen Sie solche Gedanken als das, was sie sind: ungerechte Urteile, die Schaden anrichten. Versorgen Sie stattdessen sich selbst oder die erkrankte Person mit Unterstützung, Verständnis und Liebe.

- Wenn Ihr Kopf das nächste Mal mit Daten zugemüllt ist, versuchen Sie es doch mal mit einem »Daten-Fasten«: Nehmen Sie mindestens einen oder zwei Tage keine neuen Informationen aus der Außenwelt auf. So können Sie leichter die Eingebungen Ihrer inneren Führung vernehmen.

- Üben Sie, sich vor jeder anstehenden Entscheidung an Ihre innere Führung zu wenden. Während Sie die einzelnen Optionen betrachten, achten Sie darauf, welche Empfindungen sie jeweils in Ihnen auslösen. Fühlen Sie sich mit dieser Option stark und zuversichtlich oder eher ängstlich und schwach? Wählen Sie die Option, bei der Sie sich am besten fühlen.

- Wenn Sie sich im Hinblick auf eine Entscheidung über Ihre wahren Gefühle nicht klar werden können, so werfen

Sie doch einfach mal eine Münze. Welche Empfindung löst das Ergebnis aus? Ist es ein wohliges Bauchgefühl, dann wählen Sie diese Option. Ziehen sich Ihre Eingeweide zusammen, entscheiden Sie sich für die andere.

- Wenn die Angst Sie zu übermannen droht, dann tun Sie etwas, was Sie glücklich macht, statt sich auf Ihre Ängste und Befürchtungen zu konzentrieren. Das hilft Ihnen, wieder in einen Zustand zu kommen, in dem Sie ruhig und geerdet sind und leichter Zugang zu Ihrer inneren Führung finden.

- Wenn jemand anders Sie drängen will zu tun, was er sagt, dann machen Sie sich klar, dass dahinter vor allem *seine* Ängste stehen. Danken Sie demjenigen für die Liebe und Anteilnahme, die er Ihnen bezeugt, und bitten Sie ihn dann, Sie zu unterstützen, auch wenn Sie seinen Rat nicht befolgen und sich anders entscheiden.

- Wenn Ihr Arzt eine Behandlung vorschlägt, die in Ihnen Angst auslöst, dann fragen Sie ihn, welche Behandlung er wählen würde, wenn jemand aus seiner Familie oder ein geliebter Mensch dieselbe Diagnose gestellt bekäme wie Sie.

- Wenn Ihr Arzt – statt Ihnen zu sagen, dass Sie geheilt sind – erklärt, dass eine Remission eingetreten sei (das Wort »Remission« mag ich überhaupt nicht, denn es macht einen bloß schwach), dann erklären Sie selbst den Krebs als *erledigt*. Lesen Sie das Wort »Remission« als Re-Mission: Sie wurden zurückgeschickt, um Ihre Mission zu erfüllen. Nun ist es Zeit, das Leben zu umarmen und sich daran zu erinnern, warum Sie hier sind!

Fragen zum Weiterdenken:

- Wenn ich auf vergangene Krankheiten oder Verletzungen zurückschaue, gab es da jeweils einen Zusammenhang zwischen meinem körperlichen Zustand und meiner geistigen, emotionalen und spirituellen Gesundheit?

- Wenn eine frühere Erkrankung tatsächlich ein Weckruf war, meinem Leben eine andere Richtung zu geben, welche Veränderungen wollte mir mein Körper damit signalisieren?

- Empfinde ich bei manchen Menschen mehr Angst, wenn ich mit ihnen über meinen Zustand und meine Behandlungsmöglichkeiten spreche, als bei anderen? Wenn ja, fühle ich mich frei zu beschließen, dass ich mit diesen Menschen lieber nicht über das Thema reden möchte, selbst wenn sie es gut meinen?

- Was kann ich heute tun, um mir selbst zu zeigen, wie sehr ich mich liebe und dass ich gut für mich sorge? Was kann ich dafür morgen und übermorgen tun?

- Wie kann ich heute, egal, wie mein körperlicher Zustand aussehen mag, das Leben feiern? Welcher lebensbejahenden Aktivität könnte ich mich heute widmen?

Ich weiß, dass ich tatsächlich die Verantwortung für meine Gesundheit übernehme, wenn …

- ich den Rat, das Fachwissen und die Sorge um mein Wohl von Medizinern, Freunden und Familienangehörigen dankbar annehmen kann, ohne mich verpflichtet zu fühlen, einem bestimmten Vorschlag oder einer bestimmten Vorgehensweise zu folgen.

- ich mich an meine innere Führung wenden kann, um herauszufinden, was im Moment für mich das Richtige ist, und nicht zulasse, dass Angst meine Entscheidungen prägt.

- ich meinen Körper als Barometer für meine geistige, emotionale und spirituelle (und natürlich auch meine physische) Gesundheit sehen kann und ich dankbar für seine Lektionen und seine Führung bin.

Kapitel 6

Mythos: Alles nur Zufall

Ständig mit dem Flugzeug zwischen meiner Heimatstadt Hongkong und den USA hin- und herzupendeln wurde für Danny und mich mit der Zeit recht anstrengend. Wir lieben Reisen, das Abenteuer, hatten aber beide das Gefühl, dass wir zu viel Zeit in Flugzeugen, auf Flughäfen, in Menschenschlangen und vor Sicherheitsbeamten zubrachten. Und wenn wir gerade mal nicht flogen, litten wir am Jetlag, weil wir so oft die Zeitzonen wechselten. Also beschlossen wir im Januar 2015, nach Amerika zu ziehen. Wir wollten im südlichen Kalifornien wohnen, hauptsächlich weil ich gern am Meer bin und wir beide mildes Wetter gewöhnt sind.

Ein neuer, beunruhigender Aspekt der Wirklichkeit

Wir beide lieben Amerika, und wir lieben Kalifornien – aber an unserem neuen Leben fiel mir eines sofort auf. Danny schaltet morgens beim Anziehen oft den Fernseher ein. In Hongkong war das für mich kein Problem, denn die Nachrichten dort sind nicht besonders aufregend oder effekthascherisch. Es geht um irgendwelche Treffen zwischen Mitgliedern unserer Regierung und Regierungsmitgliedern von Nachbarländern wie China oder Taiwan.

In den USA jedoch wurde Tag für Tag über Gewaltverbrechen berichtet. In Asien gab es kaum je Gewaltverbrechen, die die Aufmerksamkeit der Medien erregt hätten. In den meisten asiatischen Kulturen ist der Besitz von Schusswaffen nicht sehr verbreitet, doch in den USA hörte man jeden Tag über Gewaltverbrechen in Schulen, Kirchen, Kinosälen und Privathäusern. Und bei den Opfern handelte es sich um ganz normale Menschen, oft sogar Kinder, die ihren üblichen Beschäftigungen nachgingen, bevor sie auf blutigste Art und Weise getötet wurden! Überhaupt schienen viele der Anschläge einen rassistischen Hintergrund zu haben.

Für mein Empfinden war dies ein Schock, der mich sowohl emotional als auch körperlich sehr mitnahm. Ich bat Danny daher, den Fernseher nicht anzumachen und stattdessen mit mir schöne Musik zu hören – was er gerne tat. Trotzdem gingen mir diese Dinge nicht aus dem Kopf. Ich konnte mich zwar ruhig hinsetzen und schöne Musik hören, doch die Schießereien hörten deswegen ja nicht auf. Den Fernseher nicht anzustellen hieß ja nicht, die Gewalt abzustellen. Offensichtlich war ich dabei, den Kopf in den Sand zu stecken.

Die duale Wirklichkeit und die nichtduale Wirklichkeit

Natürlich gibt es einen Grund, weshalb mich solche Dinge so verstören: Ich weiß, dass wir alle miteinander verwoben sind, und doch töten wir einander und verbreiten Hass, nur weil wir nicht um unsere Verbundenheit wissen. Wir sind uns nicht darüber im Klaren, dass wir unsere Brüder und Schwestern verletzen, unsere Kinder, unsere Eltern ... ja, uns selbst! Die Vorstellung, dass wir unabhängig von allen anderen Menschen existieren, ist einer der Hauptgründe dafür, dass es immer noch Kriege gibt. Wir bilden junge Menschen dazu aus, im Krieg andere (meist ebenso junge) Menschen zu töten. Menschen, die zu einem anderen Land gehören. Und all das nur, weil deren Regierung sich mit unserer nicht einigen kann. Und schließlich ehren wir noch jene, die die meisten »anderen« töten oder ihre Landsleute vor dem Getötetwerden bewahren, als Kriegshelden. Dabei sind Töten und vor dem Getötetwerden-Bewahren nur zwei Seiten ein und derselben Medaille. Würden wir nicht töten, müssten wir auch niemanden schützen.

Was ich bei meiner Nahtoderfahrung erkannt hatte, war, dass es keine Trennung gibt zwischen uns und unseren Opfern. Stellen Sie sich vor, wir seien wie die Finger einer Hand und jeder Finger glaubt, er habe mit den anderen nichts zu schaffen. Erst im Tod entdecken wir, dass alle Finger zu derselben Hand gehören. Wäre uns das schon im Leben bewusst, würden wir uns weigern zu töten. Wir würden uns weigern, uns den eigenen Finger abzuhacken.

Wie ich bereits erwähnt habe, hatte ich im Sterben nicht nur meinen Körper zurückgelassen, sondern auch alle Vorstellungen von Rasse, Kultur, Religion, Glauben und Ich. Und doch war ich ohne all diese irdischen Aspekte keineswegs eine reduzierte Ausgabe meiner selbst – ich war viel, viel umfassender als zuvor! Ich war weit geworden, mächtig, herrlich. Ich merkte, dass die Aspekte des Erdenlebens, die ich für mein Selbst gehalten hatte, mich vielmehr begrenzt hatten. Ich war dadurch weniger geworden, als ich tatsächlich bin. Ohne diese engen Grenzen war ich unendlich. Ich war Teil des Ganzen, vollkommen eins damit.

Hier im Erdenleben mit seinen drei Dimensionen sind Unterschiede nötig, damit wir das erschaffen können, was wir als Wirklichkeit betrachten. Wir nennen dies *Dualität*. Das bedeutet, dass wir etwas nur in Opposition zu etwas anderem erkennen können. Doch wenn wir diese Unterschiede verabsolutieren, gewinnen wir fälschlicherweise den Eindruck, wir hätten Feinde.

In unserem irdischen Leben ist es fast unmöglich, darauf zu verzichten, etwas zu *be*urteilen oder zu *ver*urteilen. Wir müssen ständig unterscheiden und bewerten. So gehen wir durchs Leben. Wir müssen fähig sein, zwischen gut und böse zu unterscheiden, zwischen negativ und positiv, hell und dunkel – alles Eigenschaften, die wir nur im Kontrast zueinander wahrnehmen können. Und während wir urteilen und vergleichen, treffen wir Entscheidungen. Wir glauben, dass manche Entscheidungen besser sind als andere, vor allem wenn sie uns und unsere Mitmenschen glücklicher machen. Und natürlich sind manche Entscheidungen für uns *tatsächlich* nützlicher als andere. Wir lernen, welche Entscheidungen für uns am besten sind. So verhandeln wir mit dem Leben.

Demgegenüber habe ich während meiner Nahtoderfahrung erkannt, dass die Eigenschaften, die wir als Gegensätze wahrnehmen, in Wirklichkeit keine Gegensätze sind. Sie gehören zusammen. Wenn Sie eines weglassen, verschwindet auch das andere. Wir können das eine ohne das andere nicht als solches wahrnehmen. In jenem Zustand vollkommener Klarheit, in dem alles zur selben Zeit offenbar ist, gibt es keine Trennung.

Das bedeutet, dass ich während meiner Nahtoderfahrung nicht nur stets beide Seiten der Medaille zugleich wahrnahm. Ich verstand dabei auch, dass es sich in Wahrheit um eine Sache handelte – so ähnlich wie beim Möbiusband, das zwei Seiten zu haben scheint, obwohl es in Wirklichkeit nur eine hat. In der Nichtdualität werden wir gewissermaßen selbst zu der Münze und begreifen, dass beide Seiten nötig sind, damit überhaupt etwas existieren kann. Auf dieser Ebene empfand ich nichts als vollkommene Akzeptanz für die Art, wie das Leben funktioniert. Ja, mehr noch – ich empfand für alles und jeden eine umfassende, unbedingte Liebe. Ich verspürte Mitgefühl für mich selbst und alle anderen Geschöpfe.

Ich verstand auch, warum ich tat, was ich tat, und warum alle anderen taten, was sie taten – ganz egal, wie schlecht oder verletzend ihre Handlungen erscheinen mochten. Alles wurde offenbar. Das gesamte Gewebe lag klar vor mir. Ich verstand mit einem Mal, dass ich viele Dinge, die ich im Leben getan hatte – auch die, mit denen ich andere verletzt hatte –, aus einer Perspektive der Begrenztheit heraus begangen hatte. Anders ausgedrückt: Ich begriff, dass ich aus meinem Schmerz, meinen Ängsten, meiner Unwissenheit, meinem Mangel an Gewahrsein heraus gehandelt hatte, wenn ich andere verletzte. Dabei hatte ich das Beste aus dem Wissen gemacht, das mir zu jener Zeit zur Verfügung stand. Aus dem Blickwinkel der Unendlichkeit aber sah ich, dass Destruktivität für uns der letzte Ausweg ist, dass wir andere nur dann verletzen, wenn wir aus unserer begrenzten Sicht heraus glauben, dass wir keine andere Wahl haben.

Wenn wir sterben, erfassen wir unser ganzes Lebens mit einem Blick. Wir begreifen, weshalb manche Ereignisse und Umstände genau so eingetroffen sind, und verstehen unsere Entscheidungen. Ich glaube, das trifft auch auf Kriminelle zu. In vielen Fällen sind jene Menschen, die wir als Täter abstempeln, ihrerseits Opfer, jedenfalls aus ihrer begrenzten Perspektive. Dazu müssen wir uns nur mal ansehen, wer im Gefängnis landet. Mehr Männer als Frauen zum Beispiel. Und warum ist der Anteil bestimmter ethnischer Gruppierungen höher als der von anderen? Warum stammt der Großteil der Menschen, die im Gefängnis sitzen, aus den unteren Schichten? Wie hat unsere Gesellschaft – also wir alle mit unseren Vorurteilen, Erwartungen, Hemmnissen und Prinzipien – dazu beigetragen, dass diese Menschen kriminell wurden?

Hinter jedem Verbrechen steckt ja nicht nur der Täter, sondern eine ganze Reihe von Menschen und Ereignissen, die aus einer kosmischen Perspektive dazu passen. Wir scheinen zu glauben, dass die Welt besser wird, wenn wir einen bestimmten Menschen oder Menschentyp hinter Gitter bringen. Doch wir merken nicht, dass jeder Mensch, mit dem der Betreffende zu tun hatte, und alle Erfahrungen, die er je gemacht hat, ihn zu eben dieser Entscheidung getrieben haben. Vielleicht wurde er ja ebenfalls in der Schule schikaniert oder in der Familie misshandelt oder wegen seiner Hautfarbe diskriminiert.

Während meiner Nahtoderfahrung war ich so sehr dessen gewahr, dass wir alle miteinander verwoben sind, dass ich selbst für Menschen, die gemordet oder ein Kind missbraucht haben, absolutes Verständnis und Mitgefühl gehabt hätte, obwohl ich solche Handlungen im irdischen Leben zutiefst aus ganzem Herzen abgelehnt hätte. Ich hätte den Schmerz mitempfinden können, der sie zu dieser Handlung trieb. Ich hätte für Opfer und Täter gleichermaßen absolute, bedingungslose Liebe empfunden. Meine Nahtoderfahrung hatte mir gezeigt, dass ein Mensch einen anderen Menschen nur aus Unwissenheit oder Schmerz verletzt. Oder weil er den Kontakt zu seiner wahren Essenz in einem Ausmaß verloren hat, dass sein Empfindungsvermögen völlig abgestumpft ist (was der Fall ist, wenn er selbst missbraucht wurde oder unter einer seelischen Störung leidet).

In den sozialen Medien werde ich häufig angegriffen, wenn ich sage, dass es auf der anderen Seite keine Verurteilung gibt. Diese Ansicht wird nicht gern gehört, vor allem weil sie sich gegen ein Dogma der traditionellen Religionen richtet. Vielleicht auch weil wir gern in Kategorien von »wir« und »sie« denken. Wir stellen uns gerne vor, dass Menschen, die uns unrecht getan haben, im Leben nach dem Tod »bekommen, was sie verdienen«. Mir fällt es nicht leicht, eine Wahrheit weiterzugeben, wenn diese nicht im Einklang mit der herrschenden Meinung steht, doch in diesem Fall habe ich Vertrauen: Wer diese Wahrheit hören soll, der wird sie vernehmen und davon profitieren.

Ich persönlich habe dafür erst kürzlich die Bestätigung bekommen. Ein junger Mann schrieb mir aus dem Gefängnis. Man hatte ihn zu zwanzig Jahren Haft ohne Bewährung verurteilt, also musste das von ihm begangene Verbrechen wohl schwerwiegend gewesen sein. Im Gefängnis hatte er das Fernsehinterview gesehen, das Wayne Dyer für PBS mit mir gemacht hatte. In diesem Interview hatte ich wieder einmal betont, dass es auf der anderen Seite keine Verurteilung gibt, was auch immer wir hier getan haben mögen, denn dort werden sämtliche Beweggründe offenbar. Aus dieser Perspektive begreifen wir, warum geschehen ist, was geschah.

Der Mann war davon so beeindruckt, dass er seine Schwester anrief und sie bat, ihm doch mein Buch zu kaufen und zu schicken. Danach schrieb er mir und berichtete, dass Interview und Buch ihm sehr geholfen hätten. Die Gesellschaft hätte ihn überzeugt, dass er für seine Sünden in die Hölle käme, daher hätte er enorme Angst vor dem Sterben. Er wisse, dass das, was er getan hatte, falsch gewesen sei. Ich fragte nicht, worum es dabei ging. In seinem Brief hatte es geheißen, er sei jung und unendlich dumm gewesen, als er das Verbrechen beging. Unter anderen Umständen hätte er es seiner Ansicht nach nie begangen.

Er war damals zwanzig Jahre alt, und sein Leben war bis dahin unkompliziert verlaufen. Dann hatte er einen Augenblick der Schwäche, als er mit seinen Freunden zusammen war. Er schrieb, dass er seine Tat zutiefst bedauere. Es sei der größte Fehler seines Lebens gewesen, für den er ja bereits mit seinem Leben bezahle. Die Vorstellung, dafür auch noch nach seinem Tod und bis in alle Ewigkeit bezahlen zu müssen, habe ihn wirklich fertiggemacht. Meine Worte aber hätten ihm zum ersten Mal, seit er ins Gefängnis gegangen war, echten Frieden geschenkt. Er sei bereit, mit seinem Leben für seinen Fehler zu bezahlen, nun aber wisse er, dass er in Frieden sterben könne, wenn seine Zeit käme. Ich musste weinen, als ich seinen Brief las. Er bestätigte mich darin, dass es richtig war, auch diese Wahrheit furchtlos zu verkünden, selbst wenn es nicht das ist, was die meisten Menschen hören wollten. Genau das schrieb ich ihm, und auch er war davon tief berührt.

Das Gewebe des großen Ganzen

Da kein Wort exakt beschreiben kann, was ich in der nichtmateriellen Welt erfahren habe, greife ich häufig auf die Metapher vom »Gewebe« zurück, weil sie sehr schön illustriert, dass unsere Leben innig miteinander verwoben sind. Stellen Sie sich Milliarden Fäden aus ganz unterschiedlichen Materialien vor, die alle vor Leben nur so funkeln. Für jeden Menschen, der je gelebt hat, gibt es einen eigenen Faden. Sie alle zusammen schaffen diese unglaubliche Tapisserie mit ihren komplexen, farbenfrohen Mustern. Die Fäden verflechten sich, greifen ineinander, weben das Ganze in schimmernder Schönheit und Anmut. Das gesamte Gewebe ist voller Leben – eine höchst lebendige Schöpfung, die durch das Ineinanderweben der Fäden entsteht. Sie schaffen Berge und Ozeane, Elefanten und Mangos, Wolkenkratzer, Flugzeuge und Sofas sowie Sie und mich und alles, was je gewesen ist.

Und nun stellen Sie sich vor, Sie folgten einem dieser Fäden. Sie gehen ihm nach, wie er sich durch das Gewebe schiebt, unter diesem Faden hindurch und über jenen drüber schlüpft, wie er manche Fäden auslässt, andere mehrfach umschlingt. Dieser eine Faden berührt natürlich nicht alle anderen, doch einige der Fäden, die er seinerseits berührt, geben die Berührung an andere weiter. Sie läuft wie eine

Welle durch das gesamte Gewebe. Als Ganzes gesehen verbinden sich alle Fäden zu einem großartigen kosmischen Kunstwerk, das eine wunderbar harmonische Geschichte erzählt. Kein einzelner Faden kann daraus entfernt werden, ohne das große Ganze zu verändern. Jeder Faden ist für das Ganze gleichermaßen nötig. Er ist ein unverzichtbares Element der Geschichte. Dieser eine Faden, dem Sie folgen sollten, ist ein Symbol für Sie ... und Ihr Leben.

Während wir unser Leben hier, auf der Ebene des Materiellen, führen, können wir den gesamten Teppich mit all seinen Geschichten und Bildern nicht sehen. Wir sehen nicht, welche Rolle jeder einzelne Faden darin spielt. Wir sind uns nur des gegenwärtigen Augenblicks gewahr – eines einzigen Punktes auf der langen Reise unseres Fadens. Aus dieser begrenzten Perspektive heraus tun wir das Beste, was unser gegenwärtiger Wissensstand uns eingibt, um jene Geschichte zu weben, die wir uns wünschen. Später mögen wir die Geschichte bedauern, die wir gewoben haben, aber in diesem Moment wissen wir es nicht besser.

Doch wir sollten nicht vergessen, dass ungeachtet dessen, wie wir diese Geschichte aus der Perspektive der irdischen Welt beurteilen, der Teppich insgesamt vollkommen ist – von der Ebene der Nichtdualität aus betrachtet. Von dieser höheren Perspektive aus ist alles, wie es sein soll. Einfach perfekt! Als ich auf der anderen Seite war, nahm ich mich selbst nicht als einzelnen Faden wahr. Vielmehr hatte ich ein umfassendes Bild vom Ganzen und konnte das gesamte Gewebe sehen, fühlen und begreifen, wie es seit Anbeginn der Zeit entstanden ist. Und auch wie ich mit allen anderen Fäden verwoben war – einmal mit diesem, einmal mit jenem.

Nachdem ich mich vor vielen Jahren der von meinen Eltern arrangierten Ehe entzogen hatte, fühlte ich mich schuldig, weil ich Schande über meine Familie und die meines Verlobten gebracht hatte. In meiner Kultur waren arrangierte Ehen normal. Man erwartete von den jungen Leuten, dass sie dem Rat und den Wünschen ihrer Eltern folgten. Als ich die Verlobung löste, ächteten mich viele Menschen meiner Gemeinde. Aber wenn ich nun gar nichts falsch gemacht hatte? Wenn ich getan hatte, was richtig war? Was, wenn das Universum mich nicht für mein schlechtes Karma aus einer früheren Existenz bestrafte und leiden ließ – wie ich damals glaubte? Was, wenn mein Tun ein anderes Licht auf das grundlegende Problem der arrangierten Ehe warf, insbesondere im Hinblick auf Menschen wie mich, die in einer multikulturellen Gesellschaft aufwachsen? Vielleicht war ich dazu bestimmt, mich mutig gegen diese Praxis zu stemmen, um andere zum Nachdenken anzuregen? Vor allem Eltern, die Kinder im heiratsfähigen Alter haben.

Wir sind alle miteinander verwoben. Was jeder von uns tut, beeinflusst das ganze Gewebe. Ich habe heute keine Schuldgefühle mehr, weil ich die Verlobung gelöst habe. Und ich mache mir auch keine Gedanken mehr, ob ich andere vielleicht unabsichtlich verletzt habe. Heute sehe ich, dass das Ganze aus einer universellen Perspektive vielleicht so gedacht war. Ich weiß, wie ich Schuldgefühle und Selbstkritik loslassen kann. Ich vertraue einfach darauf, dass in diesem wunderbaren, grenzenlosen, kosmischen Gewebe alles so ist, wie es sein soll.

Wir sind alle miteinander verbunden

In den letzten Jahren haben sich in meinem Leben so viele Synchronizitäten ergeben, dass ich immer stärker merke, wie sehr wir alle miteinander verwoben sind. Eine Synchronizität besteht für mich, wenn eine Verbindung zwischen mir und jemand anderem hergestellt wird, die einfach kein Zufall sein kann, weil alles so perfekt und offensichtlich ist.

Als ich im Februar 2006 in einem Hongkonger Krankenhaus im Koma lag, war mein Mann an meiner Seite und wünschte innig, dass ich ins Leben zurückkehren möge. Meine Mutter betete in ihrem hinduistischen Tempel zu Shiva, zu dem sie tiefes Vertrauen hat. Meine buddhistische Schwägerin Mona versetzte sich in Indien zehn Stunden lang in tiefe Meditation und chantete für mein Wohlergehen. Später erzählte Mona mir, dass sie fünf Minuten vor Ende ihrer zehnstündigen Meditation einen Anruf von meiner Familie bekam: Ich sei wieder erwacht, müsse nicht mehr auf der Intensivstation behandelt werden und man habe mich in ein normales Krankenzimmer gebracht.

Ein anderes Beispiel für Synchronizität ist, wie Wayne Dyer in mein Leben trat und mir half, mein erstes Buch zu veröffentlichen. Wie ich in *Heilung im Lic*ht erzählt habe, fasste ich den Entschluss, meine Geschichte einem größeren Publikum zugänglich zu machen, gerade in dem Moment, in dem die Autorin und Rückführungstherapeutin Mira Kelley im Internet auf einen Bericht über meine Nahtoderfahrung stieß. Sie war davon so tief berührt, dass sie diese am nächsten Tag bei einem Telefongespräch mit Wayne erwähnte, der sie ebenfalls lesen wollte. Sie schickte ihm die Geschichte, und er war so beeindruckt, dass er sofort versuchte, mich ausfindig zu machen. Daraufhin half er mir, ein Buch über meine Geschichte zu veröffentlichen.

Nicht alle Synchronizitäten entfalten die gleiche Wirkung, doch sie bestätigen mir immer wieder, dass wir alle miteinander verbunden sind. Und sie bringen immer wieder Freude in meinen Alltag. Manche Menschen wünschen mich förmlich herbei – oder ich sie. Und plötzlich treffen wir uns, und unsere Leben berühren sich auf eine höchst bedeutsame Weise.

Wenige Wochen nach Erscheinen meines ersten Buches kam ich nach Indien und besuchte meine Mutter, die in Pune lebt. Wayne Dyer hatte mich gerade im Fernsehen interviewt, und mein Leben veränderte sich mit atemberaubender Geschwindigkeit. Ich sehnte mich nach der Wärme der Heimat, nach der Umarmung meiner Mutter, und so nahm ich mir ein bisschen Zeit, um sie zu besuchen und in dem hektischen Reisealltag eine Pause einzulegen.

Pune ist eine Megacity mit 5,5 Millionen Einwohnern. Sie galt in ihrer mehr als dreitausendjährigen Geschichte stets als spirituelles Zentrum. Meine Mutter lebt in einem ruhigen Stadtviertel, doch eines Nachmittags machten wir uns in die Innenstadt auf mit ihrem Labyrinth kleiner Straßen, in denen sich der Verkehr staut, hupende Autos von schreienden Fahrern gelenkt werden und ein ohrenbetäubender Lärm über den unterschiedlichsten Lädchen, Ständen und Menschen liegt. Während wir so dahinschlenderten, nahm ich das ganze Chaos in mich auf, die Farben, Geräusche, Gerüche. Die Menschheit explodierte in flirrender Überschwänglichkeit.

Wie Weberschiffchen schlängelten wir uns an Rikschas und Fahrrädern vorbei, an Motorrollern und Ochsenkarren, die nur im Schneckentempo vorwärtskamen. In den engen Gassen boten Straßenverkäufer stark gewürzte Gemüsespieße an, Brote, frittierte Auberginen, Süßigkeiten, Plastikspielzeug, wunderschöne Stoffe, farbenprächtige Handtaschen und Hüte, Sandalen, Luftballons, Küchenutensilien und mehr. Die Klang- und Farbkaskade wurde noch verstärkt durch die Gerüche, die uns in die Nase zogen, Gerüche nach Weihrauch, rotem Curry, frischem und verrottendem Gemüse, Benzindämpfe, Parfüm und Kuhfladen. Ein Fest für die Sinne, das man nur erfahren, kaum aber beschreiben kann.

Ich sog all das in mich auf, als mein Blick plötzlich auf einen hinreißenden Rock fiel, der im Fenster eines winzig kleinen Ladens hing, der sich zwischen eine Gewürzhandlung und einen Schneider drängte. Der Stoff war Patchwork aus all diesen bildschönen indischen Stoffen. Das Stück zog mich an wie der Gesang der Sirenen. Ich konnte einfach nicht widerstehen, und so betraten meine Mutter und ich den Laden, um ihn näher zu betrachten.

»Hallo«, sagte ich. »Kann ich mir den bunten Rock im Fenster vielleicht mal ansehen?«

»Natürlich«, lächelte eine hübsche junge Frau, die hinter dem Ladentisch hervorkam. Sie holte den Rock aus dem Schaufenster und reichte ihn mir.

»Ziehen Sie ihn mal an, damit Sie sehen, wie er an Ihnen wirkt«, meinte sie. Ich stand vor dem Spiegel, und sie hielt mir den Rock an die Taille. »Der könnte Ihnen wirklich stehen.«

Sie versuchte nicht, mir das gute Stück aufzudrängen, sondern wollte einfach nur freundlich sein. Mir war klar, dass der Laden ihr gehörte und sie stolz auf ihr Angebot war. Es ging ihr nicht nur darum, etwas zu verkaufen. Sie wollte auch den Menschen ehren, der vor ihr stand.

»Haben Sie eine Umkleidekabine?«, fragte ich.

»Ja, dahinten in der Ecke«, antwortete sie. »Wir ziehen einen Vorhang vor, und dahinter können Sie den Rock anprobieren.«

Ich ging also hinter den Vorhang und probierte den Rock. Als ich herauskam, sagten sowohl die Ladenbesitzerin als auch meine Mutter, dass er mir wirklich gut stünde. Als ich mich wieder umkleiden wollte, fragte die junge Frau plötzlich: »Wo kommen Sie eigentlich her? Sie hören sich nicht an wie jemand, der von hier ist.«

»Ja, stimmt«, antwortete ich. »Ich lebe nicht in Indien, sondern in Hongkong. Ich bin dort aufgewachsen.«

»Wahnsinn, was für ein Zufall!«, rief sie aus, als ich ihr den Rock reichte, damit sie ihn für mich einpackte. »Ich lese da gerade ein tolles Buch von einer Inderin, die auch in Hongkong aufgewachsen ist. Vielleicht kennen Sie sie? Sie heißt Anita Moorjani.«

Ich sah sie ein wenig verdattert an.

»Ähm, ja. Das bin *ich*! Sie lesen gerade mein Buch!«, sagte ich, selbst total erstaunt. Jetzt war sie an der Reihe mit dem verdatterten Blick.

»Was? Sie machen Witze! Das gibt's doch nicht! Ich glaube es einfach nicht!« Sie fasste unter den Ladentisch und holte das Buch heraus, dessen Cover mir mittlerweile so vertraut war. Sie drehte es um, und da war ich, genauer gesagt mein Foto. »Mein Gott! Sie sind es wirklich!« Dann lief sie vor die Tür und rief die anderen Ladenbesitzer zusammen.

»Wisst ihr noch, was ich euch von dem Buch erzählt habe, das ich die letzten Wochen verschlungen habe? Und wie ich euch immer gesagt habe, ihr sollt mich gefälligst nicht stören?«, sagte sie. »Das hier ist die Autorin. Sie ist in meinen Laden gekommen!« Sie platzte fast vor Stolz, und ich musste unwillkürlich lächeln. Dann befahl sie einem Jungen, für meine Mutter und mich Chai zu holen, und zog hölzerne Hocker unter dem Tisch hervor, die sie in die Mitte des Ladens stellte.

»Bitte, setzen Sie sich doch! Sie müssen einfach noch ein bisschen bleiben!«, rief sie. »Ich kann es einfach nicht fassen, dass Sie wirklich hier sind, in *meinem* Laden!«

Ich wusste nicht, was ich sagen sollte. Diese so erstaunliche Verknüpfung von Fäden an einem der unwahrscheinlichsten Orte des Planeten verblüffte selbst mich. Mein Buch war erst seit zwei Monaten auf dem Markt. Ausgerechnet hier darauf zu stoßen, im Lädchen dieser Frau inmitten des Straßenlabyrinths der Megacity Pune, war einfach unglaublich.

»Mein Name ist übrigens Gita«, sagte sie. Dabei sah sie immer noch so perplex aus, wie ich mich fühlte.

»Wie kommt es denn, dass Sie mein Buch lesen?«, fragte ich, da ich wusste, dass es in Indien noch gar nicht auf dem Markt war. Es war bisher nur in den USA und einigen anderen Ländern erschienen.

»Meine Cousine lebt in Großbritannien«, erklärte Gita. »Sie hat es zuerst gelesen und mir dann dringend ans Herz gelegt.«

»Unglaublich, wie klein die Welt geworden ist. Wir sind tatsächlich alle miteinander verwoben«, sagte ich. »Ihre Cousine, die weit weg in Großbritannien lebt, schickt Ihnen mein Buch – und dann lerne ich Sie kennen!«

»Nun, während ich es las, habe ich mir wirklich gewünscht, mit Ihnen reden zu können«, erzählte Gita. »Mir ging so vieles durch den Kopf, was ich Ihnen unbedingt sagen wollte. Es war, als hätte ich Sie einfach innig herbeigewünscht, und da sind Sie nun!« Sie hatte Tränen in den Augen, als sie das sagte.

»Ja, Sie haben mich wohl mit Ihren Wünschen zu sich geholt«, antwortete ich. Ich war mir sicher, dass ich hier sein sollte und auch sie mein Leben auf irgendeine Weise berühren sollte. »Ich habe das Gefühl, dass ich Ihretwegen hier bin. Also fragen Sie mich bitte, was immer Sie wissen wollen.«

Sie hatte noch immer Tränen in den Augen. Dann fing sie an, mir von ihrem autistischen Sohn zu erzählen. Mir war klar, dass sie eine wunderbare Mutter für ihren Sohn war, der sich glücklich schätzen konnte, sie zu haben. Doch nun standen einige schwierige Entscheidungen an, und sie hatte das Gefühl, sich mit ihrem Sohn nicht mehr zu verstehen. Das brach ihr schier das Herz, und sie bat mich um Rat.

»Kommunizieren Sie mit Ihrem Herzen, nicht mit Worten«, empfahl ich ihr. »Vergessen Sie nicht, dass wir alle miteinander verwoben sind. Daher wird es Ihrem Sohn gut gehen, wenn *Sie* sich gut fühlen. Es ist wirklich wichtig, dass Sie sich auch um Ihre eigenen Bedürfnisse kümmern.

Kinder wissen um diese Verbindung, die sie zu allem haben. Meiner Erfahrung nach sind Kinder mit speziellen Bedürfnissen und Herausforderungen noch sensibler für diese Dinge. Ihr Sohn fühlt, was Sie fühlen. Also fragen Sie sich selbst, was Sie brauchen, um Erfüllung zu erfahren. Finden Sie heraus, wie Sie sich selbst lieben und unterstützen können. Ich bin sicher: Sobald Sie wieder glücklich sind, wird sich das auch auf Ihren Sohn auswirken.«

Auf Gitas Gesicht zeichnete sich Erleichterung ab. Dann plauderten wir noch ein bisschen über Synchronizitäten und wie erstaunlich es doch war, dass wir uns überhaupt getroffen hatten – in einer Stadt mit 5,5 Millionen Einwohnern auf der anderen Seite der Erde, von meinem aktuellen Wohnort aus betrachtet. Wir verbrachten gut eine Stunde miteinander, dann musste ich weg. Als ich den Rock bezahlen wollte, drückte Gita mir einfach nur das Paket in die Hand und sagte: »Nehmen Sie ihn. Als Geschenk von mir.«

»Aber das geht doch nicht!«, protestierte ich.

»Ich bestehe darauf«, sagte sie. »Ich möchte, dass Sie sich an unser ›zufälliges‹ Treffen erinnern, wann immer Sie diesen Rock tragen.«

Ihre Großzügigkeit berührte mich tief, und so nahm ich Gitas Gabe voller Liebe an. Am Ende umarmten wir uns wie Schwestern.

»Kommen Sie ruhig wieder«, rief sie zum Abschied.

»Gerne«, antwortete ich. »Sobald ich wieder in Pune bin.«

Meine Mutter und ich verließen den Laden in dem erhebenden Gefühl, dass die verschlungenen Pfade des Universums uns immer irgendwie tragen und uns den Weg weisen würden.

Nur die Liebe

Jeden Abend, bevor ich einschlafe, liege ich im Bett und denke über meinen Tag nach. Dann sende ich Liebe an alle Menschen auf dem Planeten, schließlich sind wir alle miteinander verwoben. Es ist mir nicht wichtig, was sie getan haben, ob sie jemandem geholfen oder geschadet haben – auch dann nicht, wenn die geschädigte Person ich selbst bin. Einige dieser Menschen sind zweifelsohne Serienkiller, Mörder und Vergewaltiger, doch ich entscheide mich ganz bewusst, *jedem* Menschen Liebe zu senden. Ich stelle mir vor, wie ich ganz weit werde und jeden einzelnen Menschen umarme, selbst wenn er im Todestrakt sitzt. Vielleicht hätten diese Menschen ja nicht getötet, wenn sie gewusst hätten, wie es ist zu lieben. Das Gegenmittel zu Hass und Gewalt kann nicht noch mehr Hass und Gewalt sein. Das Gegenmittel ist allein die Liebe.

Lebe deinen Himmel hier und jetzt

Wenn »Alles nur Zufall« ein *Mythos* ist, wie könnte dann die *Wahrheit* aussehen?

Heilsame neue Glaubenssätze

- Wir sind Teil eines einzigen kosmischen Ganzen und auf eine Art und Weise miteinander verwoben, die wir auf der materiellen Ebene nicht sehen, ja uns nicht einmal vorstellen können.

- Wenn wir *alle* miteinander verbunden sind, dann tut das, was einen anderen schmerzt, letztlich auch uns weh. Und was einem anderen hilft, hilft letztlich uns selbst.

- Wenn wir die physische Welt aus der Perspektive umfassender Nichtdualität sehen könnten, würden wir erkennen, dass alles, was geschieht, vollkommen ist. Und zwar genau so, wie es ist, auch wenn es aus unserer begrenzten irdischen Perspektive nicht so scheint.

Tipps und Übungen

- Wenn Sie sich selbst tadeln und Ihr früheres Handeln als falsch verurteilen, vergessen Sie nicht, dass Sie es angesichts Ihres damaligen Wissens und Gefühlszustandes so gut gemacht haben, wie Sie konnten.

- Lernen Sie, Ihren Eingebungen zu folgen, vor allem wenn Sie sich zu irgendetwas hingezogen fühlen oder wenn Sie das Gefühl haben, irgendetwas sagen oder tun zu müssen. Bleiben Sie offen für synchronistische Begegnungen mit anderen Geschöpfen.

- Kultivieren Sie Mitgefühl. Fangen Sie mit Menschen an, gegenüber denen Sie geringfügige Vorbehalte haben. Wenn Sie auf diese Weise gelernt haben, Ihr Herz zu öffnen und diese Person bzw. ihre Handlungsweise zu akzeptieren, gehen Sie einen Schritt weiter. Dehnen Sie Ihr Mitgefühl auf jemanden aus, den Sie strenger beurteilen als die erste Person. Immer wenn Sie spüren, dass es Ihnen jetzt leichtfällt, den Betreffenden mit Liebe und Mitgefühl zu betrachten, gehen Sie einen Schritt weiter – und hören Sie nicht mehr auf.

- Nehmen Sie sich Zeit, um Geschichten über Menschen zu hören oder zu lesen, die Ihnen Hoffnung machen. Mindestens so viel Zeit, wie Sie auf die mitunter niederschmetternden Nachrichten verwenden. Wenn die Gewalt in den Medien Sie deprimiert, denken Sie daran, dass das auch an der Berichterstattung liegt. In der Welt existiert mindestens genauso viel Gutes. Wir müssen das Schlechte nicht verleugnen, doch wir sollten lernen, nach dem Guten Ausschau zu halten und es zu schätzen.

- Wenn Sie in ein anderes Land reisen oder mit Menschen aus einer anderen Kultur zu tun haben, konzentrieren Sie sich auf die Gemeinsamkeiten – die Liebe zu den eigenen Kindern zum Beispiel oder zur Familie. Lernen Sie, Unterschiede einfach als »anders« wahrzunehmen, statt sie als »merkwürdig« zu bezeichnen. Bringen Sie das auch Ihren Kindern bei, und zwar so früh wie möglich.

Fragen zum Weiterdenken:

- Inwiefern blockiere ich mich selbst oder schade mir gar, wenn ich andere Menschen aus einer begrenzten Sicht heraus verurteile?

- Welche Umstände oder Lebensbedingungen bringen Menschen dazu, anderen zu schaden?

- Wenn ich sicher wüsste, dass ich mit allem und jedem verbunden bin, würde ich dann anders denken, handeln oder reden?

- Halte ich an irgendwelchen Schuldgefühlen fest? Kann ich einen Schritt zurück tun und das, was ich gesagt oder getan habe, aus einer mitfühlenderen Perspektive betrachten? Wenn nicht: Hätte dasselbe ein guter Freund oder ein geliebter Mensch getan, wäre ich dann in der Lage, diese Dinge anders zu sehen? Was wäre nötig, damit ich mir selbst dasselbe Verständnis, dasselbe Mitgefühl entgegenbringen kann wie anderen Menschen?

Ich weiß, dass ich eins mit dem großen Ganzen bin, wenn …

- ich immer wieder wunderbare Synchronizitäten erlebe, die mich daran erinnern, dass alles, was nach Zufall aussieht, in Wirklichkeit einer höheren Ordnung entspricht, zu der man mich geleitet.

- ich im Zweifelsfall zugunsten meiner selbst und anderer Menschen entscheide, weil ich weiß, dass am Ende alles zum Guten zusammenwirkt.

- ich in einer schlimmen Situation instinktiv zumindest etwas Mitgefühl für die Menschen aufbringe, die das Problem verursacht haben, und ich sie nicht voller Zorn verurteile.

Kapitel 7

Mythos: Nach dem Tod zahlen wir für unsere Sünden

Als unser Flugzeug vor der Landung noch einige Runden über Los Angeles drehte, sah ich aus dem Fenster auf die Dächer, die unter uns lagen. Ich erkannte Parks, Gärten, Swimmingpools und Autoschlangen. Aus der Luft wirkte all das wie Spielzeug.

Wenn wir fliegen, nehme ich immer den Fensterplatz, während Danny am Gang sitzen will. Er schätzt es, dass er jederzeit aufstehen und sich die Beine vertreten kann. Ich hingegen gucke lieber aus dem Fenster, um ein Gefühl für die Stadt zu bekommen, in der wir landen werden. Die Bauten, die Stadtviertel, die Straßen und Brücken, die Berge und Felder unter mir versetzen mich immer in gute Stimmung. Ich sehe sogar gern aus dem Fenster, wenn wir über den Wolken sind, weil ich dann das Gefühl habe, mit dem Universum zu verschmelzen – ähnlich wie bei meiner Nahtoderfahrung 2006.

»Schau mal, Danny! Da drüben ist die Hollywood-Leuchtschrift!«, rief ich und neigte meinen Kopf zur Seite, damit er besser sehen konnte. Wir landeten nicht das erste Mal auf dem Flughafen von Los Angeles. Tatsächlich ist L. A. der beliebteste Umsteigeflughafen für Binnenflüge in den USA. Und da ich dort immer wieder eingeladen werde, um Vorträge zu halten, kannten wir die Örtlichkeiten schon recht gut. Doch noch während Danny sich vorbeugte, um aus dem Fenster zu sehen, spürten wir einen unvermittelten Ruck.

Dann zog die Maschine nach oben in den klaren blauen Himmel.

»Meine Damen und Herren, hier spricht Ihr Kapitän«, ließ sich eine männliche Stimme vernehmen. »Ich entschuldige mich für die Unannehmlichkeiten, doch wir mussten den Landeanflug abbrechen. Wir haben ein geringfügiges technisches Problem mit dem Fahrwerk, an dem wir im Moment arbeiten. In einigen Minuten werden wir erneut zur Landung ansetzen. Machen Sie sich bitte keine Sorgen, wenn Sie Feuerwehrautos und Notarztwagen auf der Landebahn sehen. Das ist nur zu Ihrer Sicherheit gedacht.«

Danny und ich sahen uns ratlos an. »Na ja, wenigstens sind wir zusammen«, sagte ich. »Wenn wir jetzt gehen, musst du mich jedenfalls nicht mehr zurückholen!« Natürlich war das als Witz gedacht, aber vor neun Jahren, als ich sozusagen auf dem Sterbebett lag, war niemandem nach Witzen zumute. Am 2. Februar 2006 fiel ich ins Koma. Ich hatte Lymphdrüsenkrebs im Endstadium, und meine Organe versagten allmählich den Dienst. Ich hatte vier lange Jahre gegen den Krebs gekämpft, und an jenem Februartag teilten die Ärzte meiner Familie mit, dass mein letztes Stündlein geschlagen hätte.

Während dieses Kampfes war Danny mir eine unendlich große Hilfe gewesen. Er beschwor mich weiterzumachen, und als ich ins Koma fiel, wich er keinen Augenblick von meiner Seite. Er hielt meine Hand und wisperte mir ins Ohr, als könne seine Willenskraft mich ins Leben zurückholen. Während ich auf der anderen Seite war, erkannte ich, dass Dannys und meine Lebensaufgaben eng miteinander verquickt waren. Hätte ich damals beschlossen zu sterben, wäre er mir bald nachgefolgt, weil er seine Aufgabe ohne mich nicht hätte erfüllen können. Und doch fühlte es sich nicht an, als wäre das schlimm. Wir waren einfach zum Zusammensein bestimmt, im Leben und im Tod, und falls ich den Tod wählte, würde ich ihn trotzdem nicht verlieren.

Danny und ich sind in so vielen Dingen grundverschieden: Er mag es, wenn es draußen kalt ist, ich hingegen liebe die Wärme. Er mag Regen, ich den Sonnenschein. Er liebt die Stadt, ich das Meer. Ich bin eher kreativ veranlagt, er ist der Analytiker. Ich bin ein visueller Typ, er ein Techniker. Und doch scheinen wir immer in vollkommener Harmonie zu leben. Unsere Leben sind so ineinander verwoben, dass es mir mitunter schwerfällt zu sagen, wo ich anfange und er aufhört.

»Wir werden nicht sterben«, sagte er mit belegter Stimme, während das Flugzeug immer höher stieg. Und doch griff er nach meiner Hand und hielt sie fest: »Wenn das Fahrwerk sich nicht ausfahren lässt, werden sie's mit einer Bauchlandung versuchen.«

»Na toll«, seufzte ich. »Und was ist mit unserem Gepäck? Das wird doch dort aufbewahrt! Das hat mir gerade noch gefehlt: Der Bauch der Maschine reißt auf, und all meine Kleider, Schals, Schuhe und Taschen liegen auf dem Asphalt herum!«

»Nein, so ist das nicht. Die machen das heute ganz anders!«, sagte Danny und gluckste amüsiert. »Sie versprühen Schaum auf der Landebahn. Der dient als Gleitmittel. Und als Feuerlöscher.« Obwohl er wusste, dass ich nur einen Witz machen wollte, hatte sein analytisches Naturell sofort ein wahrscheinliches Szenario ausgearbeitet und für mein Problem eine Lösung gefunden, lange bevor es überhaupt nötig war. Das ist so typisch für ihn. Und ich habe über all die Jahre gelernt, mich auf seine Lösungen zu verlassen.

Im nächsten Moment wurde unser Gespräch vom Knarren des ausfahrenden Fahrwerks unterbrochen. Die Erleichterung unter den Passagieren war mit Händen zu greifen. Dann landete unser Flugzeug auf der Asphaltbahn vor dem Tom Bradley International Terminal in Los Angeles.

Ein dunkler Fremder

Während wir auf Gate 44 zusteuerten, um unseren Anschlussflug nach San Jose zu erreichen, merkte ich plötzlich, dass ein Mann mich unverwandt ansah. Als ich hinschaute, senkte er den Blick. Vermutlich hatte ich es mir nur eingebildet.

Am Gate zeigten Danny und ich unsere Bordkarten vor, doch leider hatte unser Flug wegen Nebel zwei Stunden Verspätung. Und das bei einem Flug von nur einer Stunde! Die Flughafenangestellte bedauerte dies sehr, konnte uns aber weder helfen noch uns auf einen anderen Flug umbuchen. Doch wir waren in guter Gesellschaft. Die ganze Stadt lag schon seit den frühen Morgenstunden im Nebel. An jenem Tag hatten alle Flüge Verspätung.

Wir konnten uns also eine ruhige Ecke suchen und es uns gemütlich machen. Danny und ich fanden sogar Sitzplätze, und er blickte sich nach einer Steckdose um, damit er sein iPad aufladen konnte. Bevor ich selbst mein iPad zückte, um meine Mails zu lesen, wollte ich mir eine Tasse Tee besorgen. Ich stellte mein Handgepäck auf den Sitz und fragte Danny, ob er irgendetwas aus dem Café haben wollte. Ja, ich sollte ihm eine Tasse Kaffee mitbringen.

Und so machte ich mich auf ins Café, das einzige in diesem Teil des Flughafens. Dort bestellte ich einen Chai für mich und Kaffee für Danny. Als ich mit den Getränken zurücktrabte, hatte ich wieder das Gefühl, dass mich jemand anschaute. Als ich aufsah, erblickte ich denselben Herrn wie vorhin. Diesmal aber wandte er sich nicht ab. Ein durchdringender Blick aus zwei dunklen Augen traf mich, dann lächelte er und nickte mir zu, als wüsste er, wer ich war. Er war vielleicht Mitte vierzig. Sein dunkles Haar hatte noch nicht allzu viele graue Strähnen. Am auffälligsten aber war die Trauer, die er ausstrahlte.

Ich nickte und lächelte zurück, bevor ich meinem Liebsten den Kaffee brachte. Ich stellte die Getränke vor uns auf den Boden und setzte mich. Dann griff ich in meine Tasche und holte mein iPad heraus. Als ich wieder aufsah, stand der Mann mit den traurigen Augen vor mir und sah ein wenig verlegen drein.

»Hallo«, sagte er. »Sind Sie Anita Moorjani?«

»Ja, das bin ich«, antwortete ich, überrascht, dass er meinen Namen kannte.

»Ich habe Ihr Buch gelesen und viele Ihrer Videos auf YouTube gesehen«, meinte er mit einem schwachen Lächeln. »Ihre Botschaft hat mir wirklich sehr geholfen.«

»Danke! Es freut mich, dass ich Ihnen helfen konnte!«, sagte ich erfreut. Ich bin immer noch überrascht, wenn Menschen mich irgendwo erkennen, obwohl es immer öfter vorkommt.

»Ähm ... könnte ich vielleicht kurz mit Ihnen sprechen?«, fragte er. Offensichtlich war ihm klar, dass ich es nicht eilig hatte. Schließlich hatte ich gerade eine Tasse Tee besorgt und mein iPad herausgezogen.

»Natürlich! Setzen Sie sich doch!«, antwortete ich warm und deutete auf den leeren Sitz neben mir.

»Mein Name ist übrigens Ron«, sagte er und streckte mir die Hand hin, die ich ergriff.

»Schön, Sie kennenzulernen, Ron. Dies ist mein Mann Danny«, stellte ich mein Ehegespons vor.

»Hallo, Danny! Ich muss Sie wohl um Verzeihung bitten, dass ich Ihre Frau beanspruche!«

»Kein Problem, Ron! Ich habe mich daran gewöhnt«, witzelte Danny.

»Ich kann kaum glauben, dass ich Sie treffe. Hier, einfach so. So ein Zufall! Ich habe Ihr Buch bei mir.« Mit diesen Worten holte er *Heilung im Licht* heraus. Sein Exemplar sah ziemlich zerlesen aus, manche Seiten hatten Eselsohren.

»Ich habe es vor einigen Monaten mehrmals hintereinander gelesen, und jetzt wollte ich es mir auf dem Flug nochmals vornehmen«, erklärte er. »Beim Lesen habe ich immer überlegt, welche Fragen ich Ihnen stellen würde, wenn ich Ihnen je begegnen sollte. Und jetzt sind Sie da! Ich kann es immer noch nicht fassen«, meinte er ungläubig.

Obwohl mir auch das immer öfter passiert – Menschen denken mich in ihr Leben, und dann begegne ich ihnen tatsächlich –, saß ich errötend vor ihm und wusste nicht, was ich sagen sollte. Aber natürlich rettete mich Danny!

»Willkommen in unserer Welt, Ron! Seit Anita ihre Begegnung mit dem Tod hatte, ist unser Leben voll solcher unglaublicher Zufälle. Wir haben uns angewöhnt, diese Synchronizitäten nicht mehr infrage zu stellen. Ich wache jeden Morgen auf und frage sie: ›Was wirst du denn *heute* wieder manifestieren?‹ Dann schnalle ich mich an, und ab geht's in einen neuen Tag voller Überraschungen und Abenteuer!«

Ron lachte. Man konnte sehen, dass er sich jetzt wohlfühlte.

»Nun, ich glaube auch, dass es im Leben keine Zufälle gibt«, entgegnete er. »Und dass alles einem höheren Zweck dient, der oft jenseits unseres Horizonts liegt. Dass ich Sie hier treffe, ist vermutlich nur ein Teil dieses erweiterten, grenzenlosen Bewusstseins, über das Sie so schön in Ihrem Buch schreiben.«

»Bitte fragen Sie einfach, was Sie wissen wollen«, bat ich ihn mit einem Lächeln. »Aber Sie dürfen sich dann nicht wundern, wenn Sie sich plötzlich in meinem nächsten Buch wiederfinden!« Wieder lachte Ron, dann aber richtete er den Blick zu Boden. Offensichtlich hatte er mit seinen Gefühlen zu kämpfen.

Mit Schuldgefühlen leben

»Meine Frau Trish ist vor sechs Monaten gestorben«, begann er. »Und ich komme nur sehr schwer damit zurecht. Ich vermisse sie unendlich! Ich weiß nicht, ob ich je darüber hinwegkomme, dass ich sie verloren habe.«

»Das tut mir wirklich leid für Sie«, sagte ich, denn sein Los machte mich traurig. »Für Trauer gibt es kein Verfallsdatum. Geben Sie sich alle Zeit, die Sie brauchen. Und verurteilen Sie sich nicht, wenn Sie noch nicht bereit sind, Ihr Leben wieder aufzunehmen.«

Es hat mich schon immer überrascht, welch zentrale Stellung die Riten für Verstorbene innerhalb der diversen spirituellen und religiösen Traditionen einnehmen, aber wie wenig Hilfe diese den Hinterbliebenen anzubieten haben, um deren Trauer zu bewältigen. Jenen Menschen, die mit dem Verlust fertigwerden müssen, mit dem Schmerz und der Leere, die bleibt, wenn der geliebte Mensch dieses Dasein verlässt und auf eine andere Ebene übergeht.

»Sie sollten jetzt besonders gut auf sich aufpassen. Das ist Ihre wichtigste Aufgabe. Trish würde das auch wollen«, sagte ich in der Hoffnung, dass ihm das helfen würde. Aber irgendwie spürte ich, dass da noch etwas war. Er hatte noch nicht die ganze Geschichte erzählt. Und tatsächlich sah Ron – wie aufs Stichwort – wieder zu Boden.

»Was es noch schlimmer macht«, meinte er leise, »ist, dass sie sich das Leben genommen hat. Sie hat Selbstmord begangen, und ich habe das Gefühl, alles ist meine Schuld.«

Das war es also.

»Deshalb hat mir jemand Ihr Buch gegeben«, fuhr er fort und sah mich wieder an. »Anfangs hatte ich viel zu viel Angst, es zu lesen. Ich fürchtete mich vor dem, was ich möglicherweise entdecken würde. Meine Schuldgefühle erdrückten mich fast – Trish hat eine ganze Packung Schlaftabletten genommen, als ich auf Geschäftsreise war. Mich belastet es ungemein, dass ich es nicht habe kommen sehen, dass ich sie nicht aufhalten konnte! Seit dieser Nacht finde ich keinen Schlaf mehr.«

Die Tore meines Herzens schwangen weit auf für Ron. Ich spürte die Schuld und die Trauer, die er in seinem schweren Herzen trug. Ich wünschte, ich hätte einfach hineinfassen und die Gefühle herausnehmen können, die ihn niederdrückten. An Trauer haben wir ohnehin schon schwer zu tragen, kommen aber noch Schuldgefühle hinzu, so macht dies den Trauerprozess noch schwerer.

»Eines Tages schickte mir jemand eine E-Mail mit einem Link zu einem Ihrer Videos«, erzählte Ron weiter. »Da hatte mir also jemand Ihr Buch gegeben, und ein anderer hatte mir einen Videolink geschickt. Ich nahm das als Zeichen, dass Ihre Botschaft für mich wichtig war. Ich habe mir zuerst das Video angesehen, und es war für mich sehr tröstlich zu hören, dass es meiner Frau vielleicht gut geht. Dass sie nicht verurteilt wird, weil sie auf diese Weise aus dem Leben geschieden ist. Das war eine meiner schlimmsten Ängste: dass sie dafür bestraft werden würde!

Nachdem ich das Video angesehen hatte, las ich Ihr Buch – und war begeistert! Das Buch schenkte mir noch mehr Trost. Ich bin Ihnen so dankbar. Danach habe ich all Ihre Interviews im Internet angeguckt. Ich habe Sie gegoogelt und verschlinge alles, was Sie sagen. Aber obwohl ich mich viel besser fühle, seit ich Ihre Botschaft vernommen habe, bleiben für mich doch noch einige Fragen offen. Ich weiß nicht, wie ich mit diesem Gefühl der Schuld umgehen soll.«

Ich sah, wie ihm Tränen in die Augen stiegen, und griff nach meiner Handtasche, um ihm ein Taschentuch zu reichen: »Lieber Himmel, Sie haben ja wirklich einiges durchgemacht. Es tut mir so leid für Sie.« Er nahm das

Taschentuch und wandte sich ab, um diskret seine Tränen wegzutupfen.

Tot ist nicht gleich tot

In diesem Augenblick fühlte ich stark mit Ron mit, der so schwere Zeiten durchmachte, und zugleich war ich zutiefst dankbar, dass ich Danny an meiner Seite hatte. Obwohl ich mit dem Segen des Todes in Berührung gekommen war und weiß, dass dies ein wunderbarer und vollkommener Zustand ist, war die Vorstellung, ohne Danny in dieser Welt zu leben, ausgesprochen schmerzlich. Es würde also nicht ausreichen, Ron zu versichern, dass seine Frau nun an einem besseren Ort war. Das allein würde seine Trauer und seine Schuldgefühle nicht lindern.

Ich weiß aus meinen Gesprächen mit anderen Menschen, die einen geliebten Menschen verloren haben, dass der Tod uns nackt und bloß zurücklässt. Er verändert unsere ganze Welt, unseren Lebenssinn, unsere Sicht auf die Dinge so grundlegend, dass es uns mitunter nicht gelingt, uns das Leben ohne den geliebten Menschen vorzustellen.

Für Menschen, deren Leben sich ganz um den geliebten anderen drehte, der nun gegangen ist, gibt es das Leben, das sie kannten, nicht mehr. Ron also mit irgendeiner Weisheit aus dem Selbsthilfe-Werkzeugkasten zu kommen stand außer Frage. Ich spürte, dass er mehr brauchte – etwas, das seinem Leben wieder Sinn gab.

»Sie würde sicher nicht wollen, dass Sie sich für etwas schuldig fühlen, das sie getan hat«, fing ich an.

»Ehrlich? Glauben Sie?«, fragte er und sah mich hoffnungsvoll an.

»Ja, da bin ich mir ganz sicher«, antwortete ich. »Als ich außerhalb meines Körpers war, spürte ich nur vollkommene, bedingungslose Liebe für meine ganze Familie. Ich wollte nicht, dass sie meinetwegen leiden müssen! Ich wollte sie glücklich sehen. Nichts hätte mir mehr Freude gemacht! Ich kann Ihnen versichern, dass Trish sich das auch für Sie wünscht. Sie möchte, dass Sie glücklich sind. Mehr wollen unsere lieben Verstorbenen nicht für uns. Wenn Trish sich jetzt etwas für Sie wünscht, dann, dass Sie sich nicht die Schuld geben für etwas, das sie gemacht hat. Sie hat dies aus ihrem Schmerz heraus getan, mit dem sie nicht fertigwerden konnte. Da bin ich mir ganz sicher!«

Ich sah, wie ein Schimmer der Erleichterung über Rons Gesicht huschte. Leider war er genauso schnell wieder verschwunden. »Aber wir haben gestritten, bevor sie sich das Leben genommen hat. Ich fühle mich furchtbar deswegen. Im Geist frage ich mich dauernd: ›Was wäre, wenn ...?‹ Wenn wir nicht gestritten hätten? Wenn ich ihr stattdessen gesagt hätte, wie sehr ich sie liebe? Hätte sie es dann vielleicht nicht getan?« Wieder senkte er den Blick. »Und selbst wenn sie jetzt an einem schöneren Ort ist«, meinte er weich, »so hatte ich doch nicht die Chance, ihr zu sagen, dass ich sie liebte.«

»Aber Sie können doch jetzt auch noch mit ihr sprechen«, antwortete ich. »Sie kann Sie hören, das verspreche ich Ihnen. Sie können alle Probleme lösen, die offengeblieben sind. Reden Sie einfach so mit ihr, als stünde sie vor Ihnen. Sie weiß ohnehin, wie es in Ihrem Herzen und in Ihrem Kopf aussieht. Aber Ihnen wird es helfen, mit ihr direkt in Kontakt zu treten. Suchen Sie sich einen stillen Ort, dann wird sie Sie hören. Ich konnte alle Gedanken meines Mannes hören, als ich nicht mehr in meinem Körper war. Ich wusste genau, was er dachte. Ich wusste, wie sehr er mich liebte. Und ich hatte für ihn nur bedingungslose Liebe. Ich bin sicher, dass Trish dasselbe für Sie empfindet. Wenn sie jetzt mit Ihnen sprechen könnte, würde sie wollen, dass Sie das erfahren.«

Einen Augenblick lang hielt ich inne, dann fuhr ich fort: »Ich glaube nicht, dass ein Mensch wirklich vor seiner Zeit stirbt. Ich glaube auch nicht, dass Trishs Gehen irgendetwas mit Ihnen zu tun hatte. Menschen nehmen sich nicht das Leben, weil es einmal Streit gegeben hat. Das Ganze ist viel facettenreicher. Dabei spielen viele Elemente eine Rolle. Selbst wenn Sie beide sich nicht gestritten hätten, selbst wenn Sie ihr an jenem Abend gesagt hätten, dass Sie sie lieben, hätte irgendetwas sie früher oder später dazu veranlasst, sich das Leben zu nehmen. Das hat meist damit zu tun, wie der Betreffende seine Lebenserfahrungen interpretiert – durch welche Filter er die Welt und seinen Platz darin sieht. Darauf haben Sie keinerlei Einfluss.

Dort, wo sie jetzt ist, würde sie wollen, dass Sie Glück und Frieden finden«, sagte ich. »Sie liebt Sie bedingungslos. Nichts wird sie froher machen, als Sie glücklich zu sehen.«

Das Jüngste Gericht ... findet nicht statt

Rons Miene hellte sich auf, dann aber fiel ihm etwas ein: »Und was ist mit dem Jüngsten Gericht? Ich bin mit der Vorstellung aufgewachsen, dass jemanden, der sich das Leben nimmt, nach dem Tod ernsthafte Konsequenzen erwarten. Sie aber sagen in Ihren Interviews, dass dies nicht der Fall ist. Ich habe manchmal solche Angst um Trish. Wie können Sie so sicher sein, dass sie nicht verurteilt wird?« Seine Miene hatte sich erneut verdüstert.

»Aber es gibt kein Gericht und keine Verurteilung, schon gar nicht wegen eines Selbstmords!«, versicherte ich ihm. »Manche Menschen erleben eine Art ›Lebensrückschau‹, in der sie ihr eigenes Leben beurteilen. Aber am Ende ist da nur noch bedingungslose Liebe. Wenn ein Mensch von sich aus den Tod wählt, hatte er im Leben unendlich viel zu leiden –

und wird danach ganz bestimmt nicht noch mehr bestraft! Wo Trish jetzt ist, erfährt sie grenzenlose Liebe und Mitgefühl. Vertrauen Sie mir – ich weiß das.«

»Das klingt sehr tröstlich«, meinte Ron, »aber ich habe auch schon von Leuten gehört, die eine negative Nahtoderfahrung hatten. Die in den kurzen Momenten auf der anderen Seite Dunkelheit und Angst erlebt haben. Dann denke ich natürlich an Trish. Ich hoffe, sie muss um ihrer Tat willen nicht etwas Ähnliches erdulden. Dieser Gedanke beunruhigt mich, ehrlich gesagt, am meisten!«

»Ich weiß, dass die Menschen, die so etwas erleben, das als sehr real empfinden«, antwortete ich ihm. »Und ich möchte die Erfahrung anderer Menschen keineswegs abwerten. Aber ich kann Ihnen aus ganzem Herzen versichern, dass am Ende jeder an einen schönen Ort gelangt! Experten, die sich mit Nahtoderfahrungen befasst haben, stellten fest, dass es nur sehr, sehr wenige negative Nahtoderlebnisse gibt. Manchmal durchleben die Menschen die Ängste aus ihrem irdischen Leben. Sie wissen ja, wie Furcht unser Leben prägen kann! Viele Menschen wurden von klein auf zur Angst erzogen, die sich in ihrem Herzen einnistet. Wenn es dann zu einem plötzlichen Tod kommt, nehmen sie die Angst mit auf die andere Seite. Doch dort löst sie sich allmählich auf, weil wir dort die Anhaftung an unseren Geist aufgeben. In diesem Moment vereinen wir uns erneut mit unserer wahren Essenz – bedingungsloser Liebe. In dem Zustand empfinden wir nur noch Mitgefühl, Furchtlosigkeit und absolute Akzeptanz.«

Als ich davon erzählte, wurde Rons Gesicht auf einmal ganz ernst. »Aber Trish hatte enorme Angst vor dem Tod und vor dem, was danach sein könnte«, erzählte er. »Sie hatte eine schwierige Kindheit, wurde schwer misshandelt, und das hat ihr Probleme bereitet. Sie hat einige Dinge getan, die sie nicht hätte tun sollen. Außerdem hat sie als Kind gelernt, an die Hölle und die Bestrafung für die Sünde zu glauben. Daher glaubte sie fest, dass Gott sie bestrafen würde, wenn sie stirbt. Ich hoffe wirklich, dass sie jetzt nicht aufgrund ihres Glaubens ihre ganz persönliche Hölle erlebt.«

Tod, Angst und Religion

Seit meiner eigenen Nahtoderfahrung habe ich mich intensiv mit all den Geschichten befasst, die der Mensch über die Jahrtausende ersonnen hat, um sich zu erklären, was nach dem Tod mit uns passiert. Zuvor hatte ich ebenso viel Angst vor dem Tod wie Trish. Bei mir war es das »Karma«, das mich schreckte. Ich glaubte auch, dass mein Karma den Krebs *verursacht* hätte, und so versuchte ich, Dinge zu tun, die zum Aufbau positiven Karmas führen sollten. Doch ich tat diese Dinge nicht aus Liebe und Mitgefühl, sondern weil der Gedanke an negatives Karma mir Angst einjagte.

Während meiner Nahtoderfahrung hatte ich nicht nur meinen Körper verlassen, ich hatte auch meine ethnische Zugehörigkeit, meine Kultur, mein Geschlecht und meine Religion hinter mir gelassen. Ich hatte Schicht um Schicht all meine Wert- und Glaubensvorstellungen abgeworfen, die sich mein Selbst während dieses Lebens zugelegt hatte. Und überraschenderweise entdeckte ich, dass all diese Teile meiner lebenslangen Identität nichts mit meinem *grenzenlosen* Selbst zu tun hatten! Wenn also diese Dinge nicht zu meinem grenzenlosen Selbst gehörten, was war es dann, was nach dem Ablegen dieser Schichten übrig blieb? Es war nicht etwa eine reduzierte Form meiner selbst, sondern etwas, das sehr viel größer war. Ich war reine Essenz ... reines Bewusstsein ... reine Liebe ... ganz Gott. Nennen Sie es, wie Sie wollen, aber Worte können das Umfassende dieser Erfahrung nicht wiedergeben. Ich erfuhr nichts als Liebe und Mitgefühl für mich und für alle Menschen, die je mit meinem Leben in Berührung gekommen waren, egal ob sie mir vermeintlich geschadet oder geholfen hatten. Ich erkannte, dass selbst Menschen, die mich allem Anschein nach verletzt hatten, dazu beitrugen, dass ich in meinem Leben die nächste Ebene erreichte, auch wenn sich das damals nicht so angefühlt hatte.

Ich könnte diesen Prozess »meine Lebensrückschau« nennen, doch das trifft nicht den unglaublichen Jubel, mit dem diese Erfahrung einhergeht. Ich fühlte keinen Schmerz, keinen Zorn, keine Schuld und empfand (mir selbst oder anderen Menschen gegenüber) keinerlei Wertung mehr – ich fühlte mich einfach nur zutiefst geliebt und sicher.

Nachdem ich wieder in meinen Körper zurückgekehrt war, wunderte ich mich, warum wir nie hören, wie bedingungslos wir geliebt werden, wie rein wir sind und wie unglaublich stark in all unserer Herrlichkeit. Warum sagt man uns nicht, dass wir nicht verurteilt werden, dass wir unseren Geist nicht auf Angst oder Vergeltung ausrichten sollten, sondern auf die Liebe? Aber wer sollte uns das auch beibringen? Die meisten Menschen – selbst jene, die uns vom Leben nach dem Tod erzählen – wissen davon nichts. Wir wissen nur, was unsere Kultur, unsere religiösen Glaubenssätze uns sagen. Doch diese sind vor Jahrtausenden von Menschen niedergeschrieben worden, die in einer ganz anderen Zeit und Kultur gelebt haben.

Der Glaube, dass wir nach dem Tod ein Urteil zu gewärtigen haben, verändert unser Leben in dieser Welt – und häufig nicht zum Besseren. Die Vorstellung jagt uns Angst ein vor dem, was uns auf der anderen Seite passieren könnte. Wir tun das Gute also nicht aus Liebe und Güte, sondern aus Angst vor Bestrafung. Und Angst ist *nicht* Liebe.

Während meiner Nahtoderfahrung kam jegliches Bedauern ob der Fehler, die ich gemacht hatte, allein von mir und nicht von außen. Da war kein urteilendes Wesen, das außerhalb meiner selbst gewesen wäre und mich etwa beobachtet hätte; das nur darauf wartete, dass ich einen Fehler machte, um mich dann zu bestrafen. Die Gesellschaft flößt uns diesen Glauben ein: dass wir beobachtet und verurteilt werden und dass dieses Urteil von außerhalb kommt, denn wir leben in einer Welt der Dualität. Doch wenn wir diese Dualität überwinden, ist da nur reines Bewusstsein, reine bedingungslose Liebe und totale Akzeptanz. Es gibt nichts außerhalb unserer selbst. Alles ist miteinander verbunden. Alles ist offenbar. Und wir erkennen, dass sowohl Opfer als auch Täter Teil *eines Bewusstseins* sind. Es gibt kein »wir« und »sie« – es ist *alles* eins. Wir alle sind die zwei Seiten einer Medaille.

Ich wünschte, ich hätte dies früher gewusst. Ich wünschte, man hätte mir nicht beigebracht, das Leben nach dem Tod zu fürchten, weil ich dort irgendwie bestraft werden würde. Ich wünschte, man hätte mich gelehrt, Mitgefühl mit mir selbst und den anderen Mitgliedern unserer Erdenfamilie zu haben. Denn wir sind alle miteinander verbunden und wirken alle aufeinander ein.

Wir werden geleitet

All dies versuchte ich Ron zu erklären – im Flughafenterminal von Los Angeles.

»Ich weiß ohne jeden Zweifel, dass es Trish gut geht. Wirklich! Ich glaube sogar, dass sie uns zu diesem Treffen geleitet hat. Dass sie mich zu Ihnen geführt hat, ist vielleicht ihre Art, Ihnen zu verdeutlichen, dass es ihr gut geht und sie möchte, dass Sie wieder Frieden im Leben finden. *Sie* ist glücklich, aber sie macht sich Sorgen um Ihr Wohlergehen.«

»Danke! Es tut so gut, das zu hören, das habe ich wirklich gebraucht«, meinte Ron voller Erleichterung. Seine ganze Haltung hatte sich während des Gesprächs geändert. Ich sah, dass er die Botschaft verinnerlicht hatte.

»Ich freue mich, wenn ich helfen konnte«, antwortete ich. »Und ich bin sicher, dass Trish weiterhin über Sie wacht. Unsere Lieben haben immer ein Auge auf uns. Und wie ich schon gesagt habe: Trish kann Sie hören, wenn Sie mit ihr reden. Es ist also nicht zu spät, ein Gespräch mit ihr anzufangen. Reden Sie mit ihr, als würde sie vor Ihnen sitzen – sagen Sie, was Sie ihr immer sagen wollten, als sie noch am Leben war. Das wird für Sie eine reinigende Erfahrung sein, daher möchte ich Ihnen das wirklich ans Herz legen. Reden Sie so oft mit ihr, wie Sie es für nötig halten. Aber passen Sie auf, dass niemand anderer Sie hört, sonst denken die Leute vielleicht noch, Sie haben einen Vogel!« Ich wollte ihn zum Lachen bringen.

»Die Leute glauben sowieso schon, dass es bei mir piept. Das dürfte also kein Problem sein«, antwortete Ron vergnügt.

»Willkommen im Club!«, erwiderte ich, und da fingen wir beide zu lachen an.

»Übrigens glaube ich auch, dass Trish versuchen wird, mit Ihnen zu kommunizieren«, fügte ich hinzu. »Sie wird Sie wissen lassen wollen, dass es ihr gut geht. Vielleicht spüren Sie ihre Präsenz in ruhigen Momenten. Die Gedanken, die Sie dann haben, sind vielleicht ihre Botschaften.«

»Ja, manchmal meine ich wirklich, ihre Anwesenheit zu fühlen«, meinte Ron voller Enthusiasmus. »Einmal habe ich eines Ihrer Videos angeguckt und mich danach deutlich besser gefühlt. Ich habe mich entspannt, und seitdem habe ich manchmal das Gefühl, dass sie mich leitet. Vielleicht war es ja Trish, die mich zu Ihren Videos geführt hat, weil sie wusste, dass es mir damit besser gehen würde.«

Das ließ mich etwas erröten.

»Ich freue mich, der Kanal sein zu dürfen, über den Ihre

Frau Ihnen beizustehen versucht!«, sagte ich, weil ich wirklich tiefe Dankbarkeit empfand.

Wie aufs Stichwort wurde der Flug nach San Jose aufgerufen. Danny meinte: »Tut mir leid, euch zu stören, aber wir müssen jetzt an Bord gehen.«

Ich spürte, dass Ron nun leichten Herzens war, ganz anders als vor unserem Gespräch. Ich wusste, dass seine Freude nicht nur von meinen Worten herrührte, sondern von dem Wissen, dass seine Frau immer noch bei ihm war und ihn leitete – ja, dass sie vielleicht dafür gesorgt hatte, dass wir uns trafen, damit er von mir erfuhr, dass es Trish *wirklich* gut ging!

Als wir aufstanden, sah Ron mich an und meinte: »Ich weiß nicht, wie ich Ihnen danken soll!«

»Oh, Sie haben mir schon gedankt«, sagte ich und lächelte ihn verschmitzt an. »Sie haben mir gerade ein ganzes Kapitel für mein neues Buch geschenkt!«

»Wenn Sie das Gefühl haben, dass meine Geschichte anderen helfen kann, dann bedienen Sie sich ruhig«, sagte er voller Ernst. »Meinen Segen jedenfalls haben Sie.«

Wir umarmten uns. Ich sah, dass ihm wieder die Tränen kamen, als wüsste er, dass seine Frau bei uns war. Danny und ich gingen aufs Gate zu, und ich winkte Ron noch einmal zu, bevor wir um die Ecke verschwanden, um unseren Flug zu erwischen.

Es beschäftigt mich, dass so vielen von uns eingetrichtert wurde, wir hätten nach dem Tod ein Urteil zu befürchten. Und es sind ausgerechnet jene Institutionen, an die wir uns in der Not um Trost und Zuspruch wenden, die diesen Irrglauben verbreiten! Als schürten sie absichtlich unsere Angst in der Hoffnung, sie hielte uns davon ab, dass wir uns gegenseitig schaden. Aber nach allem, was ich über unsere Welt und unsere überfüllten Gefängnisse weiß, scheint das nicht so recht zu funktionieren.

Ich glaube, dass das Wissen darum, dass wir Liebe sind und bedingungslos geliebt werden – und dass wir alle eins sind –, uns helfen kann, unseren Mitmenschen aufrichtiges Mitgefühl entgegenzubringen. Wenn wir dieses Wissen fest in unseren Herzen verankerten, würden wir unsere Nächsten und unseren Planeten mit mehr Güte und Respekt behandeln. Dann würden wir dem Leben – und dem Tod – mit Liebe begegnen statt mit Angst. Das ist meine größte Hoffnung.

Lebe deinen *Himmel* hier und jetzt

Wenn »Nach dem Tod zahlen wir für unsere Sünden« ein *Mythos* ist, wie könnte dann die *Wahrheit* aussehen?

Heilsame neue Glaubenssätze

- Auf der anderen Seite erfährt jeder von uns bedingungslose Liebe und Mitgefühl. Wir werden nicht verurteilt oder bestraft für das, was wir auf Erden getan oder unterlassen haben. (Das gilt auch für jene, die Taten begangen haben, die in der dualen Welt als schändlich gelten, wie Selbstmord oder Mord.)

- Unser grenzenloses Selbst – das, was wir auf der anderen Seite sind – ist vollkommen frei von allem, was in dieser Welt unsere Identität ausmacht: Rasse, Geschlecht, Kultur oder Religion. Wir nehmen diese Merkmale nicht mit in die andere Welt, und das würden wir auch gar nicht wollen!

- Wenn wir auf der anderen Seite sind, empfinden wir weder Schmerz noch Wut, weder Angst noch Schuld. Wir werten nicht mehr. Wir erfahren nur vollkommenes Verständnis, absolute Akzeptanz, bedingungslose Liebe und den freudigen Jubel der Vereinigung mit der göttlichen Natur all dessen, was ist.

Tipps und Übungen

- Bitten Sie Ihre Lieben, die gegangen sind, um ein Zeichen, dass es ihnen gut geht und dass sie glücklich sind. Achten Sie auf solche Zeichen – Ihre Lieben wollen Sie wissen lassen, dass sie Sie immer noch lieben. Die Zeichen können so verschieden sein wie die Seelen, die sie geben. Zum Beispiel: Ein Tier taucht unerwartet auf oder benimmt sich ungewöhnlich; ein Licht geht an, ohne dass jemand an den Schalter gekommen ist; eine Wolke nimmt eine seltsame Form an, die Sie an den Menschen erinnert, der Sie verlassen hat. Manchmal tauchen unsere Verstorbenen auch in unseren Träumen auf. Je offener und aufmerksamer Sie sind, desto wahrscheinlicher ist es, dass Sie solch ein Zeichen erkennen.

- Begegnen Sie sich selbst und anderen Menschen mit mehr Mitgefühl. Machen Sie sich klar, dass jeder in jedem Augenblick das Beste aus den Möglichkeiten macht, die ihm zur Verfügung stehen.

- Machen Sie sich bewusst, dass das, was Sie an anderen gerne verurteilen – oder was andere an Ihnen verurteilen –, mehr mit den Verletzungen des »Anklägers« zu tun hat als mit dem »Angeklagten«. In der anderen Welt gibt es nichts zu verurteilen – wir sind dort immer *beide* Seiten einer Medaille.

- Ist es nicht so, dass Sie als Vater oder Mutter mehr bewirken, wenn Sie Ihr Kind für einen Fehler nicht bestrafen, sondern lieber das Positive unterstreichen? Überlegen Sie mal, warum das so ist. Gilt dieselbe Philosophie vielleicht auch für das große Ganze?

Fragen zum Weiterdenken:

- Schwelge ich gelegentlich in Fantasien, bei denen Menschen, die mir unrecht getan haben, nach dem Tod »bekommen, was sie verdienen«? Kann ich diese Fantasien aufgeben? Kann ich mir klarmachen, dass wir alle miteinander verbunden sind? Dass wir alle eins sind – und alles Böse, das ich anderen wünsche, ich letztlich mir selbst wünsche?

- Kann ich akzeptieren, dass ich, wenn ich mich selbst verurteile, die Vollkommenheit des Universums in Zweifel ziehe?

- Wenn ich in diesem Moment auf dem Sterbebett liegen würde, was würde ich den Menschen sagen wollen, die ich zurückließe? Was von mir würde ich mit ihnen teilen wollen? Was könnte ich ihnen sagen, das meine Abwesenheit für sie leichter erträglich machen würde?

Ich weiß, dass ich mich nicht vor dem Tod oder dem Tod meiner Lieben fürchte, wenn …

- ich akzeptiere, dass der Tod nicht das Ende ist und dass ich sie immer noch sehen, ja sogar mit ihnen kommunizieren kann, auch wenn sie weitergegangen sind – ebenso wie mit den Menschen, die ich selbst zurücklassen werde, wenn ich einst das Reich des Irdischen verlasse.

- ich glücklich bin, wenn ein geliebter Mensch auf die andere Seite gegangen ist, weil ich weiß, dass dieser Mensch nun reine Freude, Frieden und bedingungslose Liebe erfährt. Weil ich weiß, dass er sich dasselbe für mich wünschen würde, ganz egal, wie unsere Beziehung in der irdischen Welt ausgesehen hat.

- ich mir und anderen mit Mitgefühl statt mit Härte begegnen kann und ich verstehe, dass wir alle verbunden sind, alle Ausdruck göttlicher Liebe sind, ungeachtet dessen, was wir auf der materiellen Ebene getan oder gesagt haben.

Kapitel 8

Mythos: Spirituelle Menschen haben kein Ego

»Ich begreife das einfach nicht«, sagte Jane. »Die meisten spirituellen Schulen lehren doch, dass das Ego unserem spirituellen Wachstum im Weg steht und dass wir es überwinden oder transzendieren müssen. Du bist die Einzige, die behauptet, das Ego wäre was Gutes! Erklärst du mir das noch mal?«

Jane nahm an einem Retreat teil, das ich in England auf dem Land abhielt. Und sie meinte ihre Frage nicht respektlos oder gar aggressiv. Sie brachte einfach ihren aufrichtigen Wunsch zum Ausdruck, meine Sicht der Dinge zu verstehen.

»Das ist eine richtig gute Frage«, antwortete ich. »Viele Menschen möchten dazu mehr wissen. Es gibt ja auch viele widersprüchliche Ansichten darüber, was der Begriff ›Ego‹ überhaupt bedeutet. Kein Wunder, dass sich da Verwirrung breitmacht. Ich freue mich, dass du gefragt hast.«

Ungefähr fünfundzwanzig Leute saßen im Restaurant des kleinen Hotels auf Burgh Island um den Kamin. Burgh Island ist eine winzige Insel vor der Südküste von Devon. Ich hielt im Schumacher College, einem Zentrum für transformatives Lernen, nachhaltiges Leben und ganzheitliche Bildung in Dartington, ein fünftägiges Retreat ab. Vormittags war unsere Gruppe zu einem Ausflug an die Küste Devons aufgebrochen. Wir waren mit dem Bus vom College aus losgefahren nach Bigbury-on-Sea, wo wir den Sandstrand entlangschlenderten und dann über den Damm nach Burgh Island wanderten. Wir genossen die Natur, doch bald schluckte die Flut den Damm, und wir waren sozusagen gestrandet.

Das Wasser war nicht besonders tief, aber eiskalt. Niemand wollte zurück zum Festland waten. Stattdessen hatten wir uns für das Burgh Island Hotel entschieden, ein zauberhafter Hotelkomplex, der schon 1929 errichtet worden war. Dort würden wir warten, bis das Hotel seinen Meerestraktor losschickte – dieses motorisierte Vehikel würde uns über das seichte Wasser tragen. Der Hotelmanager meinte, wir könnten den Traktor um 18 Uhr abends nehmen, also blieben uns noch gut zwei Stunden. Wir versammelten uns vor dem Kamin, der Manager ließ uns große Tassen dampfenden Tees bringen und kredenzte uns allerlei Kuchen. Als Jane ihre Frage stellte, saßen wir gerade gemütlich beisammen. Sie hatte das perfekte Thema für unsere Wartezeit gefunden.

Ego oder Nichtego, das ist hier die Frage

»Um deine Frage zu beantworten, Jane, müssen wir uns zuerst einmal damit auseinandersetzen, was das Wort ›Ego‹ für dich – sowie für alle anderen hier – bedeutet.« Damit hatte ich den Ball der Gruppe zugespielt. »Besonders interessiert mich, was du meinst, wenn du sagst, das ›Ego steht unserem spirituellen Wachstum im Weg‹.«

»Nun, ich habe in vielen spirituellen Teachings über die Jahre immer wieder gehört, dass Sinn und Zweck der Spiritualität sei, unser Ego zu überwinden oder zu transzendieren«, meinte Jane. »Ich dachte, das Ego sei jener Teil unser selbst, der Angst habe zu lieben und der immer besser sein will als andere. Ein großes Ego führt zu einem übersteigerten Selbstwertgefühl, das uns unsere Fehler übersehen lässt. Und wenn uns jemand darauf aufmerksam macht, dann werden wir aggressiv. Anders ausgedrückt: Das Ego sagt uns, dass für alles, was nicht stimmt, andere die Schuld tragen, nicht wir selbst. Wenn wir unser Ego aber überwinden, dann sind wir nicht mehr so selbstverliebt und konzentrieren uns mehr auf andere. Dadurch werden wir dann mitfühlender und einfühlsamer.«

Kathy nahm das Stichwort auf: »Mir hat man immer gesagt, ich müsse mein Ego in Schach halten, sonst wäre ich ›zu sehr von mir eingenommen‹. Ein dickes Ego zu haben heißt also, eine zu hohe Meinung von sich zu haben. Und das ist ja wohl etwas Schlechtes.«

»Danke, dass ihr eure Ideen mit uns teilt«, antwortete ich. »Genauso habe ich früher auch gedacht! Doch meine Sicht auf diese Dinge hat sich während meiner Nahtoderfahrung total verändert. Als ich auf der anderen Seite war, spürte ich, dass jeder Teil meines Selbst in der materiellen Welt – meine Gefühle, mein Geist, mein Ego – nötig war, damit ich in dieser Welt überleben konnte. Das Ego schenkt uns ein Gefühl von Identität und Individualität. Beides erlaubt uns, dass wir uns selbst als Individuen sehen und unsere Einzigartigkeit ausdrücken. Wenn unser Ego *nicht absolut nötig wäre,* hätten wir keines.

Obwohl wir alle eins sind, wäre es für uns sehr schwierig, in der materiellen Welt ohne unser Ego zu funktionieren, denn es gibt uns ein Gefühl dafür, wo ich aufhöre und du anfängst. Wir brauchen das Ego zur unterscheidenden Wahrnehmung – weil es durchaus Sinn ergibt, wenn man zwischen Grün und Blau unterscheiden kann und zwischen Vanille und Schokolade. Wenn wir diese Unterscheidungsfähigkeit nicht hätten, wenn wir also nicht mithilfe von Vergleichen und Gegensätzen differenzieren könnten, würde nichts auf dieser Welt existieren.«

»Aber ist es nicht so, dass wir ein völlig übersteigertes Selbstbild entwickeln, wenn wir uns zu stark mit dem Ego identifizieren?«, fragte Brenda. Ich lächelte, denn genau das war der Punkt, an dem so viele Leute nicht weiterkamen – auch ich, bevor ich meine Nahtoderfahrung hatte. Ich wusste, dass das, was ich jetzt sagen würde, ihre Sicht der Dinge auf den Kopf stellen würde.

Das Ego ist unser bester Freund

»Und wenn all diese Aussagen nun gar nicht stimmten? Wenn die Tatsache, dass wir sie glauben, uns nur davon abhält zu entdecken, wer wir sind, und uns entsprechend zu lieben?«, konterte ich. »Was ist denn falsch daran, eine hohe Meinung von sich selbst zu haben – und eine ebenso hohe von anderen Menschen? Das eine muss das andere ja nicht ausschließen. Tatsächlich ist es eher ein schwach ausgeprägtes Selbstwertgefühl, das Beziehungen zu anderen Menschen erschwert!«

»Ich glaube, ich begreife jetzt, warum ich solche Probleme habe, mich selbst zu lieben!«, meinte Sally plötzlich. »Weil man mir beigebracht hat, dass es egoistisch ist, sich selbst zu lieben. Und ›egoistisch‹ zu sein war schlecht! Ich hatte Angst, dass man mich für egoistisch halten würde, wenn ich mich selbst liebte!«

»Ja, genau!«, sagte ich aufgeregt, denn hier zeichnete sich gerade ein Durchbruch ab.

»Was, wenn das Ego nicht unser Feind ist? Was, wenn der eigentliche Schuldige unsere Vorstellung ist, dass das Ego unterdrückt und gemieden werden sollte? Ich habe die Erfahrung gemacht, dass der Glaube, das Ego müsse ausgeblendet werden, eher den gegenteiligen Effekt hat. Dann fange ich nämlich an, mich ständig mit meinem Ego zu beschäftigen, es zu verleugnen, zu ersticken, auszuhungern und auf jede erdenkliche Weise in Schach zu halten. Ich setze mir überall

Grenzen, und das hindert mich daran zu erkennen, wer ich in Wahrheit bin.

Je mehr ich mich aber liebe und mein Ego annehme, weil mir klar ist, dass es in der materiellen Welt ein notwendiger Teil meiner selbst ist, desto einfacher wird es für mich, das an mir zu erkennen, was über das Ego hinausgeht, mein grenzenloses Selbst – jenes Selbst, zu dem mein Ego gehört, jedoch weit über dieses hinausreicht«, fuhr ich fort. »Und vielleicht ist es ja so, dass ich, je mehr ich mich lieben kann, es umso weniger nötig habe, mein Ego durch Prahlerei oder Selbstsucht aufzublasen. Vielleicht habe ich, weil ich mich selbst wirklich liebe, gar nicht mehr das Bedürfnis, mein Ego zu schützen, und muss nicht mehr süchtig sein nach der Liebe anderer, weil ich keine Ego-Massage mehr brauche? In meinem Leben war das jedenfalls so. Je mehr ich mich selbst liebe, desto weniger beschränke ich mich auf mein Ego, weil ich weiß, dass ich auf einer viel umfassenderen Ebene existiere, mit oder ohne Ego.«

»Du meinst also, das Ego erlaubt uns zu erkennen, wer wir – unabhängig von den anderen – sind?«, fragte Henry. »Liegt darin nicht ein Widerspruch? Einerseits sollen wir uns gewahr werden, dass wir alle eins sind, andererseits brauchen wir ein Ego, um uns von den anderen unterscheiden zu können. Warum ist das alles so kompliziert? Sollten wir nicht entweder eins sein oder getrennt? Warum müssen wir mit beidem herumjonglieren?«

Wir sind eins … und viele

»Nun, meistens«, antwortete ich, »müssen wir ja nicht herumjonglieren, solange wir in der materiellen Welt leben. Die meisten von uns haben nicht die leiseste Ahnung von unserer Verbindung mit ›allem, was ist‹. Als ich auf der anderen Seite war, war ich in einem Zustand, den ich als ›Nichtdualität‹ bezeichne. Das bedeutet, dass es keinerlei Trennungen mehr gab, nur das Einssein. Dort sind wir alle reine Liebe, reines Gewahrsein, und wir sind alle von derselben Substanz. In diesem Zustand war ich in absoluter Harmonie mit allem und jedem. Ich hatte vollkommenes Mitgefühl – ich wusste nicht, wo ich aufhörte und die anderen begannen.

Gleichzeitig war ich meiner selbst als einzigartigem Wesen gewahr. Ich erkannte meinen Vater und meine beste Freundin – sowie andere Wesen – als eigenständige Wesenheiten. Das mag paradox klingen, doch dort drüben war es das nicht. Es passte alles perfekt zusammen. Es war, als blickte ich in einem Lichtspektrum auf die Farbe Rot, während ich mir gleichzeitig aller anderen Farbtöne bewusst war, die zusammen ein farbiges Band ergeben. Wir können sehen, dass Rot nicht Orange oder Gelb ist, doch die Stelle, an der das eine beginnt und das andere endet, lässt sich nicht ausmachen. Es gibt keine Möglichkeit, die Farben ganz exakt voneinander zu trennen. Genauso schien es dort auch zu sein. Ich war einzigartig und erkennbar unterschieden, genau wie alle anderen, und doch gab es zwischen uns keinerlei Trennung.

Wenn wir in unseren Körper kommen, besitzen wir ein Bewusstsein und ein Ego«, erzählte ich weiter. »Daher nennen wir dies den Zustand der Dualität. Im Zustand der Nichtdualität sind wir reines Bewusstsein – da ist nur Einssein. In diesem Zustand können wir keine persönliche Freude erfahren, weil es auch keinen Schmerz gibt, der im Spektrum der Emotionen erkennbar wäre. Wir können Freude nicht für sich erfahren, weil es auch kein Leid als eigenes Phänomen gibt. In der Welt der Nichtdualität erleben wir nur bedingungslose Liebe – das Zusammenklingen aller Emotionen und Erfahrungen von allem und jedem, was existiert.

Das universelle Einssein strahlt bedingungslose Liebe aus. Hier in der materiellen Welt allerdings können wir Freude nur erfahren, weil wir wissen, wie sich das *Gegenteil* anfühlt. Wir empfinden Schmerz, weil wir wissen, wie es ist, keine Schmerzen zu haben. Wir haben Bezugspunkte, die diese gegensätzlichen Kategorien begründen.

Im Zustand der Nichtdualität gibt es solche Bezüge nicht. Es gibt keine Gegensätze. Da ist nur Einssein und bedingungslose Liebe, was heißt, dass es außerhalb des Selbst gar nichts gibt. Alles *ist einfach nur.* Ich hatte damals das Gefühl, dass wir uns *entscheiden,* hier in die materielle Welt zu kommen, um die Realität des Getrenntseins zu erfahren – und ein Ego ist nötig, um diese Wirklichkeit erfassen zu können und die entsprechenden Gefühle zu haben. Ohne Ego würden wir sofort in den Zustand der Nichtdualität zurückschnellen, ins Einssein des schieren Bewusstseins.«

»Ich glaube, ich verstehe, was du meinst«, warf Melissa ein. »Die meisten guten Theaterstücke haben einen Protagonisten und einen Gegenspieler. Wenn es nur den einen gäbe ohne den anderen, würde das Publikum nicht begreifen, um welchen Charakter es sich jeweils handelt. Hätte der Gegenspieler niemanden, gegen den er sich behaupten kann, dann würdest du ihn nicht als Gegenspieler erkennen, und umgekehrt. Du brauchst beide Figuren, um ihre Persönlichkeit zum Tragen zu bringen, ihre wahre Natur.«

Linda, die bisher nie etwas gesagt hatte, widersprach: »Ich weiß nicht, mich überzeugt das nicht so recht! Mein Mann hat ein Riesenego, und das treibt mich zur Verzweiflung! In seinen Augen hat er immer recht! Er weiß immer, was für jeden das Beste ist, und entschuldigt sich nie für irgendetwas! Alles ist immer der Fehler der anderen! Ich fände es furchtbar, wenn ich danebensitzen müsste und zusehe, wie er ›sein Ego annimmt‹!« Dieser vehemente Ausbruch rief allenthalben Gelächter hervor.

»He«, konterte Sally grinsend, »das hört sich ja an wie mein Mann!« Wieder lautes Gelächter.

»Nun, ihr beiden«, antwortete ich, »wenn ihr also eure Männer dazu bringen möchtet, egomäßig ein wenig zurückzustecken, wie würdet ihr das angehen?«

»Na ja, gar nicht«, meinte Linda und verzog in komischer Verzweiflung das Gesicht. »Er ist doch davon überzeugt, dass er kein Riesenego hat! Er sieht das einfach nicht so! Seiner Ansicht nach müssen die anderen gucken, wie sie mit ihm zurechtkommen!«

»Dachte ich mir«, sagte ich. »Ich habe auch noch nie jemanden getroffen, der sein eigenes Ego als solches erkennen kann.«

»Hast du denn eine Idee, wie man mit Menschen umgeht, deren Ego die Ausmaße eines Wolkenkratzers hat?«, fragte Sally. »Ich kann den Gedanken, ich solle ihn noch dazu ermuntern, sein Ego anzunehmen, echt nicht ertragen! Dann wäre er ja gar nicht mehr auszuhalten, und er ist so schon schlimm genug!« Und wieder füllte sich der Raum mit Gelächter, denn nun erzählten alle von ihren Begegnungen mit Menschen, die ein überdimensionales Ego haben.

Ego und Gewahrsein

»Na, dann versuchen wir es doch mal mit ein wenig Fantasie«, warf ich schließlich ein. Mir war ein schönes Bild eingefallen, mit dem ich das Gemeinte vielleicht besser verdeutlichen konnte. »Stellt euch mal vor, wir kämen alle mit einer Fernbedienung in der Hand zur Welt, die nur zwei Knöpfe hat – mehr nicht. Wie früher die Knöpfe für die Lautstärke am Radio. Neben diesen Knöpfen ist eine Skala, die von eins bis zehn geht. Doch die Knöpfe regeln natürlich nicht die Lautstärke, sondern das »Ego« und das »Gewahrsein«. Stellen wir uns nun vor, dass bei der Geburt beide Knöpfe auf zehn stehen. Wir kommen zur Welt in der Absicht, das Leben aus vollen Zügen zu leben. Wir kommen mit der Anlage für ein gesundes Ego *und* mit einem gesunden Gewahrsein zur Welt.«

»Da unser Gewahrseins-Knopf auf zehn steht, sind wir uns unserer Verbindung zum Universum und allem, was es enthält, voll bewusst. Ich glaube tatsächlich, dass wir bei der Geburt unsere tiefsten Sehnsüchte kennen und auch den Grund, warum uns das irdische Leben so angezogen hat, dass wir hier geboren wurden. In den ersten Jahren fühlen wir auch noch die Verbindung zu unseren Lieben in der nichtmateriellen Welt. Wir vernehmen ihr Wispern in unseren Herzen, hören, wie sie uns leiten und uns bitten, nicht zu vergessen, wer wir sind und woher wir kommen.

Doch bald überlagert das Getöse der Welt dieses innere Flüstern, üblicherweise wegen irgendwelcher (mehr oder weniger) wohlmeinender Menschen um uns herum. Und schon fangen wir an, deren Ängste zu absorbieren, während sie glauben, uns beizubringen, wie man ›in der wirklichen Welt‹ überlebt und Erfolg hat. Sie lehren uns den Weg zum Erfolg, dabei aber lernen wir gleichzeitig, unser Mitgefühl und unsere Verbindung zum Rest der Welt zum Verstummen zu bringen. Sie stellen die Welt, aus der wir kamen, und unsere Allverbundenheit als reine Fantasterei hin. Und so blenden wir langsam unser Gewahrsein aus, während wir gleichzeitig lernen, mit der irdischen Welt zurechtzukommen. Anders gesagt, wir drehen den Gewahrseins-Knopf herunter.

Doch während dies geschieht, ist unser Ego ja immer noch voll aufgedreht. Das heißt, dass es nicht mehr in Balance mit unserem Gewahrsein der anderen ist. An diesem Punkt bekommen wir immer öfter zu hören, dass wir egoistisch seien – ein bisschen so wie die Menschen, über die ihr gerade gesprochen habt«, fügte ich mit einem Augenzwinkern hinzu. »Es ist gar nicht so, dass diese ein besonders dickes Ego hätten. Das *sieht nur so aus,* weil ihr Gewahrseins-Knopf auf null steht, der Ego-Knopf aber auf zehn. Das ist gar nicht mal so selten und bewirkt, dass wir unsere Verbundenheit mit dem Einssein verlieren. Unser Einfühlungsvermögen für die Menschen um uns herum ist stumm geschaltet. Wir glauben, dass wir unser Ego sind.

Als ich noch ein Kind war, hörte ich von wohlmeinenden Menschen immer, ich solle nicht egoistisch oder ichbezogen sein. Vor allem in meiner Kultur musste ich als Mädchen und später als Frau mein Ego stets im Zaum halten, ja unterdrücken. Niemand hat mich je ermutigt, meine Individualität auszudrücken. Ich sollte bloß nicht erfolgreicher oder beliebter oder klüger sein als der Mann, der mich eines Tages heiraten würde. *Wäre* ich nämlich erfolgreich, beliebt oder klug, so würde es sehr schwer, einen Mann zu finden. In meiner Kultur werden Frauen, die in einem bestimmten Alter noch nicht verheiratet sind, gnadenlos geächtet. Also versuchte ich, mich anzupassen und meine Umwelt zufriedenzustellen. Da ich nicht gebrandmarkt werden wollte, drehte ich den Ego-Knopf quasi auf null.

Das Ergebnis war, dass bei mir beide Knöpfe fast auf null standen. Ich lebte nur einen winzigen Bruchteil meines Potenzials und brachte mich selbst nicht wirklich zum Ausdruck. Ich erlaubte mir nicht, der Mensch zu sein, als der ich in dieses Dasein gekommen war. Mich selbst behandelte ich wie einen Fußabtreter und ließ zu, dass andere es ebenso machten. Ich hatte so viel Angst davor, als egoistisch zu gelten, dass ich meine Interessen immer hintanstellte. Ich machte mich klein, damit andere groß sein konnten. Über die Jahre manifestierte sich dann die Unterdrückung meines wahren Selbst als Krebs.«

»Aus diesem Grund glaube ich, dass es für uns genauso schädlich ist, den Ego-Knopf herunterzudrehen, wie den Gewahrseins-Knopf zu dimmen«, fuhr ich fort. »Natürlich bekommt nicht jeder Mensch gleich Krebs, wenn er sein Potenzial nicht zur Gänze lebt – ganz bestimmt nicht. Aber das Ego hilft uns herauszufinden, wer wir sind und warum wir hier sind. Nur wir haben Zugang zu dem tiefinnersten Teil unser selbst, der weiß, wer wir wirklich sind, warum wir hier sind und was wir für ein optimales Leben brauchen. Durch diese Einsicht wird der schädliche Druck, es allen recht machen zu wollen, deutlich geringer. Denn je mehr wir versuchen, anderen gefällig zu sein, desto mehr verlieren wir uns selbst.

Doch unsere Gesellschaft ermutigt uns nicht, solche Fragen zu stellen und uns auf die Suche nach unserem wahren Selbst zu machen. Sobald wir in die Schule kommen, hören die meisten von uns nur noch eines: dass eine solche ›Nabelschau‹ reine Zeitverschwendung oder Luxus sei, denn sich mit sich selbst zu beschäftigten sei zutiefst egoistisch. Daher gehen viele Menschen, die an sich ein Interesse am Weg der Selbsterkenntnis haben, diesen Weg nicht, da sie fürchten, harsch verurteilt zu werden. Wir drehen also den Ego-Knopf immer weiter herunter. Wir unterdrücken den Menschen, der wir auf dieser Welt hätten sein sollen. Das aber bringt uns mehr und mehr aus dem Gleichgewicht.«

»Danke für deine Erklärung«, warf Henry an dieser Stelle ein. »Ich glaube, ich habe kapiert, warum Ego und Gewahrsein gleichermaßen nötig sind und wir beide Knöpfe ganz aufdrehen müssen, wenn wir unser Leben in all unserer Fülle leben wollen!« Er wirkte sehr zufrieden, und ich freute mich, weil ich ihm hatte helfen können.

»Ich glaube, dass Selbstgewahrsein das wichtigste Geschenk ist, das wir uns machen können … und anderen!«, spann ich den Faden fort. »Wenn wir uns selbst kennen, wissen wir, was uns glücklich macht – und was nicht. Dann haben wir genügend Bewusstheit entwickelt, um einen Lebensweg zu wählen, der uns zu mehr Liebe und Wohlbefinden führt. Und wir erkennen, dass wir umfassender, mächtiger und herrlicher sind, als man uns weisgemacht hat. Wenn wir uns selbst rundum kennen und lieben, können wir mit dieser Liebe und diesem Gewahrsein auch auf andere zugehen. Unser offenbares, freudvolles, voll ausgelebtes und achtsam gehütetes Selbst auf all unseren Wegen mitzunehmen (statt der ängstlichen, bedürftigen und dysfunktionalen Ausgabe) ist das Beste, was wir für uns und andere tun können.«

Im Raum war es so still geworden, dass man eine Stecknadel hätte fallen hören – alle Gäste schienen nun unserer Unterhaltung zu lauschen. Das einzige Geräusch war das Knistern der Scheite im Kamin.

»Im Augenblick, denke ich, leben wir in einer Welt voller Menschen, die sich selbst als ohnmächtig, schwach und ängstlich erleben – vor allem wenn man regelmäßig die Nachrichten im Fernsehen sieht! Und weil sie so fest an ihr Selbstbild glauben, tragen sie es auch in die Welt hinaus. Die meisten Menschen wurden nie ermutigt, sich selbst zu erforschen und beide Knöpfe ganz aufzudrehen.

Aber um auf Lindas Frage zurückzukommen, wie wir am besten mit Menschen umgehen, die ein dickes Ego haben: Wenn jemand den Ego-Knopf voll aufgedreht hat, erscheint er zunächst sehr ichbezogen. Deshalb sollte man diese Person ermutigen, auch den Gewahrseins-Knopf Schritt für Schritt auf eine höhere Stufe zu drehen, um das Ego auszubalancieren. Dann nämlich fühlt sich diese Person mit allem verbunden. Statt sie zu bitten, ›ihr Ego herunterzufahren‹, sollten wir bei ihr das Gewahrsein ihrer selbst und anderer Menschen fördern.«

»Das hört sich ja gut an«, meinte Linda, »aber wie stelle ich das an?«

»Frag deinen Mann doch mal, was ihn wirklich glücklich macht, so sehr, dass es ihm den Atem verschlägt. Frag ihn, was er tun würde, wenn ihm alle Möglichkeiten dieser Welt offenstünden. Was würde ihn reizen? Welche unerfüllten Träume hat er? Frag ihn, welche Ängste ihn plagen. Wenn du ihn mit diesen Fragen nicht einfach so überfallen willst, schlag ihm vor, dass ihr euch mal Zeit nur für euch nehmt, am besten regelmäßig einmal pro Woche. Dann bestimmt ihr einen Abend, an dem ihr Telefon und Internet abschaltet und miteinander redet. Und da stellst du ihm dann diese Fragen.

Noch einfacher wird es vielleicht«, fuhr ich fort, »wenn du ihm sagst, welche Eigenschaften du an ihm schätzt, was du an ihm besonders liebst. Und dann erzähl ihm von *deinen* Träumen, deinen Interessen. Sag ihm, was *du* schön findest, was dir Spaß macht. Dann wird er sich auch eher darauf einlassen, dir seine Gedanken und Gefühle zu zeigen.

Wenn es etwas gibt, das ihn tief getroffen hat, zum Beispiel, wenn seine Mutter erst kürzlich gestorben ist, dann kannst du ihn vielleicht vorsichtig darauf ansprechen. Sag etwas wie: ›Sie fehlt mir. Ich denke noch oft an sie. Du auch? Bestimmt vermisst du sie auch?‹

Aber vergiss nicht: Wenn sein Ego-Knopf voll aufgedreht ist, der Gewahrseins-Knopf aber auf null steht, dann musst du dich an solche Gespräche vorsichtig herantasten. Mit der Zeit und viel Geduld bekommst du das am Ende hin. Und glaub mir, es ist die Sache *wert*.«

»Das sind ein paar wirklich gute Tipps«, meinte Linda. »Ich glaube, das bekomme ich hin! Toll, jetzt weiß ich, wie ich die Sache zu Hause konkret angehen kann, ich freue mich drauf.«

»Und was ist mit Kindern? Gilt für sie das Gleiche?« Diese Frage kam von Shondra. »Meine zwei Kinder – beides Teenager – sind total ichbezogen! Die ganze Zeit hört man nur ›Ich, ich, ich‹. Sollte ich mit ihnen genauso umgehen?«

»Kinder haben es damit leichter. Sie sind noch nicht so lange hier, daher stehen sie ihrem Ursprung näher«, erklärte ich. »Kindern zu helfen, den Gewahrseins-Knopf aufzudrehen, macht wirklich Spaß. Wenn kleinere Kinder zum Beispiel erzählen, dass sie imaginäre Freunde haben oder ihre verstorbene Oma sie besucht, dann sag ihnen nicht, dass das nur Einbildung ist. Gerade kleinere Kinder sind für solche Dinge empfänglich. Wenn du ihnen sagst, dass das, was sie erleben, nicht wahr ist, sondern reine Fantasie, dann nehmen sie sich das zu Herzen. Und wenn sie diese Behauptung verinnerlichen, hindert sie das künftig daran, solche Erfahrungen zu machen. Wer sind wir denn, dass wir behaupten, so etwas könne nicht wahr sein? Vielleicht ist es ja gar keine Fantasie. Vielleicht spüren sie ja wirklich die Führung durch ihre Lieben von der anderen Seite. Vielleicht kommunizieren sie tatsächlich mit ihnen.

Bei Teenagern würde ich vorschlagen, dass ihr daraus ein gemeinsames Projekt macht. Sagen wir mal, ihr seid beim Einkaufen und seht einen Menschen im Rollstuhl. Sobald du sicher bist, dass der Betreffende dich nicht hört, frag das Kind, wie der Alltag für so einen Menschen wohl aussehen mag. Ob es sich vorstellen kann, wie man als Rollstuhlfahrer in ein Auto kommt, einkaufen geht, duscht oder auf die Toilette geht. Geh damit so weit, wie du es für richtig hältst. Du kannst zum Beispiel vorschlagen, dass dein Sohn oder deine Tochter darüber einen Aufsatz schreibt oder, besser noch, es selbst ausprobiert – vielleicht für einen Tag. Und dann sieh zu, wie er oder sie anfängt, sich Dinge auszudenken, die das Leben für Menschen mit Rollstuhl einfacher machen. Es ist egal, ob das dann verrückt klingt und sich vielleicht nicht praktisch umsetzen ließe – es geht nur darum, dass das Kind sein Einfühlungsvermögen steigert.

Wenn ihr zusammen einem Obdachlosen begegnet, könntest du fragen, ob es sich vorstellen kann, kein Geld zu haben, hungrig zu sein, kein Heim zu haben, keinen Schutz vor dem Wetter. Versuch es dazu zu bringen, sich so weit wie möglich in die Lage des anderen hineinzudenken, aufzuschreiben, was es tun und wie es sich fühlen würde. Vielleicht könnt ihr zusammen ausprobieren, einen oder zwei Tage lang sehr wenig zu essen, damit es spürt, wie sich Hunger anfühlt.

Es gibt so ungeheuer viele Wege, wie man Kinder dazu bringen kann, dass sie sich Gedanken über andere machen. Zum Beispiel darüber, wie es wohl sein mag, wenn man von anderen schikaniert wird, nur weil man anders ist. Du wirst förmlich zuschauen können, wie das Einfühlungsvermögen deiner Sprösslinge zunimmt, gerade gegenüber Menschen, die nicht zu ihrem unmittelbaren Umfeld gehören. Sie werden ein Gespür für die Gefühle anderer entwickeln. Du wirst sensible Kinder haben, die sich leidenschaftlich für Menschen einsetzen, die es schlechter haben!«

»Das klingt echt gut«, meinte Shondra. »Aber warum wird das nicht in der Schule gelehrt? Dort werden die Kinder immer bloß zu noch mehr Wettbewerb angetrieben. Dort lernen sie auch, das Anderssein abzulehnen.«

»Nun, man muss schon vorsichtig sein, was man sagt«, antwortete ich. »Ich würde zum Beispiel nie zu einem Kind sagen: ›Du solltest mehr Mitgefühl haben! Warum denkst du nie an andere? Du bist so was von egoistisch!‹ Kinder mögen es natürlich überhaupt nicht, wenn man sie auf diese Weise ausschimpft. Das verleidet ihnen die Sache bloß. Genau so hat man mich erzogen. Die Angst vor der Selbstsucht hat mein Licht überschattet und mich gelehrt, es nicht strahlen zu lassen. Aber keiner will doch, dass sein Kind so wird!«

»Ich finde es toll, wie du das mit dem Ego erklärt hast«, ließ sich nun Jane wieder vernehmen, die eine ganze Weile nichts mehr gesagt hatte. »Die Leute glauben ja immer, ein spiritueller Lehrer müsse sein Ego abgelegt haben, und kritisieren ihn dann scharf, wenn sich zeigt, dass das *nicht* so ist. Ganz abgesehen davon, dass wir auch uns selbst sofort verurteilen, sobald sich das Ego nur ein kleines bisschen regt. Jetzt sehe ich, dass es nicht nur *unmöglich* ist, ohne Ego in der Welt zu bestehen, sondern dass wir ein gesundes, starkes Ego dafür vielmehr *brauchen*. Solange wir hier auf Erden leben, brauchen wir das Ego zum Überleben und um all die Dinge zu erfahren, für die wir hergekommen sind – all die Gegensätze, die unsere Wirklichkeit ausmachen. Ja, das hört sich alles vernünftig an.«

»Genau«, gab ich zurück. »Die Vorstellung, wir müssten unser Ego kontrollieren oder unterdrücken, ist in spirituellen und religiösen Gruppierungen so verbreitet, dass spirituelle Lehrer schon fürchten, die Menschen zu enttäuschen – wenn diese nämlich feststellen, dass ihr Lehrer durchaus ein Ego hat. Doch wenn wir erkennen, dass wir *alle* ein Ego haben und dass dies ein wichtiger und notwendiger Teil unserer Erfahrung in der hiesigen Welt ist, dann können wir durchatmen und uns erlauben, der Mensch zu sein, der wir sind, statt dauernd vorzugeben, etwas zu sein, was wir nicht sind. Das Paradoxe ist doch, dass das Ego aufhört, ein Problem darzustellen, sobald wir es akzeptiert und angenommen haben, sobald wir begriffen haben, welchen Zweck es hat! Wir werden sozusagen transparent und müssen unser Ego nicht länger päppeln, unterdrücken oder verleugnen. Dann können wir es auf eine Weise *genießen*, die für uns und für andere gesund ist!«

Sei die Gottheit, die du bist

»Du sagst immer wieder, dass wir wissen sollten, wer und was wir in Wahrheit sind«, sagte James, der mit Mitte zwanzig der Jüngste in der Gruppe war. »Aber was heißt das denn? Wer und was *sind* wir nun eigentlich?«

»Nun, das ist einfacher, als es sich im ersten Moment vielleicht anhört«, antwortete ich. »Ich wünschte, Kinder bekämen das schon in jungen Jahren erklärt. Ich wünschte, man hätte mir davon erzählt, statt mich ständig zu mehr Wettbewerb anzuhalten und zu fordern, dass ich mein wahres Selbst unterdrücke. Wir müssen letztlich nur eines wissen: dass wir mit unserem Körper das Göttliche manifestieren. Dass jeder von uns eine Manifestation des Göttlichen ist, das sich durch uns in der dreidimensionalen materiellen Welt ausdrückt.

Wenn man uns erzählt, wir müssten im Wettbewerb bestehen – also bessere Noten haben als die anderen, um auf eine bessere Schule zu gehen und einen besseren Job zu haben, weil in dieser Welt nicht genug für alle da ist –, dann lernen wir im Wesentlichen eines: nämlich dass wir voneinander getrennt sind. Ich muss besser sein als du, damit ich Erfolg habe. Ich muss dich fürchten, weil dein Erfolg auf Kosten meines Erfolges geht. Manche Menschen betreiben dies bis zum Exzess. Weil sie selbst Angst vor dem Absturz haben, versuchen sie, anderen Steine in den Weg zu legen, um sich selbst in eine bessere Position zu bringen. Das ist nur möglich, weil ihr Gewahrseins-Knopf auf null steht, während der Ego-Knopf voll aufgedreht ist. In dieser Situation werden wir uns der Bedürfnisse und Gefühle anderer nicht gewahr. Auch spüren wir nicht unsere Verbindung zu ihnen, weil wir nur unsere eigenen Bedürfnisse und Ängste sehen.

Aber stellt euch mal vor, man würde uns von Kindesbeinen an dazu anhalten, den Gewahrseins-Knopf aufzudrehen. Zusammenzuarbeiten statt zu konkurrieren. Wäre die Welt dann nicht komplett anders? Dann würden wir sehr viel mehr Mitgefühl, Liebe und Achtung vor der Erde und vor ihren Bewohnern erleben.«

Viele in der Gruppe nickten zustimmend. Offensichtlich hatte ich eine vertraute Saite angeschlagen. Ich hielt einen Augenblick inne, bis wieder alle offen waren für das, was ich nun sagen wollte, denn für mich war es eine enorm wichtige Lektion gewesen.

»Ich jedenfalls merke immer wieder, dass die Menschen um mich herum ihr Verhalten ändern, wenn ich mich darauf besinne, wer bzw. was ich in Wahrheit bin – das Göttliche, das sich durch diesen Körper, diese Persönlichkeit, dieses Ego, diese Kultur, dieses Leben ausdrückt. Dann reagieren sie viel stärker auf das, was auch ich in mir fühle«, fuhr ich fort. »Mein Umfeld ändert sich ebenso wie meine Reaktion auf bestimmte Situationen. Ich glaube, dass *jeder von uns* über unglaubliche Stärke verfügt. Niemandem ist der Zugang zu dieser Kraft verschlossen. Es sind einzig unsere Glaubenssätze, die man uns vermittelt hat und die uns blind machen für das Unbegreifliche, die universelle Kraft im Innern. Wir leben und atmen unser Gottsein Tag für Tag, auch wenn wir uns dessen nicht bewusst sind. Und damit meine ich nicht die Götter der organisierten Religionen, denn was ich sage, gilt für alle Menschen und nicht nur für jene, die einer bestimmten Religion anhängen. Selbst ein Atheist kann allerhöchste Einsicht in sein Selbst erlangen und entsprechend leben, wenn er die ihm gemäßen Mittel wählt.«

Wieder hatte sich absolute Stille ausgebreitet. Ich konnte förmlich spüren, wie jeder diese zentrale Wahrheit auf sich wirken ließ, die unser gesamtes Dasein verändern kann, wenn wir es nur zulassen.

»Ich glaube, dass ich Krebs bekommen habe, weil ich vergessen hatte, dass ich göttlich bin. Ich hatte vergessen, dass ich – mit allem und jedem im Universum – eine Manifestation des Göttlichen bin. Deshalb war ich unfähig, für mich einen Weg zu wählen, der mich zu Glück und Wohlbefinden führte. So wie mein Gewahrseins-Knopf eingestellt war, standen mir solche Optionen einfach nicht offen.

Doch während der Nahtoderfahrung wurde mir mit einem Schlag bewusst, dass ich eigentlich nur ich selbst sein und meine göttliche Wahrheit leben musste. Ich musste nur *mit jeder Zelle meines Wesens* erkennen, dass ich das Göttliche bin, das sich in dieser Welt manifestiert. Und dass ich nur ich selbst sein musste, um diese Wahrheit zu leben – eine der Myriaden Facetten, die das Göttliche in dieser Welt annimmt. Selbst heute, nach meiner Nahtoderfahrung, muss ich mich noch hundertmal am Tag an diese Tatsache erinnern. Man kann das gar nicht oft genug tun. Wir alle, ihr und ich, sind der Ausdruck des Unbegreiflichen: in diesen Körpern, zu dieser Zeit, an diesem Ort – genau hier, genau jetzt. Es gibt keine bedeutsamere Erkenntnis als diese.«

»Das klingt unglaublich!«, warf Deborah ein. »Es leuchtet mir ein, dass es gut ist, den Gewahrseins-Knopf voll aufzudrehen, weil wir dann erkennen, wer wir sind, woher wir kommen und wofür wir hier sind. Aber ich sehe nicht ganz ein, was falsch daran sein sollte, den Ego-Knopf herunterzudrehen. Welchen Schaden kann das schon anrichten? Dadurch werden wir doch sicherlich bessere Menschen.«

»Ja, so *scheint* es auf den ersten Blick: als ob die Kombination aus hohem Gewahrsein und einem schwachen Ego uns zu besseren Menschen machte, zumindest soweit es andere betrifft. Aber ich glaube nicht, dass man so in dieser Welt überleben kann. Für mich gehört das Ego zu unseren Überlebensstrategien«, erläuterte ich. »Volles Gewahrsein ohne Ego, das wäre genau der Zustand, den ich während meiner

Nahtoderfahrung erlebt habe. In jener Welt, in der ich keinen physischen Körper hatte, war es schwierig, meine Identität, meine Emotionen und so weiter von allem anderen zu trennen. Ich fühlte die Emotionen der anderen genauso intensiv wie meine eigenen. Ich spürte den Schmerz der Menschen, die verletzt wurden, gleichermaßen wie den Schmerz derer, die aufgrund ihres eigenen Leids, ihres Mangels an Liebe die Verletzung verursachten.

In diesem Zustand konnte ich nicht zwischen ›gut‹ und ›schlecht‹ unterscheiden, weil es so etwas wie ›gut‹ oder ›schlecht‹ schlichtweg nicht gab. Ich empfand Mitgefühl für jedes Geschöpf auf dem Planeten und bedingungslose Liebe für alle, selbst für Menschen, die mir geschadet hatten, denn ich begriff, dass sie dies aus Unwissenheit und aus eigenem Leid heraus getan hatten. Aber es wäre schwierig, sich in diesem Zustand der Welt zu stellen, denn wir haben ständig mit anderen Menschen zu tun, in jedem Aspekt unseres Lebens. Damit wäre man sehr, sehr verletzlich. Du wärst eine ideale Zielscheibe für Menschen, deren Ego voll aufgedreht ist, denn du könntest nicht anders, als ihnen bedingungslose Liebe entgegenzubringen und ihren Schmerz zu empfinden. Man braucht eine Strategie, einen Mechanismus, der uns als Individuen überleben lässt, sonst verlieren wir uns in den Bedürfnissen, Schmerzen und Emotionen anderer. Wunderbarerweise gibt es so einen Mechanismus, der uns in der materiellen Welt schützt – das Ego!«

Einige aus der Gruppe glucksten leise, viele nickten bei diesen Worten zustimmend mit dem Kopf.

»Vielleicht wäre es einfacher, das Ego herunterzuregeln, wenn alle anderen das auch machten und mehr aus dem bewussten Gewahrsein leben würden«, meinte James.

»Möglicherweise geht es in all den Aschrams, Tempeln und spirituellen Gemeinden ja genau darum«, fügte Shondra hinzu. »Eine Gemeinschaft zu schaffen, in der wir das

Ego hintanstellen und ganz aus dem Gewahrsein leben. Aber warum sind wir dann überhaupt auf diese Erde gekommen? Warum sind wir nicht einfach im Zustand der Nichtdualität verblieben, sondern haben uns in eine Welt begeben, in der das Ego so wichtig ist?«

»Obwohl spirituelle Gemeinschaften und Aschrams eine gute Möglichkeit sind, ein bewusstes Leben zu führen, funktioniert es auch dort nicht immer wie beabsichtigt«, warf Kathy ein. »Ich glaube, Menschen bleiben immer Menschen. Sie bringen ihr Ego mit, wohin sie auch gehen. Ich bin eine Zeit lang in einem Aschram gewesen. Das war größtenteils eine tolle Erfahrung, doch je länger ich dort war, desto mehr merkte ich, dass schließlich doch das Ego der einzelnen Leute hervorkam. Die Leute im Aschram waren kein bisschen weniger konkurrenzbetont als die Menschen draußen im normalen Leben. Nur wetteiferten sie eben im Hinblick auf ihre spirituelle Verwirklichung. Jeder wollte dem Guru beweisen, dass er spiritueller war als der Nebenmann! Und dann der Kampf um die Aufmerksamkeit des Gurus – alle wollten sie Lieblingsschüler sein. Und als der Guru von den Leuten, die sich um seine persönlichen Bedürfnisse kümmerten, einmal nicht genau bekam, was er wollte, hat er die Betreffenden richtiggehend heruntergeputzt!«

»Ich denke, wenn wir das Ego verleugnen, bricht es an allen Ecken und Enden wieder hervor, und zwar vollkommen unkontrolliert«, sagte ich. »Wenn wir das Ego aber annehmen und seine Existenz akzeptieren – es als einen wichtigen Teil dessen anerkennen, was uns dieses Daseins annehmen ließ –, dann muss es uns nicht ständig in den unpassendsten Momenten darauf aufmerksam machen, dass es auch noch da ist! Ich glaube ehrlich, dass es extrem schwierig wäre, in dieser Welt ohne Ego zu leben – was vermutlich auch der Grund dafür ist, dass Menschen, die sich wirklich darum bemühen, ganz aus dem bewussten Gewahrsein heraus zu leben, ohne Einmischung des Ego, ein sehr zurückgezogenes Leben führen, wie die Einsiedler eben.«

»Kannst du dir zwei Menschen vorstellen, die eine Beziehung führen und vollkommen gegensätzliche Einstellungen haben? Einer mit dem Ego-Knopf auf zehn und dem Gewahrseins-Knopf auf null, der andere genau umgekehrt?«, fragte James. »Was *das* wohl gäbe!«

»Wow«, meinte Kathy. »Ich möchte wetten, der mit dem dicken Ego hätte die Hosen an, während der andere sich krummlegen würde, um all seine Bedürfnisse zu erfüllen!«

»Wenn wir kein Ego haben«, warf ich ein, »können wir unsere Bedürfnisse nicht wahrnehmen und erfüllen. Und wir lassen uns von anderen ausnutzen. Deshalb ist es so wichtig, dass wir uns selbst lieben – und ein Ego haben.«

An diesem Punkt kam der Hotelmanager, um uns zu sagen, dass uns der Meerestraktor jetzt zum Festland bringen könnte. Doch statt der üblichen Jubelrufe schallte ihm von unserer Gruppe nur ein enttäuschtes »Was? Jetzt schon?« entgegen. Tatsächlich waren die zwei Stunden wie im Flug vergangen. Es war bereits sechs Uhr abends. Wir sammelten also unsere Sachen zusammen, tranken den Tee aus und wanderten langsam zum Strand hinunter, wo der Traktor auf uns wartete.

Einer nach dem anderen kletterten wir die Leiter hoch auf die Plattform. Während das seltsame Gefährt uns durch das Niedrigwasser und über den Damm trug, glitt unser Blick über die Weite des Meeres. Auf dem Festland angekommen sprangen wir herunter und liefen über den Strand bis zu der felsigen Treppe, an deren oberem Ende unser Bus wartete. Als wir in Dartington ankamen, waren wir glänzender Stimmung. Ein unerwarteter Vorfall hatte uns die perfekte Gelegenheit zu einer wichtigen Diskussion geboten!

Ich hatte keinen Zweifel, dass die Gruppe während des Retreats ihre Einsichten noch vertiefen würde, war uns doch die Funktion des Ego klar geworden – und auch wie wir es in Balance mit unserem Gewahrsein halten können. Dem Gewahrsein, dass wir Teil eines Ganzen und eng miteinander verwoben sind. Und ich empfand tiefe Ehrfurcht, weil unser Dasein auf der irdischen Ebene so viel gewinnt, wenn wir lernen, uns zu lieben, und wir bereitwillig die Rolle annehmen, deretwegen wir hergekommen sind.

Lebe deinen Himmel hier und jetzt

Wenn »Spirituelle Menschen haben kein Ego« ein *Mythos* ist, wie könnte dann die *Wahrheit* aussehen?

Heilsame neue Glaubenssätze

- Das Ego ist nicht unser Feind. Wir müssen es nicht überwinden. Das Ego ist nötig, um in der materiellen Welt zu überleben.

- Wir haben uns dafür entschieden, in das Reich des Materiellen zu kommen, um Trennung und Dualität mit all den Kontrasten zu erleben, die die Wirklichkeit hier auf Erden ausmachen. Ohne das Ego wäre diese Erfahrung unmöglich.

- Wir werden mit der Veranlagung für ein gesundes Ego *und* für ein gesundes Gewahrsein geboren.

- Sich selbst zu lieben ist nicht egoistisch. Es ist absolut unverzichtbar, damit wir gesund und glücklich bleiben können.

- Je mehr wir uns selbst lieben und unser Ego annehmen, desto leichter fällt es uns zu sehen, was wir jenseits unseres Egos sind: grenzenloses Selbst.

Tipps und Übungen

- Denken Sie darüber nach, wie Sie leben und wie Sie mit anderen Menschen umgehen, auch gedanklich und emotional. Entwickeln Sie ein Gespür dafür, wo auf der Skala Ihr Ego-Knopf steht und wo Ihr Gewahrseins-Knopf.

- Wenn Sie einen lieben Menschen kennen, bei dem die Einstellungen in puncto Ego bzw. Gewahrsein aus der Balance geraten sind, versuchen Sie, ihn dazu zu bringen, sein Gewahrsein zu stärken. Fragen Sie nach seinen Träumen, Wünschen und Neigungen, ja auch seinen Ängsten. Und erzählen Sie von ihren eigenen.

- Halten Sie schriftlich fest, bei welcher Gelegenheit Sie sich Ihrer göttlichen Natur bewusst waren und wie Ihre Umwelt darauf reagiert hat. Schreiben Sie auch auf, wann Sie diese Verbindung verloren haben und wie die Reaktion Ihres Umfelds darauf ausfiel. Vergleichen Sie beide Erfahrungen.

- Wann immer Sie Angst, Nervosität oder Wut verspüren, rufen Sie sich ins Gedächtnis, dass nichts (und niemand) Sie der göttlichen Kraft berauben kann, die Sie in sich tragen. Und dass Sie eher Zugang zu Ihrer göttlichen Natur finden, wenn Sie diese Gotteskraft durch Selbstliebe und Selbstfürsorge pflegen, als wenn Sie Ihre Ängste und negativen Emotionen schüren.

Fragen zum Weiterdenken:

- Unterdrücke ich meine Wünsche und den Ausdruck meines wahren Selbst, weil ich Angst habe, verurteilt zu werden? Sorge ich für mich selbst immer zuletzt?

- Wie wäre es, wenn ich mir meiner Verbindung zu allen Menschen um mich herum immer bewusst wäre und ich mit ihnen zusammenarbeiten würde, statt mit Ihnen zu konkurrieren?

- Habe ich zugelassen, dass die Aussagen und Wertungen anderer über mich mein Gewahrsein schwächen, sodass ich mein Licht unter den Scheffel stelle und mich kleiner mache, als ich bin?

- Welche meiner Glaubenssätze halten mich von der Erkenntnis ab, dass ich eine der unzähligen Manifestationen Gottes in der materiellen Welt bin? Was wäre nötig, um diese Überzeugungen aufzulösen, die mich daran hindern, meine wahre Natur zu akzeptieren?

Ich weiß, dass mein Ego- und mein Gewahrseins-Knopf voll aufgedreht sind und ich insgesamt in Harmonie bin, wenn ...

- ich auf andere mit Mitgefühl und Einfühlungsvermögen eingehe, ohne dass ich ihren Kummer auf mich nehme, als wäre er mein eigener.

- ich dankbar für mein Ego bin, weil es mir erlaubt, meine Einzigartigkeit auszudrücken und herauszufinden, wer ich wahrhaft bin und warum ich mich für ein Dasein im Reich des Irdischen entschieden habe.

- ich andere (auch spirituelle Lehrer) nicht verurteile, weil sie ihr Ego nicht überwunden haben.

- ich verstehe, dass eine Verletzung durch einen anderen

allein daher rührt, dass er selbst unter Unwissenheit und Schmerz leidet.

- ich mein entfaltetes, verwirklichtes, freudvolles Selbst lebe (statt der ängstlichen, bedürftigen oder dysfunktionalen Version meiner selbst), weil ich weiß, dass dies nicht nur mir, sondern allen Menschen guttut, mit denen ich in Berührung komme.

Kapitel 9

Mythos: Frauen sind das schwache Geschlecht

»Könnten Sie dieses Buch für ›Samirah‹ signieren?«, fragte die Frau mit den dunklen Augen und der olivfarbenen Haut, die einen Hidschab trug, das traditionelle Kopftuch der Muslima. Sie war die Letzte in einer langen Schlange von Lesern, die nach meinem Vortrag im Konferenzzentrum im kalifornischen Pasadena ihr Buch signiert haben wollten.

»Natürlich«, antwortete ich. »Was für ein schöner Name!«

»Danke. Das ist mein Name«, sagte sie lächelnd und buchstabierte ihn, damit ich ihn auch richtig schrieb.

»Ich finde Ihr Buch wunderbar«, fuhr sie fort, als ich ein paar Worte für sie auf das Vorsatzblatt schrieb. »Ihre Lebensgeschichte hat so viel Ähnlichkeit mit meiner, vor allem was die kulturellen Herausforderungen angeht.«

»Ja, die sind manchmal wirklich schwierig zu meistern!«, gab ich zurück. »Ich bin froh, dass ich damit nur noch selten konfrontiert bin.«

»Da haben Sie wirklich Glück«, sagte sie. »Sie hätten nicht vielleicht ein paar Minuten Zeit für mich? Ich habe mich extra ganz hinten hingestellt, weil ich Sie unbedingt ein paar Dinge fragen wollte. Ich lade Sie gern auf einen Tee oder Kaffee ein.«

Ich blickte in Samirahs wunderschönes Gesicht, umrahmt von einem edlen, seidenen Schleier. Ihr dunkles, geblümtes Kleid reichte bis zu den Knöcheln. Ich spürte, dass dieses Gespräch interessant werden würde, und so nahm ich die

Einladung an. Ich wandte mich an Jennifer, die Verlagsangestellte, die mich bei meinen Lesungen unterstützt.

»Alles in Ordnung, Jen!«, sagte ich. »Danke für deine Hilfe!«

»Wirklich?«, hakte sie etwas zweifelnd nach. »Möchten Sie vielleicht, dass ich Sie zur Autorenlounge begleite?«

»Nein, ehrlich. Ich werde mit dieser netten Dame eine Tasse Tee trinken«, antwortete ich und deutete auf Samirah. Dann verabschiedete ich mich mit einer Umarmung von Jen.

»Es gibt da ein hübsches, ruhiges Café am anderen Ende des Konferenzzentrums«, sagte Samirah. »Ich habe dort vor Ihrem Vortrag zu Mittag gegessen.«

»Jetzt werden sowieso alle den nächsten Vortrag hören wollen«, antwortete ich. »Wir werden das Café für uns haben.«

Und so marschierten wir schnurstracks auf das Café zu, suchten uns ein hübsches Plätzchen und bestellten Tee. Samirah verlor keine Zeit. Kaum standen die Tassen auf dem Tisch, stellte sie mir ihre erste Frage.

»Wenn Sie erzählen, wie es für Sie in diesem anderen Reich war, dann sagen Sie immer, dass Sie dort ohne Ihre Kultur, Ihr Geschlecht, Ihre Religion und so weiter waren. Sind Sie da ganz sicher?« Die Frage hatte etwas Drängendes. »Ich meine, haben wir nach dem Tod *wirklich* kein Geschlecht, keine Kultur, keine Religion?« Offensichtlich suchte sie verzweifelt nach einer Antwort.

»Aber ja!«, entgegnete ich. »Wir haben auf der anderen Seite keinen materiellen Körper, und das Geschlecht ist Teil unseres Körpers. Es ist Teil unserer Biologie, denn in dieser Welt gehört es dazu, dass wir uns fortpflanzen – wir brauchen also Fortpflanzungsorgane. Doch ohne unseren Körper sind diese nicht mehr vonnöten. Wir haben dort keine biologische Seite. Wir sind reiner Geist, nur Lichtwesen – reine Essenz, reines Bewusstsein.«

»Ich glaube Ihnen. Aber das Problem ist, dass ich in einer Kultur lebe, in der Männer das Sagen haben. Wir Frauen sind unsichtbar. Es ist ganz egal, wie klug ich bin oder wie viel ich weiß. Ich muss mich in jeder Hinsicht den Männern unterordnen, einfach nur weil sie Männer sind, ganz egal, welche Stellung, Erfahrung oder Erziehung sie haben«, erzählte Samirah.

»Um in meiner Kultur Anerkennung zu bekommen, muss ich unterwürfig sein und mein Licht unter den Scheffel stellen! Je unsichtbarer ich bin, je kleiner ich mich mache, desto größer können die Männer in meinem Leben werden – und desto wertvoller bin ich! Ich muss genau das *Gegenteil* von dem tun, was Sie als unsere Aufgabe bezeichnen. Um wertgeschätzt zu werden, erwartet man von mir, dass ich zu einer Frau werde, wie Sie es waren, *bevor* Sie Krebs bekamen! In meiner Kultur gelten solche Charaktereigenschaften bei Frauen als positiv.

Einmal habe ich mich mit meinem Mann bis aufs Messer gestritten. Es ging um unsere Tochter und ein paar Probleme, die sie in der Schule hatte«, fuhr Samirah fort. »Sie hatte Schwierigkeiten, sich dem amerikanischen System anzupassen. Aber mein Mann wollte überhaupt nicht, dass sie sich auf eine fremde Kultur einließ, obwohl *er* es war, der beschlossen hat, mit uns in dieses Land zu kommen. Und alles nur wegen seiner Geschäfte! Es hat mir das Herz gebrochen, als ich mit ansehen musste, wie schwer sie es zwischen diesen beiden Kulturen hatte, die in der Schule für sie aufeinanderprallten. Mein Sohn hatte keine derartigen Probleme, denn mein Mann erlaubte ihm, in die hiesige Kultur einzutauchen. Er durfte Freunde haben und dieselben Dinge tun wie sie. Mein Mann lässt ihm viel mehr durchgehen als unserer Tochter.

In diesem Punkt weicht er keinen Millimeter von seiner Haltung ab. Ich aber wollte tun, was für sie am besten ist. Also ging ich zu einem angesehenen Mann in unserer Gemeinde, den wir oft um Rat bitten. Ich dachte, er würde mich verstehen, schließlich lebte er schon seit langer Zeit mit seiner Familie in den USA. Ich hoffte, er würde mir helfen, mit meinem Mann zu reden. Aber nachdem ich ihm alles erzählt hatte, sagte er nur: ›Du musst auf deinen Mann hören, denn er ist der Mann im Haus. Es ist nicht richtig, etwas gegen seinen Willen zu tun. Das musst du auch deiner Tochter erklären, wie soll sie sonst lernen, dass dies eben unsere Kultur ist? Da wir nicht in unserem Heimatland leben, erfährt sie darüber nichts in der Schule. Es liegt also in deiner Verantwortung, ihr das beizubringen. Schließlich wird auch sie sich eines Tages nach ihrem Mann richten müssen. Es ist besser, sie lernt das jetzt, oder aber sie und du werdet Probleme haben, wenn sie ins heiratsfähige Alter kommt! Wenn sie sich zu sehr von unseren Traditionen entfernt, wird es für sie schwierig, einen passenden Mann zu finden.‹ Können Sie sich vorstellen, wie frustriert ich war, als er mir das sagte?«

»*Absolut*. Ich verstehe vollkommen, wie schlimm das für Sie gewesen sein muss!«, antwortete ich ihr. Ich konnte mich noch gut erinnern, welche Schwierigkeiten ich gehabt hatte, die beiden Kulturen, mit denen ich aufwuchs, unter einen Hut zu bekommen. Wie ich versuchte, in der Schule mit meinen Freundinnen mitzuhalten, und mir nichts sehnlicher wünschte, als meine kulturelle Prägung abstreifen zu können. Mir hatte man genau das Gleiche gesagt: Wenn ich mich zu weit von unseren kulturellen Normen entfernte, würde ich keinen Mann finden!

»Ich habe Ihr Buch gelesen und noch viele andere Geschichten über Menschen, die ähnliche Erfahrungen gemacht haben wie Sie«, fuhr Samirah fort. »Für mich ist damit der sprichwörtliche Schleier gefallen. Ich glaube, dass ich jetzt die Wahrheit sehe. Dabei hat mir vor allem

Ihr Buch geholfen, da Sie diese kulturell bedingten Herausforderungen ebenfalls kennen. Ich *weiß*, dass das, was Sie sagen, wahr ist. Aber wie kann ich mich mit diesem Wissen je wieder der Tradition unterwerfen? Ich habe enorme Schwierigkeiten mit der Ungleichheit der Geschlechter um mich herum. Ich sehe, wie man Frauen in meiner Kultur zum Stillschweigen verdammt, sodass nur noch die mit den lautesten Stimmen gehört werden. Es ist ja nicht so, dass irgendetwas in meinem Umfeld sich verändert hätte. *Ich* bin es, die sich verändert hat. Meine Welt hat sich geöffnet, weil ich jetzt sehe, dass Gott uns Frauen *nicht* so gewollt hat. In den Augen Gottes sind wir alle gleich. Unsere Stimme zählt auch, und zwar gleich viel. Doch mit ihren lauteren, aggressiveren Stimmen haben die Männer dieses falsche Bild von der Frau geschaffen. Aber warum scheine nur *ich* das zu erkennen? Zum Teil frage ich mich: Ging es mir nicht besser, als ich davon noch nichts wusste?«

Geschlechterrollen sind eine Frage der Kultur

Was Samirah sagte, war so unverfälscht und kraftvoll! Ich fühlte mit ihr. Ihre Worte berührten mich tief, weil ich sie so gut verstand. Und es war spannend, dass sie mir gerade jetzt begegnete, hatte ich doch jüngst viel über die Ungleichheit der Geschlechter und deren Auswirkungen auf unsere Gesellschaft nachgedacht. Ich hatte einen Fernsehbericht über den Präsidentschaftswahlkampf von 2016 in den USA gesehen und fand es schon ungewöhnlich, dass bis zu dieser Wahl in einem Land, das die ganze Welt für eines der fortschrittlichsten und freiheitlichsten der Welt hält, noch keine Frau ernsthaft für die Nominierung als Präsidentschaftskandidatin in Erwägung gezogen worden war. An der Kandidatendebatte, die ich mir im Fernsehen angesehen hatte (die erste der Republikaner), hatten zehn Männer und *nicht eine* Frau teilgenommen. (Die einzige Frau, die ebenfalls kandidieren wollte, war nicht in die Sendung eingeladen worden, doch ihre Umfrageergebnisse verschafften ihr zumindest einen Platz bei der folgenden Debatte.) Die Kandidaten diskutierten über heikle Themen, zum Beispiel die Frage, ob Frauen das gesetzlich verbriefte Recht auf Abtreibung bekommen sollten. Dabei ging es auch darum, ob eine Frau nach einer Vergewaltigung abtreiben dürfe. Ich fand es gelinde gesagt beunruhigend, dass die meisten Kandidaten eine Abtreibung *unter allen Umständen* ablehnten, selbst wenn die Frau durch eine Vergewaltigung schwanger geworden war!

Noch schlimmer war, dass die Entscheidungen dieser Männer direkte Auswirkungen auf Körper und Leben der betroffenen Frauen haben würden, größeren Einfluss noch als die Männer, die sie geschwängert hatten. *Und doch wurde keine Frau zu diesem Thema befragt.*

Während ich die Debatte verfolgte, fühlte ich mich zurückversetzt in meine Jugendjahre in Asien, wo alle wichtigen Ämter von Männern ausgeübt wurden. Allmählich dämmerte mir die Erkenntnis, dass das nicht nur in *meiner* Kultur der Fall war, sondern mehr oder weniger auf der ganzen Welt. Einige Kulturen taten dies nur unverhohlener als andere.

Obwohl es nie offen ausgesprochen wurde, war mir schon als kleines Mädchen klar, dass es die Rolle der Frau war, sich den Männern unterzuordnen bzw. ihnen zu dienen. Dass Männer das dominante Geschlecht waren, war eigentlich normal. Dieser Mythos prägte mein Denken bis weit in meine Zwanziger, weil er auf das reale Leben ebenso zuzutreffen schien wie auf die Welt des Fernsehens. Alle Führungspositionen in Unternehmen, der Regierung, der Politik, im Militär und so weiter wurden von Männern besetzt. Wenn

Frauen überhaupt vorkamen, dann hatten sie untergeordnete Positionen, zum Beispiel als Bürogehilfin, Stenografin oder Sekretärin.

In Filmen waren Ärzte eigentlich immer Männer, Krankenschwestern hingegen waren, wie das Wort schon sagt, Frauen. Meine Betreuer und Lehrer im Kindergarten und in der Grundschule waren fast ausschließlich Frauen, in den weiterführenden Schulen und an der Uni so gut wie immer Männer. Und so weiter und so fort.

Ich nahm einen Schluck aus meiner Tasse, dann setzte ich an: »Samirah, vermutlich wissen Sie ja aus meinem Buch, dass ich in einer Kultur groß wurde, in der arrangierte Ehen die Norm sind, und dass man mich dazu erzogen hat, eine gute Ehefrau zu werden?«

»Ja, ich weiß, aber ich glaube, die Gemeinschaft, in der ich lebe, ist noch traditionsverhafteter als die Ihre«, antwortete sie. »Sie haben ja keine Ahnung, welches Glück Sie hatten, dass Ihre Eltern noch zu Ihnen hielten, nachdem Sie diese arrangierte Verlobung gelöst hatten. Und dass Sie später einen wunderbaren Mann fanden, der Sie versteht und unterstützt und Ihre Ideale teilt – vor allem nach diesem Erlebnis, das Ihr Leben verwandelt hat! Meine Situation ist der Ihren in vielen Dingen ähnlich, und doch ganz anders! Mein Vater war sehr streng und sehr stolz. Wir hätten nie gegen seinen Willen handeln dürfen, ganz egal, aus welchem Grund!«

Obwohl meine Eltern mich wirklich geliebt haben, war ihr Verständnis der Geschlechterrollen durch und durch von unserer Kultur geprägt. Mein Vater ging arbeiten, meine Mutter kümmerte sich um unser Heim und die Kinder. In allen wichtigen Entscheidungen hatte stets mein Vater das letzte Wort. Und obwohl meine Mutter durchaus Wege fand, sich durchzusetzen, musste sie doch recht findig sein, wenn sie meinem Vater ihre Sicht der Dinge vermitteln wollte. Ob das gelang, hing ganz vom richtigen Timing und von ihrem Einfallsreichtum ab. Wenn sie ihren Willen bekam, empfand sie das als wichtigen Sieg, während wir alle es widerspruchslos hinnahmen, dass mein Vater gegen jede Entscheidung sein Veto einlegen konnte. In anderen Worten, ihre Beziehung gründete nicht auf Gleichheit und gegenseitigem Vertrauen, sondern auf der traditionellen Rollenverteilung zwischen Mann und Frau.

In der letztendlichen Wirklichkeit sind kulturelle Muster ohne Bedeutung

»Bitte erzählen Sie mir doch«, bat mich Samirah, »wie es unmittelbar nach Ihrer Nahtoderfahrung war. Wie war es, als Sie die Wahrheit erkannt hatten, aber zurückkommen und weiter in dieser Welt leben mussten?«

»Ach, Samirah, das war wirklich nicht einfach«, antwortete ich. »Als ich aus dem Koma erwachte und vom Krebs geheilt war, hätte ich das, was ich erlebt hatte, am liebsten von den Dächern geschrien! Ich hatte das Gefühl, die Dinge unverstellt zu betrachten. Ich wusste jetzt, wer ich in Wirklichkeit war! Ich glaubte, etwas entdeckt zu haben, wodurch alle Menschen erkennen können, dass nichts und niemand geringer ist als irgendetwas oder irgendjemand anderes! Ich hatte das Gefühl, endlich die Wahrheit erkannt zu haben, und dachte, dass andere dies ebenso sehr wie mich interessieren würde.

Bald schon merkte ich, dass die Welt für diese Wahrheit nicht bereit war. Denn vieles von dem, was ich zu sagen hatte, verstieß gegen alle möglichen kulturellen Normen. Ich musste akzeptieren, dass meine Botschaft von den traditionellen Religionen als Bedrohung erlebt wurde. Ich konnte sie nicht von den Dächern schreien. Dabei wusste ich, dass ich aus ebendiesem Grund zurückgekehrt war. So entschied ich mich, meine Erlebnisse zunächst in der relativen Sicherheit von Chatrooms im Internet zu veröffentlichen, und lebte ganz normal weiter.

Doch das Universum hatte mir offensichtlich eine andere Rolle zugedacht. Meine Geschichte wurde schnell einem größeren Publikum bekannt«, fuhr ich fort. »Es war mein Schicksal, diese Botschaft in der Welt zu verbreiten! Das war gemeint, als ich auf der anderen Seite meinen Vater und meine beste Freundin traf und beide mir sagten: ›Geh zurück und lebe dein Leben furchtlos!‹ Aber das merkte ich erst, nachdem sich meine Geschichte im Internet zu einem echten Hit entwickelt hatte. Schließlich kam Wayne Dyer auf mich zu und ermutigte mich, daraus ein Buch zu machen. Dabei hatte ich das Gefühl, dass das Universum meine Geschichte förmlich aus mir herausholte, damit ich sie furchtlos verbreiten konnte. Und das Resultat ist, dass ich jetzt in einer vollkommen anderen Position bin, die es mir erlaubt, meine Geschichte und meine Ansichten frei zu äußern.«

»Aber es muss doch sehr sonderbar gewesen sein, ganz am Anfang, als Sie zurückkamen und merkten, dass so vieles von dem, was Sie in Ihrer Kindheit gelernt haben, nicht stimmt«, hakte Samirah nach. »War das nicht erschreckend?«

»Viel schlimmer. Ich habe mich so einsam gefühlt!«, sagte ich. »Als ich auf der anderen Seite war, konnte ich deutlich sehen, wie ich mir die Prinzipien, die man mir in jungen Jahren beigebracht hatte, zu eigen gemacht hatte. Dinge, die auf Tradition, Aberglauben oder Fehlinformationen beruhten, Dinge, die man von Generation zu Generation weitergab, ohne dass sie je infrage gestellt wurden. Aber ich begriff auch, dass diese Mythen keine Macht haben, außer wir glauben daran. *Unser Glaube* ist es, der sie für uns zur Wahrheit werden lässt. Leider sind viele dieser Mythen äußerst ungesund.« Ich goss mir Tee nach und blickte auf. Samirah hörte mir höchst interessiert zu.

»Aus sich selbst herauszutreten und diese unsichtbaren Glaubenssätze zu erkennen ist im Normalfall fast unmöglich. Das wäre so, als würde das Auge sich selbst betrachten – ohne Spiegel. Oder als würde Ihre Fingerspitze sich selbst zu berühren versuchen«, fuhr ich fort. »Erst als ich aus meinem materiellen Körper ausgetreten war – und aus meiner irdischen *Persona* –, stand mir die Einsicht offen, dass alles, was mich in meinem Leben kleiner, geringer oder schwächer als andere hatte erscheinen lassen, einfach nicht die Wahrheit war!«

»Vielen, vielen Dank, dass Sie mir dies so klar erläutern«, sagte Samirah. »Ich glaube, ich verstehe das jetzt. Aber eine Frage hätte ich noch: Warum haben wir uns dafür entschieden, in einem Frauenkörper hierherzukommen, wo wir doch wussten, dass man uns als schwächer und unterlegen ansehen würde?«

»Es gibt einen Grund dafür, dass Sie als die Person, die Sie sind, zur Welt kamen – dass Sie in Ihrer speziellen Familie landeten, diesen Ehemann heirateten, diese Kinder haben und in dieser Kultur leben«, sagte ich. »So jedenfalls empfand ich es. Ich glaube, wir alle haben einen Grund dafür, männlich oder weiblich oder transgender sein zu wollen, hetero- oder homosexuell. Ich denke, wir kommen hierher im Wissen darum, wer wir sind, und in der Hoffnung, diese Wahrheit mit anderen teilen zu können. Doch je mehr wir in unser kulturelles Umfeld hineinwachsen, desto mehr vergessen wir diese Wahrheit. Wir wollen die Menschen um uns herum nicht enttäuschen, und das kann für uns zu einer Falle werden: Wir stellen unser Licht unter den Scheffel, um uns anzupassen.«

»In der anderen Welt gibt es natürlich niemanden, der Frauen für schwächer als Männer hält«, fügte ich hinzu. »Vergessen Sie nicht: Wenn wir keinen Körper mehr haben, gibt es keine Unterschiede, und wir sind alle gleich mächtig. Sie müssen sich das so vorstellen wie das Yin-Yang-Symbol, das chinesische Bild für die weibliche und männliche Energie. Nur gemeinsam bilden sie einen vollständigen Kreis. Es braucht beides, um vollkommen zu sein. So jedenfalls sieht man es von der anderen Seite aus, und zwar nicht nur im Hinblick auf die Geschlechter, sondern auf *alles*. Es sind immer beide Elemente eines Gegensatzpaares nötig, um ein Ganzes zu bilden.

Ich glaube, wir entscheiden uns für eine Existenz als Mann, Frau oder Transgender, je nachdem, was wir für Erfahrungen machen wollen. Wenn wir uns für ein Leben als Frau entscheiden, haben wir normalerweise mehr Yin-Energie. Das heißt, dass wir stärker in Harmonie mit der Natur und unseren Gefühlen bzw. den Gefühlen anderer leben können. Mehr Yin-Energie zu haben macht uns mütterlicher, fürsorglicher und einfühlsamer. Entscheiden wir uns hingegen für eine Existenz als Mann, besitzen wir gewöhnlich mehr Yang-Energie. Das führt meist dazu, dass wir uns stärker der Außenwelt zuwenden, körperlich kraftvoller und größer sind. Diese Züge machen uns zu guten Beschützern. Das trifft auch zu, wenn das Geschlecht unseres Körpers nicht unbedingt zu der Art unseres Empfindens passt. Letztlich steht unsere Energie immer im Einklang mit dem, was wir wahrhaft sind – und nicht unbedingt mit unserem physischen Körper. Doch wir sollten nicht vergessen, dass wir diesen Körper genauso gewählt haben wie unsere Kultur, selbst wenn er nicht zu dem ›passt‹, was wir als unsere Wahrheit empfinden.

Yin und Yang sind einander ergänzende und keine widerstreitenden Kräfte. Sie wirken zusammen in einem dynamischen System, in dem das Ganze größer ist als die Summe seiner Teile. *Alles* hat sowohl Yin- als auch Yang-Aspekte. So gibt es keinen Schatten ohne Licht. Und uns Menschen würde es gar nicht geben, wären da nicht die beiden Geschlechter, die die Fortpflanzung ermöglichen. Wenn wir eines davon ausradieren wollten, würden wir in einer Generation die gesamte menschliche Rasse zum Aussterben bringen.«

»Aber warum sehen die Männer das denn nicht?«, fragte Samirah mit einem Ausbruch von Heftigkeit.

»Ich glaube nicht, dass es bei dieser Frage nur um die Männer geht«, antwortete ich. »Ich glaube, wir *alle* tragen dazu bei, dass dies geschieht, ja, fortgeschrieben wird. Als ich aufwuchs, waren es nicht nur die Männer, die mich rügten, wenn ich mich nicht meiner Kultur entsprechend kleidete oder spätabends nach Hause kam. Die Frauen waren noch viel schlimmer! Die Mütter der jungen Männer in unserer Gemeinde warfen meiner Mutter vor, dass ich abends ausging und mich mit Männern verabredete. So ein Mädchen, hieß es, sei nicht würdig, einen ihrer Söhne zu heiraten.«

Als ich das sagte, hatte ich anklagend meinen Zeigefinger erhoben, als schimpfte ich Samirah aus. Sie sah mich an, und wir brachen beide in Gelächter aus. Ja, wir hatten beide erlebt, wie sozialer Druck weitergegeben wurde.

Wieder ernst geworden fuhr ich fort: »Ich lese auch regelmäßig die Berichte über die Vergewaltigungen in Indien. Das ist dort gang und gäbe, doch diese Fälle kommen selten in die Medien, weil die indische Kultur das Opfer verantwortlich macht. Man glaubt, sie habe Schande über ihre Familie gebracht. Und nicht nur die Männer, auch die Frauen werfen der Betreffenden vor, sie habe es ja quasi ›herausgefordert‹, weil sie sich so aufreizend gekleidet habe oder spätnachts noch unterwegs war.

Vergewaltigung darf nicht ungesühnt bleiben. Es schmerzt mich zutiefst, dass Menschen – insbesondere Frauen – den Opfern dafür die Schuld geben. Ich bin der Ansicht, wir als Frauen müssen diese Mädchen verteidigen. Wir müssen unsere Söhne lehren, die körperlich Schwächeren zu achten und zu schützen. Wir sollten ihnen beibringen, dass Vergewaltigung und Missbrauch von Frauen schlimm ist und dass Menschen, die so etwas tolerieren, kein bisschen besser sind!«

»Ja, das glaube ich auch«, meinte Samirah. »In meiner Kultur versucht man ja immer, die Mädchen unter Kontrolle zu halten, statt den Söhnen beizubringen, Frauen zu respektieren und zuvorkommend zu behandeln. Ich weiß wirklich nicht, warum das so ist!«

»Ich glaube, das liegt einfach daran, dass es schon seit Jahrhunderten so ist«, gab ich zu bedenken. »Daher möchte ich eines unterstreichen: Ich glaube nicht, dass nur ein Geschlecht für die desolate Lage, in der wir uns diesbezüglich befinden, verantwortlich ist. Im Gegenteil. Natürlich gibt es keine Entschuldigung für diese schrecklichen Taten. Die Vorstellung, dass ein Mitglied einer zivilisierten Gesellschaft seine Macht missbraucht, um körperlich Schwächere zu misshandeln, ist unerträglich. Aber ich will hier nicht mit dem Finger auf andere deuten, denn das führt nirgendwo hin. Unsere Gesellschaft, unsere Kultur muss Verantwortung übernehmen und erkennen, durch welche Mechanismen sie solche Taten ermöglicht. Nur das bringt uns wirklich weiter, denn dann müssen wir nicht tatenlos herumsitzen und warten, dass sich etwas ändert.

Eine der großen Herausforderungen, vor der viele Gesellschaften stehen«, fuhr ich fort, »ist die Tatsache, dass es kaum Vorbilder für Frauen gibt, die sich frei in der Welt bewegen können. Selbst heute werden Frauen meist als den Männern nachgeordnet dargestellt, sie stehen gewissermaßen in deren Schatten. Frauen, die sich aus der Tradition lösen und ihre Lebensbedingungen verbessern wollen, haben häufig das Gefühl, dass sie gegen eine Männerwelt ankämpfen müssen. Das ist wirklich bedauerlich. Ständig kämpfen zu müssen, um die eigene Würde und Freiheit zu wahren, zwingt Frauen dazu, ihre weiblichen Qualitäten zu unterdrücken. Um Erfolg zu haben, müssen sie männliche Züge entwickeln. Aus der Ferne bewundern wir solche Frauen durchaus, doch die meisten Frauen halten sich mit offener Bewunderung eher zurück. Der Großteil der Frauen hat nicht den Mut, auf männlichem Terrain zu kämpfen, weil sie wissen, dass man sie als rechthaberisch, herrisch und aggressiv verurteilen wird. Und die Frauen fürchten natürlich, dass sie dies weniger attraktiv machen könnte.«

Sanfte Stärke

»Ich kann mich noch an meinen letzten Job vor meiner Krankheit erinnern. Ich war die Karriereleiter brav hochgeklettert und an der sprichwörtlichen Glasdecke angelangt«, erzählte ich. »Ich spürte einfach, dass es für mich in dieser Firma nicht weitergehen würde. Alle Führungskräfte waren Männer. Ich wusste, dass man mich nicht weiter aufsteigen lassen würde, obwohl ich wirklich hart arbeitete und eine gute Beziehung zu all meinen Kunden hatte. Ich erreichte meine Ziele und machte meine Sache echt gut. Aber als die nächste Beförderungsrunde kam, wurde mir ein Mann vorgezogen! Und mein Boss sagte mir klipp und klar, dass ich nicht mehr befördert werden würde.

Ich wollte wissen, warum, und er sagte, das läge daran, dass ich eine Frau sei und zudem verheiratet. Mein Mann würde meine Aufmerksamkeit beanspruchen, vermutlich würde ich bald Kinder bekommen und so weiter. Er gab mir nicht nur deutlich zu verstehen, dass ich keine Beförderung mehr zu erwarten hatte, sondern drohte auch noch damit, mich zurückzustufen, sollte ich mich als ›typische Frau‹ verhalten, also mich von meiner Ehe und meinem Familienleben ablenken lassen.

Eine Zeit lang versuchte ich dann, ihm zu beweisen, dass ich den Job genauso gut machen konnte wie ein Mann. Ich machte endlos Überstunden und tat alles, um in diesem von Männern dominierten Umfeld nicht wie eine ›typische Frau‹ zu wirken. Aber das missfiel ihm erst recht, denn er wollte nicht, dass ich zu den ›Jungs‹ im höheren Management aufschloss. Und so versuchte er mehrfach, mich auszumanövrieren. Er machte mir total unrealistische Vorgaben, die man unmöglich erreichen konnte, und berichtete dann der Unternehmensspitze, ich hätte versagt.

Als ich mit ihm über dieses Verhalten sprach, gab er bloß zurück, ich sei zu empfindlich. Wenn ich wirklich nach oben wollte, müsste ich lernen, härter zu werden! Anfangs nahm ich mir das selbst übel und warf mir Empfindlichkeit vor. Da ich Angst hatte, dass er mich zurückstufen würde, unterdrückte ich all meine weiblichen Qualitäten, um ›meinen Mann zu stehen‹. Aber nach einer Weile war ich so kaputt und erschöpft, so ausgebrannt, dass ich schließlich kündigte! Damals war ich richtig sauer auf meinen Boss, der es auf diese Entscheidung angelegt hatte.

Erst nach meiner Erfahrung auf der anderen Seite kam ich dahinter, dass ich eine typische Frau *bin* und allen Grund habe, darauf *stolz* zu sein! Was soll falsch daran sein, ›typisch‹ weibliche Qualitäten zu haben? Das sind einige meiner größten Stärken! Es ist ungeheuerlich, dass man als Frau wie ein Mann sein soll, um in dieser Welt Erfolg zu haben. Denn eigentlich war ich *wegen* und *nicht trotz* dieser Qualitäten erfolgreich!«

Samirah stimmte mir begeistert zu: »Wir müssen aus diesem Modell ausscheren und Führungspositionen einnehmen, aber auf unsere Weise, nicht auf die der Männer. Wir müssen eigene Geschäfte gründen, eigene Unternehmen, in denen männliche und weibliche Energien harmonisch zusammenwirken können. Wir sollten unsere Sensibilität als Stärke begreifen, nicht als Schwäche. Wir sollten unser Einfühlungsvermögen, unser Herz, unser Mitgefühl in den Mittelpunkt rücken, statt all das zu verbergen, damit wir ›in der Männerwelt‹ mithalten können.«

»Genau!«, rief ich. »Das ist genau der Fehler, den wir machen, als Männer und als Frauen. Aus diesem Grund ist die Welt so sehr aus dem Lot. Wir glauben an den Mythos, dass die weiblichen Qualitäten weniger wert sind und dass wir sie unterdrücken müssen, um im Beruf Erfolg zu haben – dabei heißt Frau sein keineswegs schwach sein. Unsere Qualitäten verdienen Respekt. Für ein gesundes Ganzes braucht man sowohl männliche als auch weibliche Energie! Damit unsere Gesellschaft blühen kann, müssen alle sich frei entfalten können: Männer, Frauen, Transgender, Homo- und Heterosexuelle – und zwar unabhängig von der ethnischen Zugehörigkeit oder dem sozioökonomischen Hintergrund.

Interessant war übrigens, was geschah, nachdem ich das Unternehmen verlassen hatte. Mein Boss machte ziemlich schwere Zeiten durch. Meine Firma handelte en gros mit Damenmoden-Accessoires, und ich war für die Kundenkontakte zuständig gewesen. Meine Kunden hatten mir vertraut, weil sie wussten, dass ich die richtigen Produkte für ihren Laden auswählte. Ich habe einfach ein Gespür dafür, was asiatische Frauen gerne tragen. Außerdem kannte ich alle Kunden persönlich. Als mein Boss meinen Job selbst übernahm, stand er auf verlorenem Posten. Er wusste einfach nicht, was er für wen bestellen sollte. Da die Kunden ihn zudem nicht kannten, liefen sie ihm der Reihe nach davon. Sie waren unzufrieden, weil ich gegangen war, und suchten sich andere Großhändler. Was er nicht begriff, als er mir mit Zurückstufung drohte, war die Tatsache, dass die Kunden *mir* treu waren, nicht dem Produkt. Am Ende verlor das Unternehmen so viel Geld, dass die Unternehmensleitung meinen Vorgesetzten feuerte und die ganze Abteilung verkaufte.«

Samirah gluckste vergnügt. Dann aber wurde sie wieder ernst.

»Ich bin froh, dass man ihm eine Lektion erteilt hat, dass er einsehen musste, dass Sie – obwohl Sie kein typischer Geschäftsmann waren – dem Unternehmen etwas gebracht haben!«, sagte sie. »Solche Situationen kommen wohl überall auf der Welt vor. Wenn eine Frau ihren Job verliert, *weil sie eine Frau ist*, schadet das nicht nur der Frau, sondern jedermann, auch der Gesellschaft als solcher.«

»Das glaube ich auch, aber ich finde trotzdem, dass sich da gerade etwas ändert. Ein bisschen Fortschritt gibt es immerhin«, sagte ich. »Wichtig ist, dass Männer und Frauen diesen Prozess gemeinsam vorantreiben, damit wir die von der Gesellschaft geschaffene Ungleichheit zwischen den Geschlechtern überwinden können. Und wie gesagt: Das wird uns *allen* zugutekommen.«

»Ja, da ich bin ganz Ihrer Meinung, Anita!« Samirah lächelte übers ganze Gesicht. »Das Gespräch hat mir so gutgetan. Jetzt habe ich wieder Hoffnung, auch wenn sich mein Problem immer noch nicht gelöst hat.«

»Ich weiß, das habe ich auch gerade gedacht«, gab ich zurück. »Wir haben zwar die Probleme der Welt angepackt, aber was Ihr persönliches angeht, sind wir noch keinen Deut weiter.«

Wir mussten beide erneut lachen.

»Aber *Sie* haben doch mittlerweile Ihre Stimme erhoben«, meinte Samirah und sah mich ganz aufgeregt an. »Sie haben eine Plattform, von der aus Sie sagen, ja hinausschreien können, was Sie denken. Nutzen Sie sie! Sie müssen diese Dinge verkünden, über die wir gerade gesprochen haben!«

»Ja, das mache ich«, versicherte ich ihr.

»Ich glaube, dass ich jetzt den größeren Zusammenhang begreife. Es geht nicht darum, mit dem Finger auf die Männer zu zeigen – oder auf die Frauen«, meinte Samirah. »Wir sollten alle zusammen Verantwortung für die Welt übernehmen, die wir geschaffen haben – vor allem wenn wir uns eine bessere, harmonischere Welt für uns und unsere Kinder wünschen. Selbst wenn mein Mann sich nicht ändert oder die Dinge anders sieht, müssen meine Kinder diesen schädlichen Mythos nicht an die nächste Generation weitergeben. Ich habe diesen Mythos durchschaut, und das heißt: In meiner Familie endet er bei mir. Es ist an mir, meinen Kindern die Wahrheit beizubringen.«

»Ja, genau!«, warf ich ein. »Wir können dem Mythos die Grundlage entziehen, wenn wir unsere Söhne lehren, Frauen so zu behandeln, wie wir unsere Töchter behandelt sehen möchten. Wir können aufhören, unsere Töchter kontrollieren zu wollen oder sie verantwortlich zu machen, wenn sie von Männern respektlos behandelt werden. Und man weiß ja nie, Samirah! Vielleicht lernt Ihr Mann eines Tages von Ihren Kindern. Das wäre nicht das erste Mal, wissen Sie. Es ist nie zu spät!«

»Ja, das wäre wunderbar«, meinte Samirah hoffnungsvoll.

»Was halten Sie davon, wenn ich unser Gespräch in mein nächstes Buch aufnehme?«

»Aber gern, unbedingt!«, antwortete sie. Allerdings bat sie mich, nicht ihren wahren Namen zu nennen, was ich ihr versprach. Ein Blick auf die Uhr zeigte mir, dass ich viel später dran war, als ich gedacht hatte. Mit Samirah war die Zeit nur so verflogen.

»Samirah, ich muss jetzt leider gehen, sonst verpasse ich den Bus zurück ins Hotel.«

»Ich habe es wirklich genossen, mit Ihnen über diese Dinge sprechen zu können«, sagte sie, während ich mich erhob. »Was für ein wunderbares Gespräch – vielen herzlichen Dank!«

»Ich habe es genauso genossen wie Sie. Und ich habe *Ihnen* zu danken: Schließlich haben Sie mir ein Kapitel für mein neues Buch geschenkt!« Wir verließen das Café untergehakt, als wären wir beste Freundinnen.

Samirah ging zum Haupteingang des Gebäudes, ich zur Autorenlounge. Über dieses Gespräch dachte ich lange nach. Ich bin mir sicher, dass jede von uns in den Gedanken der anderen ist, während wir unsere getrennten, aber letztlich doch miteinander verbundenen Wege gehen.

Lebe deinen Himmel hier und jetzt

Wenn »Frauen sind das schwache Geschlecht« ein *Mythos* ist, wie könnte dann die *Wahrheit* aussehen?

Heilsame neue Glaubenssätze

- Kein Geschlecht ist dem anderen über- oder unterlegen. Jedes Geschlecht hat wichtige Eigenschaften, die nur zusammen ein vollkommenes, harmonisches Ganzes ergeben. Dieses Ganze ist nicht nur größer als die Summe seiner Teile, es ist auch größer, als wir begreifen können.

- In der Geistwelt haben wir keinen physischen Körper, dort existiert kein Geschlecht. Wir sind alle gleich, und wir sind alle gleichermaßen stark und mächtig.

- Wir entscheiden uns, als Mann oder Frau in der materiellen Welt geboren zu werden (das gilt auch für Transgender), je nachdem, welche Erfahrungen wir machen wollen.

- Wir kommen mit dem Wissen um unser wahres Sein zur Welt (das gilt auch für Geschlecht und Sexualität) und mit dem Wunsch, diese Wahrheit mit anderen zu teilen. Doch im Heranwachsen vergessen wir meist diese Wahrheit, weil die Gesellschaft uns dazu bringt, unser Licht zu dimmen und unser Selbstbild zu korrigieren, damit wir uns an das, was die Gesellschaft für wünschenswert oder akzeptabel hält, besser anpassen können.

Tipps und Übungen

- Fassen Sie den festen Entschluss, Kinder beiderlei Geschlechts zur Stärke zu ermuntern (auch wenn Sie selbst keine Kinder haben). Setzen Sie sich für das Kind ein, wenn jemand versucht, es einzuschüchtern. Halten Sie Jungs an, Mädchen zu respektieren, und umgekehrt. Am besten ist es, Sie leben dieses Verhalten selbst vor.

- Dieser Entschluss und die entsprechenden Schritte in diese Richtung verändern Ihr Lebensgefühl, selbst wenn die Veränderungen zu Anfang noch klein ausfallen mögen. Bald fühlen Sie sich als Teil der Lösung, als aktiver, starker Mensch statt als Opfer des gesellschaftlichen Status quo.

- Wenn Sie eine Frau sind, schreiben Sie jene weiblichen Züge auf ein Blatt Papier, die Ihnen wichtig sind (Sensibilität, Intuition, Empathie, Mitgefühl, die Fähigkeit, für andere zu sorgen, und so weiter). Denken Sie darüber nach, wie diese Fähigkeiten Ihnen helfen, Licht in die Welt zu tragen, einen wertvollen Beitrag zu leisten. Sind Sie ein Mann, halten Sie die wichtigsten weiblichen Eigenschaften der Frauen in Ihrem Umfeld schriftlich fest. Und dann denken Sie darüber nach, was diese Charakterzüge Ihnen und anderen gebracht haben.

Fragen zum Weiterdenken:

- Wie wäre es, wenn Sie jedem Akt des Sexismus und der Gewalt, dessen Zeuge Sie werden, offen entgegentreten würden, ganz egal, ob Sie selbst betroffen sind oder nicht? Wie können Sie zum Teil der Lösung werden?

- Gibt es Momente, und seien sie noch so subtil, in denen Sie dem Mythos, Frauen seien das schwächere Geschlecht, selbst auf den Leim gehen? Momente, die Sie vielleicht gar nicht bemerken?

- Welche Stärken verberge ich – zumindest hin und wieder –, um nicht zu viel Aufmerksamkeit auf mich zu ziehen, damit andere sich neben mir nicht unwohl fühlen? Wie würde mein Leben aussehen, wenn ich auf diese Stärken stolz wäre und sie offen zeigen würde?

Ich weiß, dass mein Geschlecht keinerlei Einfluss auf meinen Selbstwert hat, wenn ...

- ich nicht zulasse, dass die Meinung anderer über meine biologische Natur, mein Geschlecht oder meine sexuelle Orientierung (bzw. meine ethnische Zugehörigkeit und meinen sozialen Hintergrund) mir ein Gefühl von Schwäche oder Minderwertigkeit einflößt.

- ich mich weigere, gesellschaftliche Konditionierungen zu tolerieren oder fortzuschreiben, bei denen ein Geschlecht bzw. eine sexuelle Orientierung als überlegen oder wünschenswert betrachtet wird. Ich bin bereit, an dieser Stelle »Stopp« zu sagen.

- ich Verantwortung für die Welt übernehme, zu deren Entstehung ich beigetragen habe, und die Schuld für aktuelle Ungleichheiten nicht auf andere abschiebe. Stattdessen konzentriere ich mich darauf, diese Ungleichheiten zu beseitigen, weil ich weiß, dass dies anderen Mut macht, dasselbe zu tun.

Kapitel 10

Mythos: Denke immer positiv!

»Mein Sohn ist vor drei Monaten gestorben, und ich möchte wissen, warum er mir so früh genommen wurde! Er war mein einziges Kind – er bedeutete mir alles! Ich bin alleinerziehend, und er war mein Lebenssinn!« Die Stimme der jungen Frau brach beinahe, als sie ins Mikrofon sprach. Ich sah, dass ihre Augen feucht waren. »Ich kann den Gedanken einfach nicht ertragen, dass ich ihn nie mehr wiedersehen werde! Ich verstehe das alles nicht. Und ich weiß nicht, wie ich weiterleben soll!«

Ich war auf Lesereise in Australien und hielt einen Vortrag in der Nähe von Brisbane. Nach meinen Vorträgen hat das Publikum immer Gelegenheit, Fragen zu stellen, und im Normalfall genieße ich das. Doch als ich diese abgrundtief traurige Frau vor mir sah, der die Tränen über die Wangen liefen, wusste ich nicht, was ich ihr sagen sollte. Ich hatte einfach keine Worte.

Zwar wusste ich aus eigener Erfahrung, dass es ihrem Sohn auf der anderen Seite gut ging, doch ich spürte, dass eine derartige Versicherung sie nicht beruhigen würde, ja, vermutlich nicht einmal angemessen wäre. Die Worte der Frau hatten mich mitten ins Herz getroffen. Ich wusste nicht, wie ich reagieren sollte. Ich spürte nur ihren Schmerz, ihren Verlust. Ihr Leid legte sich über mich wie ein undurchdringlicher Mantel.

Die Zeit stand still. Ich vergaß fast, dass ich auf einem Podium stand vor Hunderten von Menschen, die darauf warteten, dass ich die Frau liebevoll tröstete. Dass ich Worte der Weisheit fand, die der Frau helfen würden, in ihrer Situation irgendeinen Sinn zu sehen, damit sie ihren Verlust überwand. Wahrscheinlich erhofften sie sich auch Hilfe für sich selbst, um mit dem Schmerz über den Verlust eines geliebten Menschen besser fertigzuwerden. Da waren sie also, all die erwartungsvoll erhobenen Gesichter, und ich sollte ihnen versichern, dass das Leben nach dem Tod weiterging, schließlich hatte ich ja genau das erlebt.

Ich denke mal, die meisten Anwesenden rechneten mit einer Antwort wie der folgenden: »Ihr Sohn ist nicht tot! Er hat nur die Ebene gewechselt. Er ist immer noch bei Ihnen, lebt aber jetzt sein Leben im Zustand der Nichtdualität.« Oder etwas wie: »Wir sterben nie. Der Tod ist eine Illusion. Er ist jetzt glücklich und frei! Und er möchte, dass auch Sie glücklich sind!«

Höchstwahrscheinlich hätte ich für so eine Antwort anhaltenden Applaus bekommen. Doch obwohl ich wusste, dass *all* diese Dinge richtig waren, stand ich da und sah zu, wie ihr die Tränen über die Wangen flossen, unfähig, auch nur ein Wort zu sagen. Auf meiner Zunge fühlten all diese Worte sich hohl an, als versuchte ich, sie mit abgedroschenen Plattheiten zu trösten. Schon allein die Vorstellung, »das Richtige« zu sagen, schien herablassend angesichts ihres Schmerzes. Ich habe persönlich Liebe und Schönheit erfahren, als ich auf der anderen Seite war. Doch solange ich Mensch bin, fühle ich Schmerz. Ich bin verletzlich. Ich empfinde Leid. In jenem Augenblick hatte ich das deutliche Gefühl, es wäre vermessen von mir, ihr zu sagen, wie sie sich fühlen und wie sie mit dieser Situation umgehen *sollte.*

Natürlich fehlt ihr die körperliche Präsenz ihres einzigen Kindes, dachte ich. *Sie vermisst sein Lachen, seine Stimme, die Wärme seiner Haut, die Beschaffenheit seines Haares, den Klang seines Lachens, seinen Geruch, all diese kleinen Dinge.* Ich spürte, dass sie sich wohl noch nicht einmal von seinen Sachen hatte trennen können, ja vielleicht ihr Gesicht in sein Sweatshirt drückte, um dieses tiefe Loch in ihrem Herzen auszufüllen. Ich weiß das, denn mir haben schon viele Menschen erzählt, wie es ist, einen geliebten Menschen zu verlieren. Sie kommen zu mir, weil sie Trost suchen, der ihren tiefen Schmerz lindert.

Und so vergaß ich das Publikum, das Programm und alles andere und trat vom Podium herab auf diese Dame zu. Dabei bedeutete ich ihr, sie solle zu mir kommen. Als wir voreinander standen, umarmte ich sie. In diesem Augenblick wusste ich nichts anderes zu sagen oder zu tun, als ihr körperlich nahe zu sein, ihr zu zeigen, dass sie nicht allein war.

»Es tut mir so leid für Sie«, sagte ich, während ich sie weiterhin umarmte. »Ich fühle Ihren Schmerz.« Da legte sie den Kopf an meine Schulter und fing an zu weinen. Auch ich spürte Tränen in mir aufsteigen. Ich spürte, was sie fühlte, all die Verlassenheit ihrer Seele.

Der starke Schmerz aber rührte nicht nur aus dem Wissen, dass sie ihren Sohn auf dieser Erde nicht mehr wiedersehen würde. Er kam auch aus ihrem starken Lebenswillen. Ich wusste, dass sie, würde sie an gebrochenem Herzen sterben, wieder mit ihrem Sohn vereint und alles gut wäre. Der zutiefst menschliche Teil meiner Seele aber wollte nicht, dass sie an gebrochenen Herzen starb. Das machte mich hilflos. Mit allem Wissen, das ich auf der anderen Seite erworben hatte, mit allem, was ich erlebt hatte, konnte ich ihr aus meiner Erfahrung heraus nichts anbieten, was ihren Schmerz lindern würde – hier und jetzt. Ich konnte sie nur umarmen und sie weinen lassen, ihr versichern, dass sich in ihren Tränen all ihre Liebe für ihren Sohn zeigte. Ich wollte, dass sie sich in diesem Wissen zu Hause fühlen konnte – dass sie wusste, es war in Ordnung, Kummer zu haben.

Nach einer Zeit, es mag eine Minute gewesen sein oder auch zehn, ließen wir uns wieder los und sahen uns an. Ich hatte nicht das Gefühl, dass es noch etwas zu sagen gäbe, und so drehte ich mich um und ging zurück aufs Podium, um Haltung ringend. Es war nicht leicht. Ich beantwortete weiter Fragen, hatte aber den ganzen Tag lang mit dem Erlebten zu kämpfen. Als die Veranstaltung vorüber war, war ich echt dankbar.

Ich hatte noch eine Signierstunde, danach machten Danny und ich uns auf den Weg zurück ins Hotel. Mein Mann merkte gleich, dass irgendetwas los war. »Geht es dir gut?«, fragte Danny. »Die Frage der Frau über ihren Sohn ist dir wirklich zu Herzen gegangen, nicht?«

»Ja, ich glaube, es geht mir gut«, antwortete ich. »Ich bin nur müde. Aber morgen ist bestimmt alles wieder in Ordnung.«

Das Herz hat seine Gründe ...

Als wir ins Hotel zurückkamen, schleuderte ich die Schuhe weit von mir und setzte Wasser für den Tee auf. Dann kuschelte ich mich in meinen Sessel und schnappte mir den Laptop, um meine E-Mails zu checken. Meine Assistentin hatte mir eine Nachricht weitergeleitet, die sie über meine Webseite erhalten hatte. Die E-Mail war sehr lang und kam von einer Frau namens Shona, die gerade bei meinem Vortrag gewesen war.

Shona schrieb, ihrer Ansicht nach hätte ich der trauernden Mutter sagen sollen, dass es ihrem Sohn gut ginge, dass er auf der anderen Seite weiterlebte. Gerade ich sollte doch wissen, dass der Sohn der Frau nicht tot war. Ich hätte der Frau sagen sollen, dass das Leben eine Illusion sei und sie sich doch für ihren Sohn freuen solle. So ging es noch eine Weile weiter. Shona zählte eine Botschaft nach der anderen aus meinem ersten Buch auf und wollte wissen, warum ich, als ich Gelegenheit hatte, all diese Dinge anzuführen, die ich während meiner Nahtoderfahrung erlebt hatte, geschwiegen hätte.

Und sie schrieb, dass sie sehr enttäuscht sei zu sehen, dass ich in meinen Lehren in die Illusion des Leidens zurückgefallen sei, sobald ich mit einer realen Situation konfrontiert war. Ich würde mich nicht auf das verlassen, was ich selbst erlebt hätte. Es sei meine Aufgabe, andere Menschen aufzurichten, ihnen Hoffnung zu schenken. Stattdessen hätte ich mich auf das Niveau all jener herabbegeben, die immer noch in der Illusion feststeckten!

Ich wurde rot, als ich die E-Mail las – aber nicht aus Wut auf Shona. Nein, ganz im Gegenteil. Ich regte mich auf, weil ich das Gefühl hatte, die anderen Menschen im Publikum vielleicht ebenfalls enttäuscht zu haben. Sie hatten von mir gewollt, dass ich ihnen versicherte, wie das große Ganze beschaffen sei. Und ich hatte versagt. Sie hatten von mir etwas Erhebendes erwartet, etwas Positives, und ich hatte genau das Gegenteil gegeben.

Schaffen Gedanken unsere Wirklichkeit?

In jener Nacht konnte ich nicht schlafen. Ich wälzte mich im Bett herum und ging immer wieder die Ereignisse des Tages durch. Wenn ich das Publikum enttäuscht hatte, dann lag das möglicherweise daran, dass sie mich als etwas sahen, was ich nicht bin. Ich habe nie versucht, ein Guru zu sein oder die Inkarnation eines Gottes. Meine Botschaft war nie, dass wir uns immer gut fühlen müssten. Ganz im Gegenteil, meiner Ansicht nach hindert uns das nur daran, authentisch zu leben. Die Vorstellung, wir müssten immer gut drauf sein, signalisiert uns letztlich doch nur, dass der Zustand, in dem wir sind, nicht der richtige ist. Wir überdecken unser wahres Selbst also mit einem Zuckerguss aus Positivität.

Meine Welt schien sich immer schneller um mich zu drehen. Ich fragte mich: *Wer wäre ich, wenn ich aufhören würde, den Menschen diese Botschaften zu überbringen? Wer bin ich in Wahrheit? Wer wäre ich, wenn ich die Menschen enttäuschen würde? Wäre ich dann immer noch wertvoll für diese Welt?*

Die Angst, andere zu enttäuschen, ist einer der größten Stolpersteine, die zum Verlust unseres Selbst, unserer Authentizität führen können. Wir versuchen, den Erwartungen anderer gerecht zu werden, statt zu sein, wer wir sind. In diesem Augenblick wurde mir klar, dass ich, selbst wenn ich alle Menschen enttäuschen würde, nie wieder zu der Art Mensch werden könnte, der ich einst war – jemand, der immer versuchte, zum Takt anderer Männchen zu machen, statt auf die Musik meines eigenen Herzens zu hören. Ich war eine Frau, die gab und gab, obwohl sie schon längst nichts mehr zu geben hatte. Am Ende war ich davon so ausgelaugt, dass ich Krebs bekam.

Meine Gedanken wanderten zurück zu jener Zeit. Ich dachte an die Angst, die ich empfand, als mein Lymphsystem von Krebszellen zerstört wurde, die meinen Körper zunehmend lahmlegten. Ich erinnerte mich, wie wohlmeinende Menschen, die haufenweise Selbsthilfebücher gelesen und alle möglichen Selbsterfahrungsseminare gemacht hatten, mir sagten: »Deine Gedanken erschaffen deine Realität. Du hast den Krebs mit deinem Denken geschaffen! Also pass auf, was du denkst.«

Damals recherchierte ich fieberhaft im Internet und in Buchläden über dieses »Gesetz der Anziehung«, denn ich wollte das Ungeheuer, das meinen Körper zerstörte, besiegen. Ich wollte begreifen, wie ich es an mich gezogen hatte. Wann immer ich einen Gedanken fasste, den ich als negativ einstufte, merzte ich ihn mit Stumpf und Stiel aus, drängte ihn ab und vergrub ihn tief in mir. Doch diese Gedanken kamen unweigerlich wieder hoch, und der Krebs wucherte weiter in meinem Körper.

Ich dachte, ich sei nicht eifrig genug. Ich trieb mich weiter und weiter dazu an, *sämtliche* negativen Gedanken aus meinem Kopf zu verbannen. Ich machte große Collagen, auf die ich positive Bilder aus Zeitschriften klebte. Und ich konzentrierte mich mehr oder weniger ununterbrochen auf ein positives Ergebnis. Und doch – immer wieder stahlen sich ängstliche Gedanken über den Krebs oder den Tod in meinen Geist, und dann bekam ich erst recht Angst, weil ich dachte, dass diese Gedanken den Krebs nähren würden. Und so zwang ich mich auf die brutalstmögliche Weise, solche Gedanken nicht zu haben!

Warum habe ich immer noch negative Gedanken?, fragte ich mich zornig. *Ich arbeite so hart daran, sie im Schach zu halten und positiv zu denken, um eine positive Realität zu schaffen. Warum funktioniert das nicht? Warum wächst der Krebs immer weiter?*

Die Angst und die Frustration, die ich dabei empfand, waren fast mit Händen zu greifen. Und gerade das Gespräch mit den »Wohlmeinenden« gab mir vollends den Rest. Ich glaubte wirklich, dass der Krebs sich ausbreitete, weil ich es »einfach nicht kapierte«. Ich war überzeugt, dass mein Glaube nicht stark genug war oder meine Gedanken nicht positiv genug – vielleicht auch beides.

Mensch sein mit allen Schikanen

Als ich in jener Nacht im Bett lag, wälzte ich mich stundenlang hin und her, bevor ich endlich ein wenig Schlaf fand. Als ich am Morgen erwachte, war ich wie gerädert – sowohl von den Anstrengungen des Vortags als auch vom Schlafmangel. Ich hatte viel zu lange geschlafen, und als Danny, der bereits unter der Dusche war, mich hörte, erinnerte er mich daran, dass wir bald zum Flughafen müssten.

Ich war unglaublich müde und langsam in allem, was ich tat. Die Ereignisse vom Vorabend gingen mir noch immer durch den Kopf. Allmählich aber brach sich eine Einsicht Bahn: Wie viele Bücher wir auch gelesen haben mögen, wie spirituell unsere Erfahrungen sein mögen, wie erleuchtet wir unserer Ansicht nach sind und wie viele Menschen auch immer zu uns als Lehrer aufblicken, wir können das Leid der Menschen niemals ganz von ihnen nehmen.

Ich will damit nicht sagen, dass eine spirituelle Lebenseinstellung nicht hilft. Je mehr wir uns der Verbindung zu allem und jedem um uns herum bewusst werden, desto weniger versuchen wir, anderen zu schaden (ob in der Familie, unter Freunden, in unserer Glaubensgemeinschaft oder der Welt im Großen und Ganzen). Wir werden uns hüten, unsere Umwelt oder den Planeten zu zerstören. Doch tiefer Schmerz gehört zu tiefer Liebe dazu, es sind die zwei Seiten einer Medaille. Zu unserem Leben als Mensch gehört es schlichtweg dazu, Schmerz und Leid zu empfinden, wenn ein geliebtes Geschöpf stirbt. Wie soll ich den Menschen erklären, dass wir hier in diesem Leben immer Schmerz, Scham, Enttäuschung, Angst oder Leid erfahren werden – auch wenn in der anderen Welt die Herrlichkeit alles überstrahlt, auch wenn im großen Ganzen alles zum Besten ist?

Geben Sie Ihrem Schmerz Raum

Wie überzeugt wir auch sein mögen, dass wir im Sterben aus der Illusion der Sterblichkeit erwachen, so wird unser Schmerz um einen verlorenen Partner oder ein verlorenes Kind deshalb keineswegs geringer. Menschen, die bei einem Tsunami, einem Erdbeben oder einer Schießerei in der Schule Angehörige oder Freunde verlieren, empfinden Trauer und Schmerz. Wer ein Familienmitglied umsorgt, das an einer tödlichen Krankheit leidet, durchlebt eine Zeit des Kummers, die mit einem Verlust endet.

Der Hunger des armen Bettlermädchens in Indien, das sein Brüderchen im Arm hält, mich erwartungsvoll ansieht und mich mit ihrer kleinen Hand berührt, ist real. Wie sollte ich dieses hungernde Mädchen davon überzeugen, dass das alles eine Illusion ist und im großen Ganzen alles in bester Ordnung, weil alles schließlich Yin und Yang ist, negativ und positiv, und sich am Ende alles aufhebt? Das wird ihren Hunger und den ihres Brüderchens nicht stillen.

Wenn ich also jemandem gegenüberstehe, der echten Schmerz empfindet und mich fragt, warum das so ist, fühle ich mich innerlich zerrissen. Zerrissen zwischen zwei Möglichkeiten: Ich kann ihm erklären, welche Funktion der Schmerz im großen Ganzen hat. Und ich kann den Schmerz dieses Menschen in dem Augenblick ehren und anerkennen, um ihm zu zeigen, dass er das Recht hat, so zu empfinden, ohne dafür bewertet zu werden.

In Zeiten wie unseren, da jeder zu glauben scheint, dass »eine positive Einstellung eine positive Realität schafft«, stehen Menschen, die leidhafte Erfahrungen machen, unter doppeltem Druck. Sie müssen sich nämlich zusätzlich gegen jene in ihrem Umfeld wehren, die darauf bestehen, dass wir vor allem positiv denken müssen, damit es uns wieder gut geht. Es ist nur natürlich, bei einem schweren Verlust mit kaum erträglichen Emotionen zu kämpfen. Ein immer größerer Teil unserer Gesellschaft aber kommt damit nicht zurecht. Wenn wir uns diese angeblich erleuchtete Denkweise aufzwingen lassen, hält uns das von unserer authentischen Erfahrung ab. Denn man redet uns ein, dass wir, wenn wir Schmerz empfinden, irgendetwas falsch gemacht haben.

Optimismus und Hoffnung sind sicher förderliche Stimmungen, doch wenn das Leben mit all seinen Widrigkeiten auf uns einstürmt, dann bereitet es uns nur noch mehr Stress, wenn wir auch noch denken, wir müssten bei all dem bester Laune bleiben. Häufig schämen wir uns für unseren Schmerz oder denken gar, wir seien dafür selbst verantwortlich, weil wir nicht spirituell genug sind. Wenn andere Leid erfahren, geben wir ihnen oft nicht genug Raum, um ihren Schmerz auszudrücken. Stattdessen wischen wir das Thema schnell mit ein paar platten Bemerkungen und wohlmeinenden Ratschlägen vom Tisch. Natürlich ist positives Denken wertvoll. Natürlich können Affirmationen uns helfen. Doch es gibt Zeiten, in denen sie nicht hilfreich sind! Dann nämlich, wenn sie sich wie ein Heftpflaster über eine tiefe Wunde legen, damit wir sie nicht sehen müssen.

Meiner Erfahrung nach ist der beste Weg *aus* dem Schmerz der Weg *mitten durch* den Schmerz. Dort liegt der Topf Gold am Ende des Regenbogens. Dazu müssen wir zunächst einmal erkennen, dass der Schmerz da ist, und dann müssen wir diese Tatsache akzeptieren. Wir erlauben uns, ihn wirklich zu fühlen. So machen wir ihn zu *einem Teil von uns selbst.*

Schmerz kommt niemals ohne Gaben. Er schenkt uns vor allem eines: die Fähigkeit, andere besser zu verstehen, die Verlust, Kummer und Leid erleben. Diese Erfahrungen machen uns tatsächlich menschlicher – und damit göttlicher.

Sei einfach du selbst

Als ich mich in jener Nacht schlaflos herumgewälzt hatte, war mir plötzlich wieder etwas eingefallen, das ich während meiner Nahtoderfahrung erlebt hatte. Zum einen wurde mir damals klar, dass der Krebs nicht auf meine negativen Gedanken zurückging, sondern auf meinen *Mangel an Selbstliebe.* Diese Einsicht war Gold wert. Sie erschloss sich mir aber erst, als ich durch den Schmerz hindurchgegangen war. Natürlich hatte ich nicht *entschieden,* diesen Schmerz durchzumachen. Ich wehrte mich dagegen, solange ich nur konnte. Ich wollte ihn mit positiven Gedanken überdecken. Das Geschenk erhielt ich erst, als ich den Widerstand nicht mehr aufrechterhalten konnte.

Bevor ich Krebs bekam, hatte ich mein ganzes Leben damit zugebracht, positiv zu sein, zu allem ein Lächeln aufzusetzen, denn ich wollte ja gemocht werden. Wann immer ich einen negativen Gedanken entdeckte, verscheuchte ich ihn so schnell wie möglich. Die Leute sollten nicht wissen, dass ich Angst hatte.

Als ich Krebs bekam, verstand ich ehrlich nicht, wie mir das hatte passieren können. Ich war doch immer so positiv gewesen! Ich glaubte, meine Gedanken müssten den Krebs verursacht haben, und so begann ich, meine Gedanken zu fürchten. Am Ende hatte ich *Angst vor der Angst* vor meinen Gedanken! Ich versank in einen Mahlstrom der Angst! Während meiner Nahtoderfahrung aber wurde mir klar, dass es nicht darum ging, *positiv* zu sein, sondern *ich selbst zu sein*! Ich musste gar nicht jeden negativen Gedanken ausmerzen, ich musste mich *bloß so lieben, wie ich bin, und nicht versuchen zu sein, wie die anderen mich gerne hätten!* Wäre mir das vorher schon klar gewesen, dann hätte ich mich nie vor meinen Gedanken gefürchtet, denn ich hätte erkannt, dass meine Gedanken Teil dessen sind, was ich wahrhaft bin. Dass ich meine negativen Emotionen verleugnete und glaubte, alles Negative sei falsch, machte meine Probleme nur noch größer.

Aus dem Herzen

An jenem Morgen, nachdem ich Shonas E-Mail gelesen hatte und mich danach so ungeheuer müde fühlte, war ich wieder an jenem bestimmten Punkt ... ich wollte wieder den Vorstellungen anderer Menschen entsprechen. Da erinnerte Danny mich daran, dass wir schleunigst das Zimmer räumen müssten. Ich musste mich also in Windeseile anziehen und meine Sachen zusammenpacken. Kurz danach standen wir in der Lobby. Ich wartete, bis Danny die Formalitäten erledigt hatte, als jemand plötzlich meinen Namen rief. Ich sah auf. Vor mir stand eine blonde Frau, die lächelnd auf mich zukam. Als sie vor mir stand, stellte sie sich als Ariana vor. »Ich war gestern bei Ihrem Vortrag und habe wirklich *eine ganze Menge* gelernt!«

»Vielen herzlichen Dank«, antwortete ich voller Erleichterung. Offensichtlich hatte es wenigstens einer Person gefallen.

»Eine Frage hätte ich allerdings, wenn es Ihnen nichts ausmacht«, meinte sie.

»Aber sicher doch! Nur los!«, antwortete ich.

»Ich möchte auch gerne tun, was Sie tun – Workshops halten, mit den Menschen reden und sie inspirieren. Wie ist das Ihrer Ansicht nach am besten möglich?«

Bei solchen Fragen denke ich in der Regel nicht lange nach, sondern sage einfach das Erstbeste, was mir in den Sinn kommt. Gerade das ist es meistens, was die andere Person hören muss. So war es auch dieses Mal.

»Versuchen Sie nicht, andere zu inspirieren«, sagte ich. »Folgen Sie einfach Ihrem Herzen, und tun Sie, was Sie *selbst* inspiriert. Und dann geben Sie weiter, was Sie dabei gelernt haben. Sie müssen sich auf *sich selbst* konzentrieren, nicht aufs Publikum. Solange Sie selbst dem Leben inspiriert und voller Leidenschaft entgegentreten, müssen Sie nur die Wahrheit Ihres Herzens aussprechen. Das ist schon alles!«

»Ich muss also nicht versuchen, andere zu inspirieren?«, hakte Ariana ungläubig nach. »Es genügt, wenn ich selbst inspiriert bin und Dinge finde, an die ich glaube, die in mir das Feuer erwecken, und von diesen dann erzähle?«

»Genau«, antwortete ich. »Sobald wir *versuchen,* andere zu inspirieren, *versuchen* zu sagen, was andere vermutlich hören wollen, zu sein, was andere von uns wünschen, dann sind wir nicht mehr authentisch. Dann kommt alles aus unserem Kopf und nicht mehr aus unserem Herzen. Wenn wir jedoch ganz aus dem Herzen agieren, dann öffnen wir nur den Kanal, sodass die Botschaft *durch* uns kommt, nicht mehr *von* uns.

Meine Vorträge drehen sich im Wesentlichen darum, authentisch zu sein. Das ist wichtiger als alles andere. Würde ich mich darauf konzentrieren, dem Publikum zu sagen, was es hören will, dann täte ich ja das Gegenteil dessen, was ich selbst lehre. Und das wäre ein unauflösbarer Widerspruch! Ist das nachvollziehbar?«

»Ja, absolut«, meinte Ariana. »Vielen Dank für Ihre Zeit.«

Doch das hörte ich kaum, denn in jenem Moment wurde mir bewusst, dass das, was ich eben zu ihr gesagt hatte, in Wirklichkeit für *mich* gedacht war. Die Antwort, die ich selbst gebraucht hatte! Diese kurze Begegnung hatte die Leichtigkeit in mein Leben zurückgebracht. Ich registrierte kaum noch, wie Ariana mich umarmte und Danny mich zu dem Auto schob, das vor dem Hotel auf uns wartete.

Die Anspannung, unter der ich den ganzen Morgen gelitten hatte, war wie weggeblasen. Ich fühlte mich freier, lebendiger ... entspannter. *Ich hab's kapiert!,* hätte ich am liebsten gerufen. Ich musste mir über die E-Mail vom Vormittag keine Gedanken machen – und auch über andere Dinge nicht mehr. Ich hatte am Tag zuvor genau das Richtige getan, als ich die trauernde Mutter in den Arm nahm. Ich war meinem Herzen gefolgt. Und das ist schließlich das Herzstück meiner Botschaft – dass jeder von uns ganz er selbst ist!

Sobald Danny und ich abends zu Hause ankamen, schaute ich wieder in meine Mailbox und entdeckte eine Nachricht von der wunderbaren Frau, die ihren Sohn verloren hatte.

Sie dankte mir, dass ich ihr den Raum gegeben hatte, ihre Gefühle zu spüren. Vor allem sei sie mir dankbar dafür, dass ich ihre Trauer nicht verurteilt oder – schlimmer noch – sie mit platten Ratschlägen herabgewürdigt hatte. Ihre Worte steckten tief in mir die Glut des Lächelns an.

Erfahrungen wie diese erinnern mich an die Gefahr, die wir Autoren und Vortragenden auf dem Gebiet der Motivation, Selbsthilfe und Spiritualität laufen: Wir tappen so leicht in die Falle, uns dem Publikum immer von unserer besten Seite zeigen zu wollen, um »spirituell« oder »verwirklicht« zu wirken. Das Resultat ist nicht selten, dass wir uns selbst verlieren, um andere zu beeindrucken.

Ich möchte klarstellen, dass ich das »Gesetz der Anziehung« keineswegs für falsch halte, noch behaupte ich, dass eine positive Einstellung nicht hilfreich sein kann. Meiner Ansicht nach ziehen wir aber bestimmte Ereignisse nicht nur durch unser Denken und unsere mentale Einstellung an, sondern einfach *durch das, was wir sind*! Wir ziehen an, was wirklich zu uns gehört, was wir zu einer bestimmten Zeit brauchen – ob nun positiv oder negativ.

Je mehr wir uns lieben und wertschätzen – je mehr wir ganz natürlich aus der Freude heraus leben, aus dem Gefühl, dass wir wertvoll sind –, desto stärker wird unser Leben diese Gefühle widerspiegeln. Dann werden wir ganz von selbst zu Optimisten, und das ist ein wesentlich heilsamerer Zustand als zwanghaftes positives Denken.

Um dahin zu gelangen, müssen wir aufhören, auf eine bestimmte Weise fühlen oder denken zu wollen. Wir müssen uns all unseren Emotionen öffnen, wozu eben auch Enttäuschung, Frustration, Sorge und Trauer gehören – ohne uns deshalb zu verurteilen. Wir müssen all diese Aspekte unseres Selbst akzeptieren, denn darin liegt unser wahres Menschsein verborgen.

✺ *Lebe deinen Himmel* hier und jetzt

Wenn »Denke immer positiv!« ein *Mythos* ist, wie könnte dann die *Wahrheit* aussehen?

Heilsame neue Glaubenssätze

- Wir können unsere negativen Gedanken nicht kontrollieren. Wenn wir versuchen, sie aus dem Bewusstsein zu verdrängen, gehen sie davon nicht weg. So etwas gelingt nur kurzfristig.

- Es ist in Ordnung, Schmerz, Wut, Trauer, Frustration, Angst und so weiter zu empfinden. Sie sind ein natürlicher Teil dessen, was wir als menschliche Wesen sind.

- Sogenannte negative Emotionen zu haben heißt nicht, dass wir versagt haben oder nicht spirituell genug sind.

- Den Schmerz anzunehmen gibt uns Gelegenheit, unsere Gaben zu entdecken (die wir erst erkennen, wenn wir wirklich durch den Schmerz hindurchgehen).

- Negative Gedanken machen uns nicht krank. Viel schwerwiegender ist es, wenn wir uns nicht so lieben, wie wir wirklich sind.

- Wenn wir uns lieben, ist es leichter, optimistisch zu bleiben. Optimismus ist eine stärkere Kraft als das positive Denken, weil er aus tiefer Selbstliebe erwächst.

- Wir ziehen Ereignisse und Lebensumstände nicht nur mit unseren Gedanken und Einstellungen an, sondern mit allem, was wir sind, sowie durch die Art und Weise, wie wir dies akzeptieren und zum Ausdruck bringen.

Tipps und Übungen

- Machen Sie sich klar, dass Sie kein negativer Mensch sind, nur weil Sie negative Gedanken haben. Negative Gedanken fügen Ihnen keinen Schaden zu, sondern zeigen bloß, dass Sie auch nur ein Mensch sind.

- Wenn Sie Angst und andere negative Emotionen verspüren, kämpfen Sie nicht gegen diese Gefühle an. Erlauben Sie sich vielmehr, sie klar zu erkennen und zu fühlen, sodass Sie durch sie hindurchgehen können, ohne sich in ihnen zu verfangen.

- Lernen Sie, sich selbst zu lieben. Machen Sie sich bewusst, dass Sie Freude verdienen, dann wird sie ganz von selbst entstehen. Es bringt nichts, freudige Gefühle erzwingen zu wollen, denn das ist vollkommen unmöglich.

- Wenn Sie Schwierigkeiten haben, Freude zu empfinden, fangen Sie am anderen Ende an: Lernen Sie zu akzeptieren, wo Sie im Augenblick stehen. Nachdem Ihnen das gelungen ist, versuchen Sie, Ihren Frieden mit dieser Situation zu machen. Und dann gehen Sie noch einen Schritt weiter: Betrachten Sie Ihre Lage mit Dankbarkeit. Von der Dankbarkeit zur Freude ist es nur ein kleiner Schritt. Freude entsteht, wenn Sie für Ihr Leben im gegenwärtigen Moment Dankbarkeit und Wertschätzung empfinden.

- Blicken Sie auf vergangene schmerzhafte Ereignisse zurück, und versuchen Sie herauszufinden, was Sie durch diese Erfahrung gewonnen haben, im Großen wie im Kleinen. Seien Sie dankbar für diese Geschenke.

- Erlauben Sie auch anderen Menschen zu fühlen, was sie gerade empfinden. Haben Sie Mitgefühl für deren Erfahrungen und verurteilen Sie sie nicht.

Fragen zum Weiterdenken:

- Kommt die Wahrheit, die ich lebe, aus meinem Herzen oder aus meinem Kopf? Denke ich ständig darüber nach, wie ich sein sollte, um anderen zu gefallen oder dazuzugehören?

- Fühlt es sich normal an, negative Emotionen auszudrücken? Fühle ich mich damit sicher? Wenn nicht, was brauche ich, damit das möglich ist?

- Wenn ich meine Gedanken und Taten verurteile, welche Angst steht hinter meiner Wertung? Wie würde es sich anfühlen, diese Wertung loszulassen?

- Kann ich den Schmerz anderer annehmen und ihnen erlauben, authentisch zu sein, ohne Angst zu haben, dass ich damit irgendwie der Illusion der Dualität aufsitze?

Ich weiß, dass ich das ganze Spektrum meiner selbst mit all meinen Gedanken und Gefühlen akzeptiere, wenn ...

- ich nicht versuche, negative Gedanken wegzuschieben, sondern mir erlaube, sie wahrzunehmen und die damit verbundenen Gefühle zu spüren.

- ich mir keine Gedanken darüber mache, welche Gefühle und Gedanken andere von mir erwarten; wenn ich all meine Emotionen liebe und akzeptiere, weil sie ein Teil meiner selbst sind.

- ich fähig bin, mein wahres Selbst auszudrücken, indem ich zu dem Verbindung aufnehme, was am meisten Freude und Leidenschaft in mir weckt.

Nachwort

Als ich die letzten Kapitel dieses Buchs überarbeitete, erhielt ich die schockierende Nachricht vom Tode meines lieben Freundes Dr. Wayne Dyer.

Danny und ich hatten ein paar enge Freunde zum Lunch in unser neues Heim in Kalifornien eingeladen. Als meine Freundin Jennifer McLean kam, streckte sie mir einen Strauß orangefarbener Rosen entgegen.

»Wieso eigentlich Orange?«, fragte sie mich.

»Wie meinst du das?«, entgegnete ich. Ich fand die Rosen wunderbar mit diesem leuchtenden Farbton und dem berauschenden Duft.

»Nun, ich hatte im Blumenladen zuerst nach den roten Rosen gegriffen«, erklärte Jennifer. »Aber dann hörte ich immer wieder diese Stimme in meinem Kopf, die sagte: ›Nimm die orangefarbenen. Nimm die *orangefarbenen*!‹ Offensichtlich hast du auf der anderen Seite einen Freund, der möchte, dass du Rosen in Orange bekommst!«

»Nun, Orange ist meine Lieblingsfarbe«, sagte ich. »Aber ich wüsste nicht, wer auf der anderen Seite dir das gesagt haben könnte.« Ich fragte mich, ob vielleicht einer meiner Angehörigen gestorben war und versuchte, mir eine Botschaft zu übermitteln. Aber dann musste ich mich wieder ums Mittagessen kümmern und vergaß das Ganze.

Bald darauf setzten wir uns zum Essen. Da klingelte mein Handy. Ich sah, dass es Maya Labos war, die achtunddreißig Jahre lang Waynes rechte Hand gewesen war. Da sie ihn auf jeder Reise begleitet hat, haben Maya und ich uns recht gut kennengelernt, denn in den letzten Jahren hatte ich mehrfach auf den gleichen Veranstaltungen gesprochen wie Wayne. Deshalb beschloss ich abzunehmen.

»Maya! Was ist denn los?«, fragte ich sie.

»Es geht um Wayne!« Ihre Stimme verriet, dass sie geweint hatte. Aber ich wusste ohnehin, was kommen würde. »Er ist heute Morgen im Schlaf gestorben. Er ist von uns gegangen.«

Bei diesen Worten sank mir das Herz. Ich konnte es einfach nicht fassen. Wayne konnte doch nicht tot sein! Erst in der Woche zuvor war ich mit ihm auf einer Vortragsreise in Australien gewesen, und er schien vor Leben zu strotzen – wie immer eben!

Dann fiel mir plötzlich die intuitive Eingebung ein, dass möglicherweise ein lieber Mensch auf die andere Seite gegangen sein könnte. Die Vorahnung hatte sich als wahr herausgestellt. Wayne wusste, dass Orange meine absolute Lieblingsfarbe war. Er hatte mich hinter der Bühne deswegen oft aufgezogen. (Meine Geldbörse, mein Handy-Case und mein Organizer leuchten in strahlendem Orange.) Auch er liebte Orange – aber eher als Frucht. Er hatte immer eine Orange dabei, wenn er auf die Bühne ging, um damit einen seiner großartigen Vergleiche zu veranschaulichen. Und wenn er gesagt hatte, was er sagen wollte, warf er die Frucht meist lässig ins Publikum.

Kein Wunder, dass diese »Lehre von der Orange« auch sein letzter Post auf Facebook war: »Wenn Sie eine Orange auspressen, kommt immer Orangensaft heraus. Es kommt raus, was drin ist. Das trifft auch auf Sie zu: Wenn jemand Sie auspresst, Druck auf Sie ausübt, indem er etwas Kritisches oder wenig Schmeichelhaftes sagt, dann reagieren Sie mit Ärger, Hass, Verbitterung, Anspannung, Depression oder Angst. Was eben in Ihnen ist. Wenn Sie aber Liebe und Freude geben und empfangen wollen, dann müssen Sie Ihr Leben verändern, indem Sie ändern, was in Ihnen ist.«

Ich wusste, dass mir Wayne durch die Botschaft an meine Freundin Jennifer, sie möge die orangefarbenen Rosen nehmen, mitteilte, dass mit ihm alles in Ordnung sei. Und obwohl ich vermutlich besser als die meisten Menschen wusste, dass Wayne dort, wo er jetzt war, glücklich war – dass er voller Freude lachte und tanzte, eingehüllt in das überwältigende Gefühl bedingungsloser Liebe, frei von Schmerz, frei von Erwartungen, frei, sich ins Grenzenlose auszudehnen und über sich hinauszuwachsen –, war ich trotzdem traurig, ja, wie gelähmt.

Wayne war mein Mentor, mein Lehrer gewesen, er war einer meiner engagiertesten Cheerleader. Er hatte mich ermuntert, Autorin zu werden und Vorträge zu halten. Hätte er meine Geschichte nicht im Internet entdeckt und seinen Verlag darauf hingewiesen, hätte er mich nicht angehalten, über meine Nahtoderfahrung ein ganzes Buch zu schreiben – dann gäbe es meine Bücher heute nicht; ich würde nicht um die Welt reisen, um den Menschen von meinen Erfahrungen zu erzählen, und würde nicht erleben, wie meine Lebensgeschichte verfilmt wird!

Während wir gemeinsam auf Lesereise waren, hatten Wayne und ich häufig über das Leben nach dem Tod gesprochen, über die Ausdehnung ins Grenzenlose, die wir erfahren, sobald wir den physischen Körper verlassen. Unwillkürlich stahl sich ein Lächeln auf meine Lippen, als mir klar wurde, dass er das nun aus erster Hand erleben durfte.

Wayne ist und war ein leidenschaftlicher Lehrer. Ich glaube, dass dies seine Aufgabe auf Erden war – andere anzuleiten. Und ich bezweifle, dass er damit aufhört, nur weil er keinen Körper mehr hat. Wenn überhaupt, dann wird er sich jetzt dieser Aufgabe mit noch mehr Begeisterung widmen, wo er so viele Menschen zugleich erreichen kann! Möglicherweise lehrt er nun in weit größeren Zusammenhängen, als er sich das auf der irdischen Ebene je hätte vorstellen können. Er ist nicht ein für alle Mal weg, sondern auf unmittelbarere Weise erreichbar für die Menschen, die ihn mögen. Und vermutlich wird er sich alle möglichen kreativen Wege ausdenken, um Menschen, deren Leben er berührt hat, zur Seite zu stehen. Nun, da die materielle Welt ihm keine Grenzen mehr setzen kann, wird Wayne überall sein!

Eines Tages werden wir alle die irdische Ebene hinter uns lassen, um in das grenzenlose Reich des Sterbens einzutauchen. Auch wenn sich viele Menschen vor dem fürchten, was nach dem Tod kommt, so ist das Hinübergleiten leicht. Ich versichere Ihnen, dass es hinter dem Schleier nichts gibt, was wir fürchten müssten. Unsere wahre Herausforderung besteht darin, diese Grenzenlosigkeit, diese Befreiung, diese Liebe und Freude *hier* zu leben, auf der Ebene der Materie.

Daher möchte ich Ihnen vor allem eines mit auf den Weg geben, es ist das Fazit aus meiner Nahtoderfahrung und den Lehren meines lieben Freundes: Kultivieren Sie das Kreative, das Schöpferische, als ob jede Entdeckung, jede künstlerische Errungenschaft eingewebt sei in den Teppich des Lebens – denn genau so ist es. Folgen Sie Ihrem Herzen und nutzen Sie die Farbenpracht, die das Universum Ihnen zu Füßen legt, um daraus Ihr eigenes Meisterwerk zu machen. Vermutlich wird Ihre Schöpfung Sie selbst überraschen. Während wir Musik hören oder machen, ist unser Ziel ja auch nicht, so schnell wie möglich ans Ende des Stückes zu gelangen. Wir lassen uns vielmehr in die Melodie hineinfallen und geben uns ganz der Musik anheim, von der ersten Note an bis zur allerletzten. Oder wie Wayne es ausdrückte: »Sterben Sie nicht mit dem ungespielten Lied Ihres Lebens im Herzen.«

Haben Sie keine Angst, etwas falsch zu machen oder nicht gut genug zu sein. Diese Angst ist völlig unbegründet. Im Leben geht es nicht um richtig oder falsch, nicht darum, eine Antwort auf alle großen (oder kleinen) Fragen zu finden.

Es geht nicht darum, das richtige Buch gelesen, den richtigen Kurs belegt oder bei den größten Meistern in die Lehre gegangen zu sein. Es geht auch nicht um tiefe spirituelle Erfahrungen, höhere Bewusstseinszustände oder darum, als Guru Tausende von Menschen berührt zu haben. Nicht einmal um eine Nahtoderfahrung, die man mit anderen Menschen geteilt hat. Glauben Sie mir!

Das Einzige, was zählt, ist, dass Sie sich ganz Sie selbst sein lassen, mit all Ihren Facetten! Mehr nicht. *Seien Sie einfach Sie selbst* – wie Sie wahrhaft sind! Seien Sie die *Liebe,* die Sie verkörpern. Lassen Sie Ihr Licht so hell erstrahlen, wie Sie nur können. Und vergessen Sie nicht, den Weg dorthin zu genießen. Haben Sie so viel Spaß wie möglich!

Wayne ist nun eingetaucht in das Wissen um die kunstvollen Verflechtungen seines Lebens mit den Millionen von Menschen, die er mit seinem meisterhaften Ausdruck und seiner Kreativität berührt hat. Danke, mein Freund, dass du in unser Leben gekommen bist und deine Schönheit, Weisheit und deinen Humor mit uns geteilt hast, während wir gemeinsam auf dem Weg waren. Und *tausend Dank* für diese wunderschönen orangefarbenen Rosen.

Namaste.

Danksagung

Für mich ist dies möglicherweise der wichtigste Teil des Buches. Hier kann ich allen, die in der einen oder anderen Weise etwas zu meinem Weg beigetragen haben, danken. Allen, die direkt oder indirekt dieses Buch aus der Taufe gehoben haben.

Hier ist natürlich an allererster Stelle mein bester Freund und Seelenbruder Rio Cruz zu nennen. Was immer ich dir zum Dank sagen kann, klingt abgedroschen und beschreibt nicht einmal annähernd, wie viel Mut du mir gemacht hast, meine Botschaft laut zu verkünden. In all den Jahren warst du auf so vielerlei Weise mit meinem Weg verwoben. Dein unerschütterlicher Glaube an das, was ich zu sagen hatte, hielt mich in der Spur, wenn andere mich angriffen. Danke, dass du mein größter Fan und mein Sprachrohr bist. Danke, dass du mich bei der Stange gehalten hast, als ich versuchte, meinen Platz in einer Welt zu finden, die nicht bereit war für das, was ich zu sagen hatte. Danke, mein Freund. Ich bin dir von Herzen verbunden.

Meiner lieben Freundin und Vertrauten Maya Labos: Danke, dass du für mich immer ein Hafen warst, wenn wir unterwegs waren. Du hast mir auf Reisen die Familie ersetzt. Für alles, was mit öffentlichen Vorträgen zu tun hat, bist du meine treue Ansprechpartnerin. Danke, dass du mich durch das Auf und Ab der öffentlichen Vorträge geleitet hast, dass du meine Komplizin warst und unsere fröhliche Reisegefährtin. Und dafür, dass du immer für mich da warst in den Zeiten nach dem Hinscheiden unseres lieben Freundes Dr. Wayne Dyer.

An meine unglaubliche Lektorin Katy Koontz: Vielen Dank dafür, dass Sie ein so wunderbares Licht sind, mit dem zusammenzuarbeiten eine Freude ist! Sie haben dieses Buch für mich zu einem schönen, anstrengungslosen Projekt gemacht! Sie sind ein Engel, und ich bin unendlich dankbar dafür, mit welch feiner Intuition Sie stets erfasst haben, was ich sagen wollte.

An Patty Gift von Hay House: Danke, dass Sie die Zusammenarbeit so unkompliziert machen! Ihre Unterstützung und Ihr Interesse an meiner Arbeit haben mich tief berührt. Danke!

An meinen lieben Freund Jason Garner und seine wunderbare Frau Christy, die ihr Haus für uns öffneten, als Danny und ich zwischen zwei Kontinenten hin und her pendelten: Danke nicht nur für eure Gastfreundschaft, sondern auch für all die anregenden Gespräche am Kamin. Ich freue mich auf mehr!

An mein Superteam, das ganz offensichtlich aus Engeln besteht. Sie arbeiten hinter den Kulissen für mich, halten alles am Laufen und sind stets zur Stelle, wenn die Pflicht ruft, mag der Ruf noch so leise sein. Ich danke meinen beiden wunderbaren Assistentinnen Roz Brooks und Milena Joy Morris, außerdem Rita Pape, Ted Slipchinsky, Kathi Blinn, Loreto Torres, Tammy Holmes Short, Angelika Farrell, Sandra Gee, Ravinder Basi, Rick Burr, Richard Machin und Sandy Shriver. Ich danke euch für alles, was ihr für mich getan habt und weiter tut, damit alles rundläuft.

An meine liebe Freundin Renu Malani: Danke, dass du mir jeden Besuch zu Hause mit deinem Lachen und deinem Witz versüßt. Und dafür, dass du stets meine Verbündete bist, wenn es gilt, allen zu beweisen, dass »Erleuchtung« durch Humor, Spaß und Schokolade erlangt werden kann! Du bist großartig!

An meine wunderbare Familie: Ich danke meinem Bruder

Anoop, der mir alles auf der Welt bedeutet (mehr als Worte sagen können); seiner Familie Mona und Shahn; meiner geliebten Mutter, deren Liebe zu mir immer bedingungslos und unerschütterlich war; und meinem wunderbaren Stiefvater, dessen Unterstützung mir immer so viel bedeutet hat. Und zu guter Letzt geht mein Dank an meinen innig geliebten Mann Danny. Es ist eine unglaubliche Freude, mit dir diese Welt, diese raumzeitliche Wirklichkeit, dieses Dasein zu teilen. Ich fühle mich gesegnet, dass ich dich in meinem Leben habe, und liebe dich bis in alle Ewigkeit. Du bist der wahre Grund für alles, was ich tue, der Wind, der meine Flügel trägt.

Und natürlich kann ich die Danksagung nicht abschließen, ohne meines lieben Freundes Wayne Dyer zu gedenken, dem ich von Herzen danken möchte. Kein Wort kann je sagen, wie viel Dank ich dir schulde, Wayne, weil du deinen Platz in der Welt mit mir geteilt und mich auf die öffentliche Bühne geholt hast. Ohne dich und die Hand des Göttlichen, die uns zusammengebracht hat, könnte ich nicht vollbringen, was ich im Augenblick tue. Danke, dass dein Licht mir den Weg gewiesen hat. Danke, dass du mich auf diesen wunderbaren Pfad gelenkt hast – bevor ich noch wusste, dass er mich zu der mir zugedachten Aufgabe führen würde! Ich weiß, dass du mich hören kannst und mich von der anderen Seite aus weiter führen wirst. Ich bin dir unendlich verbunden, mein Freund.

Und schließlich möchte ich *Ihnen* danken, ja, jedem Einzelnen von Ihnen, der dieses Buch in der Hand hält. Ebenso wie all jenen Menschen, die mir geschrieben haben, nachdem sie mein erstes Buch gelesen haben. Danke für Ihre Unterstützung, Ihre Briefe und die Liebe, die Sie mir zuteilwerden ließen. Ohne Sie könnte ich nicht tun, was ich heute mache. Aber Vorsicht! Ich spüre, dass da bald noch ein Buch kommt!